体育教学
与篮球体能训练研究

侯向锋 著

全国百佳图书出版单位
吉林出版集团股份有限公司

图书在版编目（ＣＩＰ）数据

体育教学与篮球体能训练研究 / 侯向锋著 . —— 长春：吉林出版集团股份有限公司 , 2021.8

ISBN 978-7-5731-0397-0

Ⅰ . ①体… Ⅱ . ①侯… Ⅲ . ①篮球运动－运动训练－体育教学－教学研究 Ⅳ . ① G841.2

中国版本图书馆 CIP 数据核字 (2021) 第 179653 号

TIYU JIAOXUE YU LANQIU TINENG XUNLIAN YANJIU

体育教学与篮球体能训练研究

著：侯向锋

责任编辑：沈丽娟

技术编辑：王会莲

封面设计：大　白

开　　本：787mm×1092mm　1/16

字　　数：200千字

印　　张：14.25

版　　次：2022年2月第1版

印　　次：2022年2月第1次印刷

出　　版：吉林出版集团股份有限公司

发　　行：吉林出版集团外语教育有限公司

地　　址：长春市福祉大路5788号龙腾国际大厦B座7层

电　　话：总编办：0431- 81629929

印　　刷：吉林省创美堂印刷有限公司

ISBN 978-7-5731-0397-0　定　　价：42.00元

前　言

　　体育，是以发展体力、增强体质为主要任务的教育，通过参加各种运动来实现。事实上，随着社会发展，目前体育的主要任务早已超出了仅仅是发展身体(发展体力、增强体质)的范畴。目前体育的主要任务是：促进身心(身体和精神)健全发展，培养终身体育能力。体育是指以身体练习为基本手段，以增强人的体质，促进人的全面发展，丰富社会文化生活和促进精神文明为目的的一种有意识、有组织的社会活动。它是社会总文化的一部分，其发展受一定社会的政治和经济的制约，并为一定社会的政治和经济服务。它是一个发展身体、增强体质、传授锻炼身体的知识、技能、培养道德和意志品质的教育过程；是对人体进行培育和塑造的过程；是教育的重要组成部分；是培养全面发展的人的一个重要方面。因此，深入开展体育教学与篮球体能训练研究，有着十分重要而现实的意义。

　　本书从体育教学基础理论知识切入，系统阐述了体育教学的相关概念，概括了体育教学目标的分类、体系和体育课堂教学目标，论述了体育教学方式、方法的类型及运用，总结了体育教学设计的基本原则和内容程序，探析了体育教学计划的制订与实施、体育教学评价的原则方法及内容指标。结合作者研究方向，系统阐释了篮球体能训练的理论和原则、篮球运动员体能的原则要求，分别从力量、速度、灵活性、有氧耐力、柔韧、弹跳素质训练及训练测评等方面，对篮球体能训练实践进行了思考与探究，为体育教学与篮球体能训练研究提供一些思考与借鉴。

　　在撰写过程中，为提升本书的学术性与严谨性，笔者参阅了大量的文献资料，引用了一些同仁前辈的研究成果，因篇幅有限，不能一一列举，在此一并表示最诚挚的感谢。

　　由于体育教学与篮球体能训练涉及的范畴比较广，需要探索的层面比较深，作者在撰写的过程中难免会存在一定的不足，对一些相关问题的研究不透彻，恳请前辈、同行以及广大读者斧正。

目　录

第一章　体育教学基础理论

第一节　教学与教学系统

体育教学是教学系统的一部分，了解体育教学，首先要了解教学与教学系统的基础知识。

一、教学及教学活动的意义

教学一般是指教师把知识、技能传授给学生的过程。现在学校教育意义上的"教学"可以理解为，教学就是以课程内容为中介，学生在教师的指导下开展的学习活动。在这个活动中，学生通过自己积极主动的努力，掌握一定的知识技能，并促进自己身心健康发展，同时形成良好的思想品德修养。[①]

教学活动是学校实现其教育目的和培养目标的基本途径，因此教学活动在学校教育的各项工作中有着重要的意义。

首先，学校教学活动是实现人类总体认识和个体认识之间有效联系的重要纽带。学校在教学活动过程中通过设置和讲授多门课程使学生获得系统性的知识。这些知识是人类长期积累的总体认识的成果，是人类探索世界智慧的结晶，是通过教育与教学的加工凝结成为我们教学中的知识。同时，学生的学习过程又是向自己的智慧挑战的过程，学生通过充分调动自己的智慧，发挥自己的个性特长和潜在的能力，理解、掌握和运用知识，在长期的学习过程中，学生个体性的认识不断深化和拓展，成为人类文明传承的一环。

其次，教学活动是学生在学校教育过程中健康发展的重要保证。学生在现代学校的教学活动中学习和掌握系统性知识的过程，对学生个体发展的影响是直接而具体的，并在其个性发展的各个方面和各个阶段都有着鲜明的表现。学校教学活动作为促进学生健康全面发展的基本途径，它能够使学生的认识活动突破时间和空间以及个体直接经验的局限性，使学生可以集中精力在有限的时间内比较顺利地获得和掌握人类

---

① 马志颖. 当代课程与教学论 [M]. 上海：上海交通大学出版社，2020：1-10.

长期积累的大量的知识技能。同时，学校教学活动可以使学生的思想道德修养和世界观的形成建立在科学知识的获得过程之中，养成学生良好的道德情操和意志品质。

二、教学系统

我们这里所说的"系统"是指由若干个相互作用、相互依存、相互影响和相互制约的成分或因素，为达到一定的目的或目标而组成的有机整体。教学系统简单说就是为了实现教学目标而组成的一个教学活动的运行系统，教学系统是学校教育系统中的一个子系统。学校教学系统中最基本的构成要素包括教师、学生、教材、教学媒体四个方面。教学系统各个要素相互作用与相互影响的复杂的运行活动，构成了我们所说的教学过程。教师和学生均为教学活动中的人员要素，他们也是教学活动的主体性要素，教师是教学活动中教的活动的主体，学生是教学活动中学的活动的主体，因此，他们也是教学活动中最为活跃的因素。教学过程中影响教师和学生主体性发挥的主要因素有教与学等。

教材是教师和学生共同开展教学活动的依据性材料，是教学过程的最主要的媒介。它包括文字教材（如教科书、图表、教学参考书等）和视听教材。

教学媒体是教学活动的物质和条件性要素，它包括教学所需要的物质设备、技术与手段等有关的物质和条件性的教学资源。

上述教师、学生、教材、教学媒体四个方面的要素所构成的教学系统是由教师和学生共同参与的人工系统，是一个动态的运行系统。教学系统在其运行过程中，有着比较明确的目的性（即教学系统的运行应该始终围绕着比较明确具体的目的来展开和运行）、可控性（即课堂教学活动具有相对闭合的特点，可以通过反馈调节等手段对系统加以控制）、适应性（即教学系统活动的设计与运行不是一成不变的固化过程，而是因人、因地、因时体现出可变性与灵活性）特点。

第二节　体育教学

了解体育教学，首先要掌握体育教学的概念、性质、特点、结构、功能、规律、原则等基础的知识，本节就对这些基础知识进行详细的介绍。

一、体育教学的概念

有关体育教学的概念，各个教材的说法不一，如潘绍伟、于可红的《学校体育学》认为：“体育教学是学校体育的重要组成部分，是实现学校体育目标的基本组成形式，体育教学是教师的教与学生的学的统一活动。”李祥的《学校体育学》中的概念为：“体育教学是教与学的统一活动，是学生在教师有目的、有计划的指导下，积极主动地学习与掌握体育、卫生保健基础知识和基本技术、技能，锻炼身体，增强体质，促进健康，发展运动能力，培养思想品德的一种有组织的教育过程，是实现学校体育目标的基本途径之一。”姚蕾的《体育教学论学程》指出：“体育教学是一种以体育教材为中介，学生在体育教师的指导下掌握体育知识、技术和技能，养成良好的体育锻炼习惯，促进学生身体、心理和社会适应能力健康发展的教育活动。”龚正伟的《体育教学论》指出：“体育教学论研究的对象是体育教学。体育教学与其他各科教学一样具有共同性，都是一种有目的、有计划、有组织地对学生传授知识和技能，发展智力和体力，培养品德和形成个性的教育过程。”

　　因此，不能把目的、任务放在概念之中，因为“概念”是人们对客观事物认识的总结，只有概念明确，才能进行正确的思维和判断，进行合乎逻辑的推理，从而获得正确的认识。概念应具有简洁性、科学性。如果把事物的目的、功能、价值等问题放在概念之中，就会把概念的内容变得很冗长，以上教材中就有这样的表述，我们认为这是不合理的。

　　要使概念明确，就必须给概念下定义，定义是提示概念内涵的逻辑方法。最常见的一种下定义的方法是“属＋种差”的方法。列宁说：“下定义是什么意思呢？这首先就是把某一概念放在另一个更广泛的概念里。”这就要求我们要找出在种概念中区别“这种概念”与“其他种概念”的性质来，这称作种差。即被定义概念＝种差＋邻近的属概念，概念中的种差就是我们所指的事物本质，即上述所说的体育教学的性质，而属概念则是教学。因此，我们不难推断出体育教学的概念（本质＋属概念）：“体育教学是以体育实践性知识——运动技术为主要学习内容的教学。”这里还需要补充一点，把体育实践性知识——运动技术作为主要学习手段是否就不要体育理论性知识了？答案应该是否定的。我们在学习体育实践性知识的同时还要学习体育理论性知识，只是学习体育理论性知识不是单纯地通过看书、看报或上室内理论课来获得，而是把身体练习与理论性知识的学习结合起来，或者说把体育理论知识的学习穿插在体育课堂教学的身体练习之中。换言之，就是在运动技术教学的同时传授理论知识。如果靠单纯地看书、看报或上室内理论课等与其他学科无异的形式来学习体育理论知识，那么可以说，通过这种方式而得到的体育理论性知识是不可靠的。当然，在我们的体育教学中也有体育室内理论课教学活动，但它与一般意义上的理论知识学习不同。一是它的学时非常短，每个学期只有2次课时左右；二是它是作为运动技术学习的补充课次，学生有了一定的实践经验后，再学习一些有关的理论知识，可以对已学的体育实践性知识有更好的理解。

体育教学的上位概念是教学，它指的是"以课程内容为中介的师生双方教与学的共同活动"，其特点是通过各学科系统知识、技能的传授与掌握，促进学生身心发展。教学的上位概念是课程，课程的概念比教学大，教学是指各学科领域内（如语文、数学、物理、英语、体育等）的师生双边活动，即范围较小，更为具体化。

因此，体育教学具有明显的学科教学特征，是教与学的双边活动，是体育课程的下位概念，与它同一层次的概念有物理教学、数学教学、语文教学等。体育教学是各学科教学的一个部分，体育教学首先应该属于教学，教学活动是体育教学的属概念，是体育教学的第一本位，而表1-1中的体育教学的属概念是教育活动，显然有几点漏洞：其一，教育活动是泛指，还是特指，没有明确。因为教育的概念有广义（泛指）——影响人们知识、技能、身心健康、思想品德形成和发展的多种活动，还有狭义（特指学校教育），对于这一问题，体育教学的定义中含糊不清。其二，教育与教学是两个不同的概念，教学具有学科的性质，是按课程内容实施的教与学的双边活动，把体育教学归为教育范畴未免远离了教学学科的性质。如按其本位顺序排列，体育教学的本位有：教学→学校教育→教育→社会活动。

表1-1 体育教学概念

体育教学概念	概念要素	本质属性
是教师的教与学生的学的统一活动。具体地说，是在教师有计划、有目的地指导下，学生积极主动地学习与掌握体育卫生保健基础知识和基本技术、技能，锻炼身体、增强体质，拓展运动能力，培养思想品德的一种有组织的教育过程	属概念	教育过程
	种差（内涵之一）	有目的、有组织、有计划
	种差（内涵之二）	传授三基
	种差（内涵之二）	增强体质、发展心理、培养思想品德

二、体育教学的性质

性质是指一种事物区别于其他事物的根本属性、本质属性。按此理解，性质即是事物的本质，性质的确定是形成概念的基础。那么什么是体育教学的本质呢？即体育教学与其他学科教学之间（如语文教学、数学教学、英语教学、生物教学、社会教学、物理教学、美术教学、音乐教学、劳动教学等）有怎样的本质区别呢？

（一）按"同"归类、按"异"区分

把语文教学、数学教学、英语教学、生物教学、社会教学、物理教学等归类为理论性为主的教学，把美术教学、体育教学、音乐教学、劳动教学归类为实践性为

主的教学。

(二) 比较以实践性为主的体育教学与以理论性为主的其他学科教学之间的差异

其一, 体育教学过程中学生需要身体练习与思维活动相结合, 而理论性教学主要是大脑思维活动, 没有身体的直接参与, 当然有时也需要一些实践活动。如数学中的运算, 但参与这些实践活动的仅仅是身体的某一部分, 如手指、手臂等。

其二, 体育教学的内容既有理论性知识, 也有实践性知识。理论性知识是指有关运动项目的理论知识、健康知识、卫生保健知识等, 而体育教学的实践性知识特指运动技术。更为重要的是体育教学理论性知识必须依赖于实践性知识, 如果没有运动实践操作, 体育教学将成为一句空话。而理论性教学的主要内容是各科理论性知识, 而且它基本是以大脑思维活动为主。

其三, 体育教学过程中由于需要身体的直接参与, 那么必然要使人的身体承受一定的心理负荷与生理负荷, 特别是生理负荷, 对人体的各种器官将产生较大的影响, 如心率加快、呼吸加速、血液奔流等各种应急反应等; 而理论性教学只承受一定的心理负荷, 基本没有生理负荷。

其四, 体育教学活动是以户外环境为主的阳光体育活动, 主要目的是让学生走出教室, 不仅对大脑进行一定的放松, 更为重要的是通过对各种身体器官的刺激调整身心状态, 这在应试教育依然严重的今天显得特别重要; 而理论性教学基本在室内进行, 长期的室内教学活动不利于学生的身心健康。

其五, 体育教学过程侧重于学生身体的发展, 同时也促进学生 "智力" 的发展。但体育教学促进智力发展中的 "智力" 与一般意义或其他学科的 "智力" 是有本质区别的。体育教学的智力因素特指 "身体时空感觉、运动智力、人际交往智力" 等, 而理论性教学侧重的学生智力因素, 是指言语智力、语言智力、逻辑智力、数理智力、自我认识智力等。

其六, 体育教学过程中学生与学生之间存在大量的身体接触, 这些接触有时是直接的对抗与身体的碰撞, 对发展学生的社会适应能力与缓解身心压力是极为重要的; 而理论性教学则不允许学生之间的身体接触, 这是一种教学的次序与纪律。

最后, 比较 "体育教学与音乐教学、美术等实践性教学" 之间的差异。体育教学侧重于学生身体时空感觉、运动智力、人际交往智力的发展等; 音乐教学侧重于学生乐感、节奏智力的发展; 美术教学侧重于学生物体视觉、空间智力发展等。体育教学需要户外环境, 并承担一定的身体负荷, 而音乐教学基本在室内进行, 美术教学既可在室内也可在户外进行。

综上所述, 我们可以归纳出体育教学的一般特征: 以户外环境为主; 需要承受一定的生理负荷与心理负荷；身体练习与思维活动相结合；进行运动技术教学；有比较频繁的身体接触；侧重于发展学生身体时空感觉、运动智力；需要机体自我操作与体验等。同时教学活动是师生的双边活动，而师生双边活动的中介是什么？这正是我们所要思考与提炼的内容。传统观点认为，这个中介是"身体练习"，但我们认为，若把身体练习作为一个中介，至少可能存在以下几个误导：一是动物也有各种身体练习，如经过驯养的动物也同样具有较为高超的运动技术，但人的运动学习行为与动物的运动行为是完全不同的。人的运动学习行为不仅具有身体的练习，同时还需要大量的思维活动。二是单纯的身体练习容易形成体育学科地位低下的观念，历来的"下里巴人"的传统观念已经给体育人及其学科扣上了不雅的帽子。三是容易脱离其他学科的轨道。在其他学科教学中，通常以知识与技能作为教学的中介，而体育学科中的身体练习是什么？不是知识，也不是技能，身体练习一词更像过程，因此，我们需要借用一个与其他学科较为相似的词汇，我们认为"运动技术"比"身体练习"更为妥当。那么何为运动技术？

《教育大辞典》中指出，运动技术也称动作技术、体育技术，是各体育项目技术动作的总称。它指符合人体运动规律，充分发挥人体能力，合理有效完成动作的方法。我们认为，其中"运动技术也称动作技术或体育技术"的表述是有一定问题的。首先，"运动"与"体育"是两个不同的概念，相互之间不能替换。至于如何区别"体育"与"运动"的概念，论述起来比较复杂，按照最简单的常识来理解，就是"运动会"不能用"体育会"来替代，"体育局"不能用"运动局"来替代。其次，"运动"不等同于"动作"。从概念上说，动作是指：(1)全身或身体的一部分的活动。(2)活动；行动起来。如果动作分开解释，动：改变原来位置或脱离静止状态；作：兴起，现在起、从事、举行。因此可以把"动作"理解为"身体或身体某个部分改变原来位置或脱离静止状态的活动"。而运动是指：(1)物体的位置不断变化移动的现象。(2)物质的存在形式和根本属性。(3)体育的基本手段。(4)规模声势较大的群众性活动。(5)为某种目的而四处奔走。如果把运动分开解释，运：(1)循序移动：运行，运动，运转。(2)搬送：运输。运载。运营。通过以上阐述，我们可以把运动、动作理解为在人类生产劳动、日常生活等活动中发展起来的"合乎人体活动规律的身体肌肉群的活动"。从概念的属性来说，"活动"是动作的属概念，"动作"是运动的属概念，而"动作"概念的外延有：劳动动作、运动动作、生活动作(如衣、食、住、行等行为活动)、艺术动作(如舞蹈与表演动作)。

经过上述分析，我们把运动技术的概念简化为"符合人体运动规律，合理有效完成动作的方法"。第二个问题是"运动技术"是"知识"还是"技能"？在学校教育中，其他学科只存在着"知识与技能"的阐述，只有体育学科既存在"知识与技能"

的阐述，同时还存在着"运动技术"概念。为了与其他学科共同发展，我们有必要对体育学科中的"运动技术"做一个归类。

首先要了解的是知识的概念："人对事物属性与联系的认识。即个体通过与其环境相互作用后获得的信息及其组织。"保存在人脑里的是个体的知识，保存在书籍里的是人类的知识。而技能是指"人们在活动中运用知识经验经过练习而获得的完成某种任务的动作方式或心智活动方式"。现代认知心理学家提出把知识划分为陈述性知识和程序式知识。这一区分把知识与技能统一在一个广义的知识概念里，传统上讲的知识即陈述性知识，技能即为程序式知识。如按现代认知心理学原理来理解，我们可以把"运动知识"理解为"陈述性知识"，把"运动技能"理解为"程序性知识"，但是运动技术既有别于运动知识，也不同于运动技能，是一个知识与技能的中间态，很难做出归类。因此我们必须转换思维角度，从操作技能的概念、运动技能形成的视角来察看运动技术的性质。

操作技能是通过学习而形成的合乎法则的活动方式。操作技能有几个特征，这些特征也是操作技能区别于其他事物的本质，也称"概念的种差"。其中种差之一是"学习而得"，该种差区别于人体的其他本能行为；种差之二是"合乎法则"，该种差区别于日常生活中的一些随意运动；种差之三是"活动方式"，该种差区别于"知识"，因为知识为活动提供了定向依据，而技能则控制活动的执行。①

运动技能是操作技能中的一个分支，运动技能的形成可以分几个步骤：动作的认知阶段、动作的联系阶段与动作的完善阶段。其中动作的认知阶段与知识、技能之间的联系最为密切，它的主要目的就是对操作活动的结构、要素、关系、轨迹、方向、力量、速度等进行认识。由于运动技术是"完成动作的方法"，它涉及了运动所需要的结构、要素、关系、概念，原理等内容，因此可以认为运动技术不具有人的特性。也就是说，运动技术可以认为是一种"知识"，因为知识是事物属性与联系的信息与组织，运动技术在没有被人掌握之前就已经客观存在了，是前人积累下来的运动文化遗产，是人类文化知识的一个组成部分。但是"运动技术"若理解为"知识"，那么就与原来学科中的"知识、技能"重叠了，变成了"两个知识＋技能"的状况，这显然不合逻辑。因此需要用另一个词汇来表述，有学者认为它是一种"操作性知识"，这是一个很有新意的论断。但是还有一个小的问题，即劳动动作也是操作动作的一种，那么劳动技术也是操作性知识吗？舞蹈动作技术、汽车驾驶技术等动作技术呢？要解决这个问题，我们认为还得回到动作与运动的本体概念来阐述比较妥当，即从"动作"概念层面上理解，动作技术可以表述为"动作操作知识"，如

---

① 韦勇兵，申云霞，汤先军. 体育教学与运动技能分析 [M]. 长春：吉林人民出版社，2019：27-32.

劳动、吹拉弹唱等，再如篮球裁判技术，把以上这些动作技术学会就形成了特定的动作技能。而从"运动"的概念层面上理解，运动技术可以表述为"运动操作知识"，如体操、田径、游泳等运动技术，把这些运动技术学会和掌握就形成了运动技能。

还有一个问题需要归类，即运动知识中的一部分是纯理论知识，如有关体操运动员介绍、篮球发展历史、体育起源等知识，这些知识与运动技术有关，但不是运动技术的本质内容。因此我们认为，可以把它们理解为有关运动的理论知识，并与运动技术——运动操作知识共同构成人类知识的一部分。

通过以上分析，我们认为体育教学的本质应为"运动技术"教学，更为具体的理解是"运动操作知识"，而把运动操作知识学会了之后就形成了运动技能。当然，体育教学活动中的"户外环境为主"特征也是区别于体育教学与其他教学的特征之一，但若把"户外环境为主"也加在内，则有排除目前大量的体育馆内的体育教学活动之嫌，如羽毛球、乒乓球、室内排球等项目。因此，"户外环境为主"等其他特征暂不列为体育教学的本质特征。

三、体育教学的特点

结合体育教学的性质，把体育教学的特点总结为以下几个方面：

（一）传承运动知识的操作性

与其他学科所不同的是，体育运动知识是"身体知识"，这种知识是人类知识发展过程中的一种特殊的知识，是人们从自然外部知识的追求转向人体内部知识的结果，是面向人类自我、人类人体、人类自身的一种挑战。在教育界十分重视发挥"学生主体性"的今天，这种追求人类自我知识的回归不仅代表了体育教学的特殊性，还予以了体育教学知识传承的特殊意义。从这一层面分析，体育教学传承的"身体知识"也是一种科学知识，一种真正回归人类自身感觉的知识，这种知识的重要性只是没有被发现和挖掘而已。可以预见，今后这类知识必将得到人类的认可并将广泛地用于人类身心的健康研究之中。

（二）师生身体活动的频繁性

在体育教学过程中，由于"身体知识"的来源是身体的不断操作与实践，因此，教师需要不断地进行运动动作的示范、反馈与指导，而学生更需要身体操作与体验，没有身体的反复操作与演练，运动技能是无法习得的。所以，在体育课堂教学过程中，教师与学生的身体操练非常频繁，这在其他学科教学中是少有的，其他课程的学习必须要在室内进行，且要保持相对安静，这样才能激发学生的思维并产生很好的学习效果。而体育教学却相反，活动过程中既有学生强烈的身体活动，也有学生欢快的体验情绪，这些都是外显的行为表现，没有过多的文化渲染，只有纯真和自然。

(三) 学生身心合一的统一性

体育对人自身自然的改造，不仅是形态结构与生理机能的统一，也是身与心的统一。体育教学要在追求体育文化传承的同时，促进学生身体改造，并强化学生的心理与社会适应能力的发展。体育教学营造了不同于智育教学的情境，这些生动的、直观的、外显的、情绪化的教学情境为学生的心理与社会适应能力的健康发展提供了良好的环境。因此，体育教学中的身心发展是一元的，这也符合辩证唯物论观点。身体发展是基础，心理发展依赖于身体的发展而存在，心理的发展同时促进身体的发展。

体育教学中身心合一的统一性主要体现在以下三个方面：

其一，体育教学选择的教材内容不仅要注重教材对学生身体各部分、各种运动能力和各种身体素质的积极影响，而且要注重教材对学生心理及其社会适应力的影响，要符合心理学、美学和社会学等方面的要求。

其二，体育教师的教学组织与教法必须符合学生的身心变化规律，使学生在反复的动作和休息交替的过程中达到健身的目的。

其三，体育教学还要符合学生的心理特点、年龄特点，因为学生的心理活动(主要指思维、情绪、注意、意志)也会呈现出高低起伏的曲线图像。体育教师应根据学生心理特征安排各种教法与组织，这样才能在促进学生身体发展的同时，有效激发学生的积极性和兴趣爱好，更有效地发挥体育教学的功能。

(四) 教学过程的直观形象性

体育教学各个过程体现了鲜明的直观形象性。如体育教师的讲解除了要达到其他学科教师讲解的基本要求之外，还要求语言更加生动形象、贴切有趣，把所要传授的东西进行艺术性的描述，用生动的语言把复杂的技术动作形象化、简单化，加深学生对教学内容的感知。同时，体育教师的演示形式特殊，需要运用非常直观形象的动作示范、优秀学生的示范、学生的正误对比示范、教学模具或人体模型或动作图示等，使学生从感官上直接感知动作，建立正确的、清晰的运动表象。学生通过观看各种直观的动作演示，获得生动的表象，并与思维结合起来，从而达到掌握体育知识、技术和技能的目的，同时，还发展了自身的观察能力和形象思维能力。

体育教学组织与管理过程也体现了直观形象性，学生的一举一动都是外显的、直接的、可观察的，因此，体育教师的言行具有榜样作用，对学生的身心都是一种无形的教育，学生的课堂表现则是真实的、直接的、显现的，特别是在学生学习与运动过程中，所表现出来的言行都是最为真实的一面，这一信息正是体育教师需要观察、帮助与反馈的最好信号。

（五）教学内容的审美情感性

体育教学的美，首先体现在师生运动过程中的人体美、运动美。师生通过运动塑身，形成身体各部分线条的美、身体比例对称的美，同时实现运动过程中人体运动的美，这些都是外显的内容。其次，还体现了人体运动过程中的精神美，如在运动中克服生理心理障碍，顺利完成教学目标，运动过程中体现谦虚、谦让、礼貌等风范。

除了体育运动的人体美与精神美，体育教学活动还体现了教学内容的审美性。每一个运动项目都表述着不同的审美特征与美学符号，如球类项目，除了表现个人的运动优势外，还需要兼顾群体合作、协调、互助等人际素养；田径项目更多的是表现个人的运动天才，同时也需要永不言败的豪气；乒乓球项目展示的是东方人的灵巧与技艺等。这些内容都是人类积累下来的体育知识与技能，体育教师通过科学的概括和艺术的提炼，卓有成效地将其传授给学生，使学生去感知，去体验，从中获得美的享受、美的启迪，净化心灵，陶冶情操，促使身心健康和谐发展。其次，教学是一种创造性的社会活动，师生共创的课堂教学情境给人以意境的顿悟和精神上的启迪，令人回味无穷。同时，体育教学中教师和学生之间有一条无形的通道联系着，构成了教与学的系统。教师传授知识的过程中，伴随着师生间丰富而真诚的情感交流。

（六）客观外界条件的制约性

体育教学区别其他学科教学的另一特点是，体育教学效果更容易受到外界各个方面的影响与客观实际情况的制约，如学生的运动基础，学生的年龄、性别、生理和心理特点，体质强弱，客观气候条件，场地、器材设备等，这些因素都在各个层面影响着体育教学的质量。从体育教学对象来看，体育教学要实施教育的全面性，不仅在运动基础方面要注意区别对待，还必须体现对学生的年龄、性别、生理和心理特点以及体质强弱等实际情况的区别对待。如男女学生在身体形态、机能水平、运动素质、运动功能等方面具有明显的差异，在教学设计、教材选择、教学组织等方面就要考虑性别差异。如果忽视了这些特点，盲目地进行教学，不仅达不到增强体质的教学效果，而且还有可能增加学生安全方面的风险。从体育教学环境角度来看，体育课堂教学基本在室外进行，而室外的影响因素较多，如马路上的汽车声、空中的意外声等。同时，学生也有了更为广阔的视野，这个视野容易使学生的注意力分散。还有一些不可控的因素，如天气等，都会对体育教学产生干扰。同时，体育教学对客观气候条件和场地、器材设备条件的要求也较高。因此，从学年的体育教学计划到具体课时计划，从教材内容选择到教学组织方法实施，体育教师都必须考虑到这些客观实际与影响因素，尽量减少各种因素的干扰，提高体育教学质量与效果，同时还要利用严寒、酷暑等条件培养学生适应环境的能力。

四、体育教育结构

结构既是一种观念形态，又是物质的一种运动状态。"结"是结合之意义，"构"是构造之义，合起来理解就是主观世界与物质世界的结合构造之义。结构在意识形态世界和物质世界得到广泛应用，如语言结构、建筑结构等。这是人们用来表达世界存在状态和运动状态的专业术语。结构的哲学含义是：不同类别或相同类别的不同层次按程度多少的顺序进行有机排列。

体育教学结构可分为内部结构与外部结构。组成体育的外部结构要素是课外体育，而课外体育又包含了早操、大课间、课外体育活动、课外体育竞赛、运动会、文化节、校外体育活动等内容。课外体育的内容非常广泛，基本包含了除正规的体育课堂教学之外的所有学校内外的体育活动。从时间序列进行阐述，体育教学的内部结构可从学段教学目标开始，再到水平教学目标、学年教学目标、学期教学目标、单元教学目标和课时教学目标。如图 1-1 所示的就是体育教学目标的内部结构。

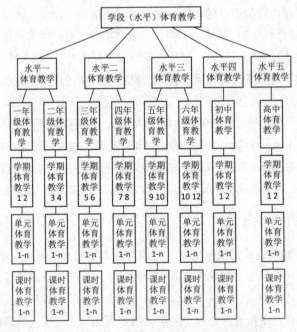

图 1-1　体育教学内容结构

五、体育教学功能

功能是指"事物或方法所发挥的有利的作用、效能"。功能也是"某一事物在环境中所能发挥的作用与能力，是事物的客观属性，是不以人的意志为转移的。某一事物的功能是由这一事物的结构所决定的，是其他事物所不能取代的"。

从系统论角度出发，体育教学的功能应与体育教学的内部结构存在着逻辑关系。依此理解，要了解体育教学的功能，就需要认识体育教学的内部结构。体育教学的内部结构包括学段、学年、学期、单元、课时教学，它是一个比较完整的体系。由于体育教学的结构是中性的，因而体育教学的功能也是中性的，没有褒贬之义。"结构决定功能"是分析体育教学功能的一个视角。"功能中性论"是体育教学功能的基本性质。

根据功能是事物的本来属性特征、功能的中性论特点，把体育教学功能归结为以下几个方面：

(一)传授运动技术的功能

从体育教学的微观结构分析，体育教学的最小单位是体育课，而体育课的主要性质是以体育课程内容为中介的教师与学生的双边活动。因此，体育教学主要实现运动技术(运动操作性知识)的传习，即体育教师把前人总结的各种运动技术传授给学生。在传授运动技术的过程中，与其他学科所不同的是，学生必须进行身体的操作与体验，才能习得与掌握各种运动技能。没有这个实践环节，而仅有理论知识的传习是不够的。

在体育课中，教师传习的是各项具体运动技术，它可以小至一个运动项目的一个单元，甚至可以小至一个单元教学中的某一动作环节，如可以是球类项目中的篮球，也可以是篮球中的急行上篮，还可以是原地单手投篮等，其他运动项目依此类推。也就是说，只有从小的运动技术学起，才能积少成多，掌握整个运动项目的技术。

(二)传承体育文化的功能

从体育教学的系统结构视角出发，把体育课累加起来，就构成单元教学计划；把各个项目的单元教学累加起来就构成了学期教学；而两个学期教学的累加就构成了学年教学；依此类推，就构成了小学、初中、高中等学段教学。从体育教学微观内容分析，把体育课中传习的各种小的运动技术累加起来，学生学到的是某个运动项目的完整技术，继续累加，就学到了各种运动技能。结合以上两个视角，通过小学、初中和高中阶段的体育教学，学生可以学习到较为完整的运动知识、运动文化，掌握各种运动技能，从而实现体育教学传承体育文化的功能。

（三）影响学生身体的功能

由于在体育课教学活动中，学生必须进行身体的操作与体验，这样势必要承担一定量的运动负荷。这种运动负荷对学生的机体或多或少会产生一定的刺激与影响，其影响的程度要视运动项目的内容、学生身体素质、持续运动的时间、运动间隙时间、营养补充等状态而定。运动项目的内容不同，其作用也不同，例如田径中的短跑主要影响学生的肌肉速度素质，1500米则影响学生的心肺功能等。但如果运动量过大、运动负荷与强度过大，那么体育运动不仅对身体健康没有好处，反而会伤害学生的机体。学生的体质与体育教学活动也有密切的关系，如体质较好的人，运动强度可以大一些，而那些体质较差的学生，若与体质较好的学生承受相同的运动量，则会对机体造成不良影响。因此，从体育教学影响身体功能的角度而言，要有效发挥体育教学健身功效，必须遵循体育教学的规律，运用科学的教法与组织形式，才能达到预期的效果。

（四）影响学生心理的功能

身心是合一的，体育教学对学生身体产生影响的同时，也会对学生的心理、思想、意识与观念产生影响，这方面的影响与其他学科既有共性，也有差异性。其共性显而易见，教育有育人的功能，教学是教育的一个主要组成部分，同样也具有育人的功能，这种功能主要通过教师这个中介来实现。因为教师的一言一行无时无刻不影响着学生的思想，因此，教师必须身体力行、为人师表，为学生做出表率与榜样。教学更为重要的作用是传授各种人类社会的道德、规范与理念，这是学生走向社会之前的必学内容。除了以上这些共性内容，体育教学还有着与其他学科不同的特性：通过特殊的场合，传授体育运动过程中人类外显的行为规范和准则，而这些规范和准则与社会的道德规范是共融的、一致的，正因为它们之间具有很高的一致性，体育教学对学生心理的影响才具有重要的意义与价值。

体育教学对学生心理的影响主要包括两个方面：个人心理与团体心理。从个人心理角度看，体育活动一方面可以缓解学生的学习压力；另一方面，体育竞技的成功与失败是一把双刃剑，赢者甚少，败者居多。作为胜利者，必须做到胜不骄，作为失败者，也不能气馁，只有具备这样的素质，才能再接再厉，取得成功，这就是体育活动赋予每一个学生的体育道德素养。对于团体心理而言，道理相似，作为团队的一个成员，需要处理好个人利益与集体利益的关系，克服个人私欲，成就团队荣誉。

（五）影响学生社会交往的功能

在体育教学中，学生之间的交往具有特殊性、外显性与频繁性等特点，这与其他任何一种教学活动或社会活动都有很大的差别。在体育活动中，学生身体之间的交流非常多，交流的同时也传播着各种体育竞赛的规则，可以说，体育教学也是一个"小社会"，这个小社会赋予了学生之间需要遵循的各种规则与准则。若不遵循，必然受到惩罚；若表现突出，则得到表扬、称赞。执行这个法则的人就是教师。因此，教师必须公正，才能对学生产生良好的影响，培养学生良好的体育道德规范，进而培养学生适应未来社会的各种道德规范与做人理念。

以上阐述了五个方面的体育教学功能，这些功能是体育教学的本质功能，除此之外还有一些其他的衍生功能，如体育教学的政治功能、经济功能、外交功能等。当然这些衍生功能与体育教学本身距离较为遥远，不在本书的讨论范围之内。

六、体育教学的规律

体育教学规律可分为一般教学规律和特殊教学规律。一般教学规律包括教和学相互依存、辩证统一的规律，认识事物的规律，在教学过程中教育、教养、发展任务相统一的规律；特殊教学规律包括体育教学过程的特殊规律，人体生理机能活动能力变化的规律，人体机能适应性规律，青少年身心发展的规律，动作技能形成的规律。

体育教学首先应该是教学，应符合一般教学规律，这是大家的共识，我们重点要讨论的是体育教学的特殊规律，它是否符合体育教学的性质和特点。

（一）关于规律、原则与经验

列宁指出："规律就是关系。本质的关系或本质之间的关系。"我们在理解这句话时，不能断章取义，把规律简化为"规律就是关系"，因为虽然关系性或联系性是构成规律的必要条件，但并非客观事物的任何一种联系都具有规律的意义，只有那些"本质的关系或本质之间的关系"才能称为规律。因此，某一事物中可能存在着许多的属性或关系，只有找到事物的本质特征或关系，才能把它上升为该事物的规律。

我们在理解"规律"时还要注意与容易"规律"相混淆的几个概念。首先，容易与"规律"相混淆的概念是"原则"。"规律"是客观存在的，它代表了事物的普遍必然性，而"原则"是一种主观上的要求，是人们制定的一种行动准则，是根据人们的主观目的，结合自己的经验进行的选择。因此，"规律"解决"是什么"的问题，"原则"解决"应该怎么办"的问题。不同的人根据不同的目的、要求、认识，会制定出一些不同的原则，因此，"原则"可能是正确的，也可能是错误的；"规律"是一种客观存在，没有正确与错误之分，但人对"规律"制定的认识则是主观的，存在正确与错误之分。这个问题在体育教学领域中反映出来的问题是"规律"与"原则"没有划分清晰，教科书中只有体育教学原则，没有体育教学规律，在之后的教科书中只涉及体育教学规律，没有涉及体育教学原则。毛振明在2005年出版的《体育教学论》中则既涵盖了体育教学规律，也有体育教学原则的论述。

其次，容易与"规律"相混淆的概念是"经验"。"经验"是人们从社会实践中产生的，是人认识的基础，但它并不等于"理论"。"理论"是对经验的科学概括，是从"经验"中高度概括出来的结论。因此，我们可以说"经验之中有规律"，但不能说"规律之中有经验"，两者是有区别的，不能等同对待。

(二)体育教学规律的重新思考

体育教学规律的重新思考从以下方面入手：

1."人体机能适应性"规律

"人体机能适应性"是《学校体育学》《体育教学论》等教材中的体育教学规律之一，但在实践中发现，此规律虽对体育训练具有很强的指导作用，但对体育教学的影响却相对较小。针对这一现象，我们对"人体机能适应性"教学规律进行了深入研究。"人体机能适应性"规律是现代运动生理学对于人体运动过程中有机体能量储备等发生一系列变化的一种规律性总结，对于运动训练实践具有重要的指导意义。但是它是否同样适用于体育教学过程？是否也是体育教学过程中的客观规律？对于这个问题，我们持否定态度。教科书对"人体机能适应性"规律的描述如下：当人体开始运动，身体承受运动负荷，体内异化作用加强，体内能量储备逐渐下降，这一期间称为'工作阶段'，经过间歇和调整，可以使体内的能量储备逐渐恢复并接近或达到运动前的水平，这是'相对恢复阶段'，再经过合理的休息和能量的补偿，机体恢复功能可以超过原来的水平，称之为超量恢复阶段，但它主要是运动训练过程中总结出来的规律，而且它必须符合以下几个必要条件：第一，运动必须达到足够的强度与运动量，足以使人体产生比较强烈的刺激与能量的消耗。第二，各个运动训练课之间的运动强度、运动量间歇时间安排要科学，使运动对人体的刺激有一个比较好的衔接，使人体有充足的时间消除疲劳。第三，必须对运动员有一个定量的检测，用以说明各个训练课次的情况。

但是在体育教学过程中，以上运动训练中的各种条件是很难达到的。第一，缺乏检测学生的各种仪器与设备，因此，要测试学生的各种生理、心理变化的指标基本是不可能的。第二，每节体育课的运动负荷、间歇时间安排不可能像运动训练那样达到科学化。第三，体育教学的运动负荷安排一般达不到极限，因为体育教学是以锻炼身体、发展身心健康为目的，少年儿童心率上升的时期短而快，最高阶段的延续时间较短，承受急剧变化的负担量的能力较低。因此，对于小学和初中低年级的学生来说，体育教学的生理负担量不宜过大，活动的时间不宜过长。青少年阶段可以延长时间，承担一定的运动负荷，但它也不是无极限的，不以专项训练水平的提高为目的。第四，在课的安排方面，一般每周有 2～3 节体育课，课的安排是间断的，不像运动训练有周密的训练计划。第五，在教学内容方面，课的内容是多样的，既有三大球，又有田径、体操、校本课程内容等，而运动训练则是专项化的训练。基于以上分析，我们认为在体育教学过程中不可能达到运动训练中的"超量恢复"。

综上所述，体育教学中学生"人体机能适应性"规律的确存在，但需要细化为几个基本的规律：一是体育教学中学生人体生理机能活动变化规律，这个规律为制定体育课的目标、各阶段的任务提供依据。二是体育教学与学生身体发展非线性关系的规律，这个规律不存在"运动与身体健康的因果关系"，不存在人体机能"超量恢复"原理，因为这是由体育教学的实践特点所决定的。三是体育教学内容对不同学生具有不同的身体刺激规律。具体阐述如下：

（1）体育教学中学生人体生理机能活动变化规律

人的机体进行身体练习时，其机能状况的特点是：开始练习时人体克服生理机能的惰性，体内各器官系统的机能从相对较低的水平逐渐上升（上升阶段），以后在一段时间内，机能活动的能力稳定在较高的波浪式变化不大的范围（稳定阶段），人体产生疲劳后机体机能活动能力下降（下降阶段），随后恢复到安静时的机能状态（恢复阶段）。人体的机能活动能力是从上升阶段到稳定阶段，再到恢复阶段的。只有单节体育课才符合人体生理机能活动能力变化规律，因此，体育教学中应根据学生人体生理机能活动变化规律，合理安排教学内容、教法、负荷等。

（2）体育教学与学生身体发展非线性关系的规律

学生的身体发展本身有一定的规律，这是由学生的先天遗传因素所致，因此，学生即使不参加体育活动，生长发育也在进行之中，运动只是影响学生身体发展的一个外界因素，掌握得好，会促进学生身体的发展，掌握得不好，则会损害学生的身体。运动对学生的身体会产生一定的影响，这是一个不争的事实，但是，从结果来看，这个影响到底是运动造成的还是学生本身的生长发育所形成的，是无法测量的。因此，可以认为运动过程中给予学生的负荷与学生身体的变化不是相对应的关系，即非线性关系，而只有指向性关系。即给予学生适宜的运动负荷，对学生的身体发展会有一定的促进作用，但具体的数量则还不明确。

(3) 体育教学内容对不同学生具有不同的身体刺激规律

教学内容与运动负荷有内在的本质联系。所谓运动负荷（又称生理负荷），是指人做练习时所承受的生理负荷。运动负荷包括运动量和运动强度两个方面。在教学过程中只有保持适宜的运动负荷，才能收到较好的教学效果。不同的教学内容对运动负荷有直接的影响，如某次教学内容是太极，那么学生的心率是达不到 180 次 / 分的；初中生 100 米快速跑，跑后即刻心率可达到 160 次 / 分以上；慢跑 1 分钟，心率一般在 130 次 / 分左右。显然，教学内容与运动负荷是直接相关的，教学内容与运动负荷的相关性规律是体育教学所特有的规律。在体育教学过程中，运动负荷较大的教学内容有跑、跳、攀登等，而走、爬、投掷等的运动负荷则相对较小。所以，在体育教学过程中应高度重视教学内容与运动负荷的相关性，在教学内容的安排上，可以交替安排运动负荷大和运动负荷小的练习。通常把正常学生取得最佳健身效果的心率区间确定为 120 ~ 140 次 / 分，而一节课上，可将此心率保持的时间控制在 10 分钟以上，并以中等强度和中等量结合的运动负荷为主，兼顾学生的课后恢复。因此，应根据不同教学内容的特点科学地安排教学内容，以更好地促进学生身体的发展。

2. 运动技能形成规律

运动技术教学是体育教学的本质之一，它不同于一般的知识教学，必须实施有效的实践与操作。运动技术教学也不同于一般的操作技能，体育教学直指“身体运动”，因此，我们必须了解运动技能形成的规律。关于运动技能形成规律，各类教材中涉及较多，其观点也基本趋于一致，因此，本书主要以陈述前人观点为主。

有关运动技能形成的阶段划分，在各类教材中基本相同，只是在用词上有些差异，如《体育心理学》的描述是：认知定向阶段、掌握局部技能阶段、初步掌握完整技能阶段、技能的协调完善阶段；《运动生理学》的描述是：泛化阶段、分化阶段、巩固阶段、自动化阶段；《体育教学论》的描述是：粗略掌握动作阶段、改进与提高阶段、动作的巩固与运用自如阶段。我们认为，应结合运动生理学原理、心理学原理、中小学学生年龄特征来论述运动技能形成规律，这样才能体现运动技能形成规律的相对科学性、体育教学的特殊性（有别于运动训练中的运动机能形成规律）。根据以上思路，我们把运动技能形成的阶段总结为：粗略学习运动技术阶段；掌握分解动作、改进与提高完整运动技术阶段；掌握完整运动技能阶段；运动技能自动化阶段。此处有两个注意点：一是运动技术与运动技能的差异性。“运动技术”是指“完成特定的体育活动的方法，或能充分发挥人的身体能力，合理有效地完成动作的方法”。运动技能是指“按一定的技术要求，完成某种动作的能力”。从上述概念中我们可以了解到，运动技术是方法论，它是长期以来人们在实践中经过多次修正，并在不同阶段具有相对科学性的完成动作的一种方法。运动技术的另一个特点是客观存在性，即它不随人的意志转移，同时也不具备个人的特性。运动技能则不一样，它是人经过学习而掌握的具有个性化的自动化的行为方式，具有明显的个人特征。因此从学习和掌握的角度，我们可以说"学生学习运动技术"，不宜讲"学生学习运动技能"，同理，可以讲"学生掌握某种运动技能"，而不宜说"学生掌握运动技术"。二是在学习与掌握的程度上应体现各自的特点。任何学习都要经历一个从不会到会的过程，一般情况下，先学知识，后进行练习，最后才能掌握某种技能。如最为常见的四则运算，教师先介绍知识，学生学习知识，当学生基本了解了运算的法则之后，就开始实际操作，此时虽然已经懂得了运算的原理，但还不能算得上掌握四则运算，还需要通过实践与练习，如脱离实物运算，进行抽象数字的运算、算盘中运算、应用题运算等，只有进行这些实践练习，才能比较熟练地掌握各种运算，我们才能称之为"某某学生掌握了四则运算"。由于运动技能不仅需要实践环节，还要身体直接参与实践活动，难度更大，要达到运动技能的"掌握"程度则更加困难。因此，我们在描述运动技能形成过程时，需要体现运动技能"掌握"的各个程度：熟练掌握、基本掌握、初步掌握等。

(1) 粗略学习运动技术阶段

首先从生理学、心理学两个视角分别阐述粗略学习运动技术阶段的基本特征。从生理学角度来看，此阶段由于新的运动技术所引起的内外刺激对学生机体来说都是新异刺激，并通过各种感受器(特别是本体感受器)传到大脑，引起大脑皮层有关中枢神经细胞的强烈兴奋，但因大脑皮层内抑制过程尚未建立起来，但是，大脑皮层的兴奋与抑制过程都依照大脑皮层本身的运动规律趋于扩散，使条件反射暂时联系很不稳定，出现了泛化现象。具体表现为动作僵硬，动作不协调、不准确，多余动作、错误动作很多，动作时机掌握不准确，节奏紊乱。从心理学角度而言，此阶段学生的视觉起到了主导作用，学生主要通过观察教师、优秀学生、教学媒体的各种运动技术演示，在头脑中建立比较正确的运动表象，但由于学生在初学时缺乏感性的认识与直接的经验，因此，虽然注意力高度集中，但情绪紧张，心理能量消耗大，在大脑中建立的运动表象或隐或显，直接表现为动作吃力、不协调。

因此，这一阶段教学的主要任务是使学生建立动作的正确表象和概念，防止和排除多余与错误的动作，并尽力让学生多练，以建立大脑皮层与肌肉系统的联系，建立条件反射。根据这一阶段的特点和教学任务，教师要充分了解学生的身心特点，尽量运用各种直观的教学手段、简洁生动的讲解和准确漂亮的示范，保证学生建立正确的运动表象，并引导学生积极思维，明确动作的意义、技术结构、要领和完成的方法；同时，使学生有足够的练习时间，帮助学生建立神经系统与肌肉系统的暂时联系。

(2) 掌握分解动作、改进与提高完整运动技术阶段

从生理学角度来看，随着学生学习的深入，学生大脑皮层运动区的兴奋与抑制过程在时空上的分化开始发展，大脑皮层运动中枢的兴奋和抑制过程逐渐集中，由于抑制过程加强，特别是分化抑制得到发展，由泛化进入分化。第一、第二信号系统的相互作用开始得到加强，具体表现为逐渐学会各个分解动作，多余动作开始减少，动作的时机与节奏开始符合要求等。从心理学角度来看，学生的注意力的分配能力开始加强，感知觉开始分化，视觉、听觉、动觉开始同时发挥作用。但此时条件反射还很不稳定，易受新异或强烈刺激干扰，精神依然较为紧张，注意力范围还很小，动作较为忙乱，连贯动作不协调、呆板，出现的错误动作很多等。因此，这一阶段的教学任务是在粗略学习运动技术的基础上，进一步消除紧张情绪，熟练各个分解动作，并加深理解各个动作结构的内在联系，在掌握各个分解动作的同时，建立完整动作的概念与连接。根据这一阶段的特点和任务，教师应运用多种教法，增加重复练习的次数与时间，在不割裂完整动作的基础上，比较各个分解动作，帮助学生纠正各种错误动作，领会技术动作的关键，根据完整动作的要求，有节奏地进行各个分解动作的组合练习，从分解动作过渡到完整动作。

(3) 掌握完整运动技能阶段

从生理学角度来看，通过完整运动技术的反复练习，运动技能逐渐形成，运动动力定型趋向巩固，大脑皮层运动区内兴奋与抑制过程不论在空间和时间上都更加集中，有时可以在脱离意识控制下完成动作，在不利环境与条件下，运动形式不会遭到破坏，植物性神经功能与躯体性神经功能开始协调配合。从心理学角度来看，学生的精神紧张不断降低，注意力范围不断扩大，语言的作用开始加强。具体表现为：完整动作完成情况较好，动作协调、省力，基本没有错误动作，动作的相互矛盾与干扰逐渐减少，完整动作比较连贯，节奏性较好。

这一过程运动动力定型虽已基本巩固，但仍然要经常加以练习，否则动力定型还会消退。对于复杂、难度大的运动技术，如果缺乏经常的练习，不仅其运动技能难以进一步巩固，而且很容易消退。因此，此阶段的任务是要求学生在各种条件、环境下经常练习，关注运动技术的各个细节，加深动作技术的理论和原理的理解与消化，并配合运动实践，从而促进完整运动技能达到自动化程度。

此阶段对于中小学学生的体育教学具有特殊的意义与作用。体育教学毕竟不像运动员的运动训练，运动员具有很好的身体素质与充足的运动时间，而中小学学生的身体素质较差，运动时间也相对较少，因此，需要结合中小学学生的年龄特征，

对于较难的、较复杂的运动技术要进行分解教学。当然，教师在分解动作时不能破坏其运动技术的完整性，在分期完成分解动作之后，要注意各个分解动作的连接练习、部分完整练习，只有这样，才能从分解过渡到完整，为熟练掌握完整动作打下坚实的基础。

(4) 运动技能自动化阶段

从生理学角度来看，随着运动技能的巩固与发展，学生掌握的运动技能开始出现自动化现象。所谓自动化，就是指在练习某套动作时可以在脱离意识的情况下自动完成。所谓下意识或无意识完成动作不是真正意义上的没有意识地去完成动作，只是指在大脑皮层兴奋性很低的情况下可以完成一些活动或动作。例如，在骑车过程中人完全不需要意识控制，如车把的稳定、重心的移动、踏车的动作等，都能下意识地加以调整，注意力可以转移到观看周围的情况。从心理学角度来看，这一阶段精神紧张完全消除，注意力范围扩大到最大程度，运动感觉对动作的控制调节占据主导地位等。具体表现为能高度准确、熟练和省力地完成动作，动作娴熟、准确、漂亮、省力、经济，并能体现运动技能的个性化特征。继续发展，可以表现为运动技巧和运动能力，并能随机应变地、灵活自如地运用。但是运动技能的自动化是在下意识情况下完成的，一时的动作误差往往不易被察觉，如果重复多次而被巩固下来，也会使已形成的动作技能变质。因此，这一阶段的教学任务主要是巩固发展已形成的动力定型，使学生熟练、省力、轻快地完成动作，并能在各种变化的条件下自如地运用。根据这一阶段的特点和任务，教师应继续要求学生进行强化练习，并注意运动技术的细节问题，使学生参与各种条件、环境下的练习，特别是运动比赛，不断地巩固已形成的动力定型。

动作技能形成的四个阶段是有机联系的。由于学生的学习基础、学习条件、教学的组织和教法水平以及其他有关条件不同，四个阶段的具体特点和所需的时间也有所不同。一般情况下，中小学学生要达到运动技能的熟练化、自动化程度，其难度非常大，要实现这样的目标，体育教学仅仅是个基础，关键是课外体育和自主锻炼，体育教师的作用仅仅是把握体育课堂教学的时机，传授正确的运动技术，激发学生运动兴趣，正确选择各种教法，纠正学生的错误动作，对学生掌握多种运动技能起到推动作用。

3. 心理活动能力变化规律

体育教学中学生的心理变化情况是非常复杂的，因此，我们需要简化学生体育学习过程中的多种心理学指标。涉及心理学的因素很多，如学生在体育学习中的注意、思维、记忆、情绪、意志、兴趣、爱好、性格、个性特征、世界观等，要考察全部的因素与内容，会变得异常复杂。这里主要针对几个心理过程的重要指标（如果涉及心理特征，则更为复杂）进行分析，以期引起理论研究工作者与实践教学工作者的关注。

(1) 体育教学中不同年龄学生的注意力特征

① 学龄初期（6～7岁至11～12岁）的儿童有意注意正在开始发展，无意注意仍起着重要作用，所以外界客体很容易引起他们的无意注意。尤其是小学一二年级的学生容易把注意转向外部的、吸引他们的刺激物。这一年龄的学生有意注意的稳定性不强。研究表明：7～8岁的儿童一般仅能保持有意注意10～15分钟。实验证明：如果要求一年级的学生在3～10分钟内连续做7次练习，那么，在完成了第五次练习之后，就会看到很多注意力分散的现象。所以，在体育教学中不应强制儿童去完成练习。

低年级学生的注意分配是比较狭窄的，他们不能分配到2～3个对象上。而且他们的内部注意非常弱，难以将注意集中到自身的思维和表象上，难以分析自己所完成的练习和动作中的错误。所以，体育教师在教学中应考虑到，较少地布置低年级学生对自己的动作进行分析的任务，而应该更多地讲解动作的错误关键所在，多做些规范化的示范动作。

② 学龄中期（11～12岁至14～15岁）的学生有意注意有了进一步发展。11～12岁至14～15岁的学生能够在适当的教学条件和对教材有较强动机的情况下，毫无困难地保持有意注意40～50分钟，他们能将注意分配和立即把注意转移到有关的单个对象上。尽管如此，他们仍容易分心。这种分心是由多种原因造成的：行动具有冲动性、耐受性，追求尽快地做动作，要求在积极活动中得以成长，或者是由于教材过于抽象、高深，与他们的知识经验相距很远等。

少年时期喜欢追求获得各种事物的新印象，所以他们的注意很容易被外部的刺激所吸引。他们较多地关注活动的结果，而不太在意活动完成的质量，千篇一律地做一种动作会很快使他们觉得无聊，并使注意降低。

③ 学龄晚期（14～15岁至17～18岁）的学生具有长时间地保持有意注意的特点。高中生已具备了长时间地保持注意的有意义的动机，他们明显地表现出试图自我认识和自我表现，并能完全自觉地接近这一目标。因此，他们的注意稳定性有了很好的发展，注意的范围达到了一般成人的水平，能够在比较复杂的活动中很好地分配自己的注意。所以，在体育课上他们不仅在教师做示范动作时，而且在讲解动作以及讲述理论问题时，都能保持注意。对于小学生和初中生来说，组织注意的主要因素是提供教材的形式；而对于高中生而言，更重要的是提供的教材内容，他们十分注意教材内容的先进性和科学性。

(2) 体育教学中不同年龄学生的思维特征

思维的年龄特征只是针对总的发展过程中那些具有某些共同现象和特性的时期或阶段来说的，通常指的是学生在一定的年龄阶段中所表现出来的一般的、典型的、本质的特征。心理学通常认为，儿童与青少年的思维发展在年龄上表现为如下几个阶段和特点：① 从出生到 3 岁，主要是直观形象思维。② 幼儿期或学前期，主要是具体形象思维。③ 学龄初期或小学期，主要是形象抽象思维，即处于具体形象思维向抽象逻辑思维的过渡阶段。④ 少年期，主要是以经验型为主的抽象逻辑思维。⑤ 青年初期，主要是以理论型为主的抽象逻辑思维。

当然各个时期的思维特征并不是单独的，而是交叉存在的。在某一阶段之初，可能还保存着大量的前一阶段的年龄特征；在这一阶段之末，也可能产生较多的下一阶段的年龄特征。思维的年龄特征还表现出各阶段、各种心理现象发展的年龄特征，如：小学四年级以前以具体形象成分为主要形式，四年级以后则以抽象逻辑成分为主要形式；初中二年级是从经验型向理论型发展的开始，也是逐步了解对立统一的辩证思维规律的开始。

体育教学中学生的思维具有特殊性，即主要是学生的动作思维与认知思维相结合。以上论述的是一般教学过程中的认知思维，而动作思维则更加复杂。儿童在掌握抽象数学概念之前，用手摆弄物体进行计算活动，就属于动作思维。这是在抽象逻辑思维产生之前的一种思维形式。成人在进行抽象思维时，有时也借助于具体动作的帮助，但其不能与动作思维完全等同。因此，动作思维不同于一般知识学习的认知思维。但有关动作思维的规律与特征的研究非常少。因此，在体育教学中深入讨论不同年龄学生动作思维的规律还比较困难。基本规律是：年龄越小，动作思维越需要依赖形象思维进行。

(3) 体育教学中不同年龄学生的意志特征

① 小学生的意志目的性和独立性差，盲目性、受暗示性和独断性较为明显；小学生的果断性表现为随年级升高而不断发展，但不稳定；小学生的自制品质逐步发展，抗内外诱因的能力逐渐增强；小学的坚韧性品质迅速发展，但各阶段不平衡。② 初中生的果断性有所提高，但表现出一定的摇摆性；自制性不强，仍需外界的督促；坚韧性逐渐增强，但不够稳定。③ 高中生的目的性明确，有自己的主见；果断性处于较高水平，但对局面的正确把握不够；自制能力显著提高，并表现出一定程度的冲动性；坚韧性达到一个新阶段，但易受外界影响的现象依然存在。

体育课堂教学是反映学生意志力的直观场所。一般来说，学生的意志力表现与体育教学活动的教材内容相联系。如对于困难较大的运动项目，学生的意志力表现会较为薄弱，但通过引导与教育，学生的意志力可以有效发挥；而有些活动内容比较简单，不太需要学生强大的意志力，那么学生的意志力表现就随着课堂的进行与延续表现出自然的特征。学生在体育学习中的意志力表现与学生对教师建立起来的威信有着密切的联系，教师在学生心目中的地位越高，学生的意志力表现就越强，反之则弱。正常体育教学状态下，课的前半部分由于学生的学习精力较为充沛、学习热情较高，学生一般情况下不需要依靠意志力来维持；随着教学的继续，学生的体力、精力有所下降，此时需要调动学生的意志力配合教学活动；到了教学的后期，学生在精力、体力、耐力方面到了最低点，那么就需要激发学生更强的意志力来维持课堂。因此，从整体来看，学生在体育教学课堂中其意志力的曲线是逐渐上升的。当然，期间也有一定的波动，根据学习任务的条件、困难程度、教师的引导等表现出不同的变化特征。

(4) 体育教学活动中学生情绪的特征

情绪作为一种心理现象，是由客观事物引起的，是人的态度体验，它总是和需要联系在一起。一般的情绪总伴随着一定的情境性和明显的冲动性与外显性。体育教学中学生情绪体验既具有一般共同性，又具有其自身的一些特点：① 情绪的多样性。体育教学中情绪的多样性表现在以下几个方面。首先，不同的学生对同一教材所表现出的情绪不同。由于学生的身体素质、兴趣爱好不相同，因此体验同一体育活动时，有的表现出兴奋与愉悦，有的则表现出恐慌、紧张等情绪。其次，同一学生对同一教材所表现出的情绪也不同。在活动开始之时，由于动作不熟练，学生往往表现出焦虑的情绪，熟练动作掌握之后，则表现出愉悦的情绪。② 情绪的暂时性。体育活动中学生情绪体验伴随着活动的开始而开始，活动的结束而结束，来得快，平息得也快，针对性较强，维持时间相对较短。③ 情绪的外露性。在体育教学过程中，学生的情绪通常与教学内容、教师态度等连在一起。通过观察运动过程中学生的动作、表情、言语及对待活动的态度，很容易发现学生的内心世界。如面对横箱不敢跳跃时，紧锁眉头，成功跃过横箱后，喜形于色，学生的情绪较直接、外露。④ 情绪的感染性。体育课一般都是在室外进行的，教师与学生、学生与学生之间的直接接触比一般的文化课多一些，教师的保护帮助、教师对待学生的态度、学生之间的小组活动等方面，都存在着一方的情绪对另一方情绪施加影响，即情绪的相互感染。⑤ 情绪的鲜明性。在动作练习过程中，学生因受种种因素的影响，情绪马上就表现出来。如冰球比赛中对方屡次故意撞人犯规，使被撞者愤怒至极，立即采取报复行动，此时，双方都有可能大打出手。

(5) 体育活动过程中学生兴趣的特征

兴趣对人的认识和活动具有非常重要的意义。兴趣一经被激起，就会使人聚精会神，产生愉快紧张的情绪以及主动的意志努力等，使学习效果大增。所以，了解兴趣的有关知识并有意识地在教学中培养学生的学习兴趣，对教学效果的提高有着不可低估的作用。

兴趣是在需要的基础上产生的力求认识、探究某种事物的心理倾向，由获得这方面的知识在情绪体验上得到满足而产生。兴趣受到环境的影响，一个温暖、和谐的家庭会使儿童"以人取向"，冷漠、孤僻家庭中的儿童会"以事取向"。研究表明，儿童有趋向某种兴趣的遗传倾向性，与父母的兴趣显著相关。在儿童时期，兴趣常成为支配心理活动和行动的主要心理倾向。到了青年时期，理想往往成为支配心理活动与行动的主要倾向。兴趣一般可分为直接兴趣和间接兴趣。直接兴趣是指人对事物或活动本身产生的兴趣，这往往是由于客观事物引人入胜而引起的。例如，有的学生喜欢上体育课只是因为体育教师的示范动作很漂亮。间接兴趣是指人对活动的结果产生的兴趣。例如，有的学生为了学好某个动作要领而聚精会神地听教师讲解时所表现出来的兴趣。年龄小的学生大多是对事物或活动本身产生兴趣，年龄大些的学生才对活动的结果产生兴趣。在活动中，这两种兴趣相辅相成，随着年龄的增长、身体的发育、素质的发展与运动能力的提高而不断发生变化。

学生的兴趣有一般活动的共性，也有体育活动的特殊性。其特殊性主要表现在四个方面：一是年龄越小，学生对体育活动的兴趣越广泛，低段小学生对新鲜的体育活动都比较感兴趣，对任何项目都想尝试一下。二是学生对各类体育活动的指向性不一。有的对篮球有较大的兴趣，而有的对足球感兴趣等。三是随着年龄的增长，学生对体育活动内容的兴趣逐渐趋向集中，主要表现为对几个特定运动项目的爱好上。四是学生对体育的兴趣差异还表现在兴趣的稳定性上。有的兴趣稳定持久。有的兴趣不稳定。一项追踪研究表明，兴趣都在 15 岁后才逐渐稳定的。

七、体育教学的原则

体育教学原则是体育教学过程客观规律的反映，是长期体育教学实践经验的总结，是体育教学工作中必须遵循的基本准则。

体育教学原则应贯穿到体育教学的全过程，指导体育教学过程的各个方面。如体育教学计划的制订，教学内容、方法的选择与安排，教学组织形式的运用，课程负荷的安排，教学质量的评估等，都应以体育教学原则为指导，对教学活动进行调节和控制。

由于体育教学原则既要反映客观规律，又要结合客观实际情况，因此，根据不同国家、不同地域、不同历史年代和不同学段学生等情况，学者提出的体育教学原则往往不尽相同。

我们认为，针对目前中小学的实际情况，体育教学中应贯彻的教学原则主要有：

自觉积极性原则、直观性原则、因材施教原则、身体全面发展原则、合理安排负荷原则、循序渐进原则和巩固提高原则。

（一）自觉积极性原则

自觉积极性原则是指在教师的主导下，充分调动学生学习的自觉积极性，发挥学生的主体作用，培养学生学习的主动性和创造性，把认真完成学习任务，变成自觉行动。

确定自觉积极性原则的依据：这一原则所指的是在教师主导下学生的自觉积极性。他是由教师的"教"与学生的"学"的双边活动过程的教学规律决定的。师生关系是体育教学过程中的一对基本矛盾，矛盾的主导方向是教师，因为教师是教育者，他们掌握比较丰富的体育知识、技术和经验，能满足教好学生的需要。在实施教学计划过程中，教师的教起主导作用，它不仅表现在对计划的制订和执行上，而且还表现在对教学过程的调节和控制上。学生是教学的对象，是知识、技术的接受者，是学习的主体。但是，学生学习的自觉积极性不完全是自发的，而取决于教师的指导、传授、调节和控制。反过来学生有了学习和练习的自觉积极性，又能主动地自我调节和控制，并与教师的调节和控制协调一致，才能保证预定的学习目标的实现。所以，在体育教学过程中要把教师的主导作用与调整学生学习的自觉积极性很好地结合起来，这是提高教学质量的根本条件。贯彻和运用自觉积极性原则的基本要求：

1. 了解学生

教师必须了解所教学生的特点。要了解他们的爱好、需要、特长、困难和不足等，这是教师搞好体育教学工作的前提，但是，真正做到了解学生是很不容易的。体育教师可通过多种渠道加强对学生的了解，比如做班主任、培养体育骨干、开展课外体育活动等等。只有教师主动去了解学生，关心并熟悉学生，才会有调动学生自觉积极性的基础。

2. 发挥教师的主导作用

学生的自觉积极性不完全是自发的，还必须通过一系列细致工作才能充分调动起来。所以，要调动学生的积极性，必须发挥教师的主导作用。教师的主导作用，不仅表现在教学中，如教师通过讲解、示范、组织教学等手段，把学生引导到所教的内容上来，更重要的应该是给学生提供和创造一种良好的条件，使外因能顺利而迅速地转化为内因，从而调动学生的自觉积极性。

3. 建立民主平等、情感融洽的师生关系

体育教学过程中，教师要为人师表，教书育人，既要严格要求学生，又要满腔热情的关心与信任学生，使师生关系融洽和谐，感情息息相通。营造这种良好的师生关系，才能有利于学生主动地、快乐地参加到体育教学中去。

4. 培养学生学习的内在动力

学生学习的内在动力，是鼓舞和推动学生的内驱力。教师应不断提高教学的艺术性和启发性，培养学生正确的学习动机和兴趣。动机是一切行为的前提，是推动学生学习、锻炼的心理依据。只有使学生形成了正确的学习动机，才能发挥学生的主体作用。

5. 培养学生自学、自练、自评及自我鉴赏的能力

自学、自练、自评的能力是养成学生经常参加体育锻炼习惯、培养终身体育锻炼意识的重要基础。在教师主导作用的前提下，要为学生自学、自练、自评能力的培养与发展创设一个良好的外部环境，放手让学生独立自主、生动活泼、主动地学习与锻炼。

(二) 直观性原则

直观性原则是指在体育教学中，要充分利用各种直观方式和学生已有的经验，通过学生各种感觉器官去感知事物，培养学生的观察能力和积极思维的能力，使学生获得直接经验和感性认识，为掌握体育知识、技术和技能奠定基础。

确定直观性原则的依据是：辩证唯物主义的认识规律。从生动的直观到抽象的思维，并从抽象的思维到实践，这就是认识规律，是认识客观实际的辩证途径。任何知识的来源，都在于人的肉体感官对客观世界的感觉。在体育教学中，学生掌握体育的知识、技术和技能是从建立感性认识开始的。首先，必须使学生感知所学的动作(包括触觉和本体感觉的感知)，并在感知的基础上建立起完整的、正确的动作形象概念，从而为学生掌握体育的知识技能奠定基础。贯彻和运用直观性原则的基本要求是：

1. 综合运用身体的各种感觉器官，感知体育教材，扩大直观效果

在体育教学中除通过听觉来感知动作的形象、结构和要领外，还要通过触觉和肌肉的本体感觉来感知完成动作时肌肉用力程度、方法及空间与时间的关系等，以增强直观教学的效果。

2. 充分发挥教师本身对学生的直观作用

教师自身的一切活动，都是学生观察的目标，特别是教师的动作示范、语言表达等都是学生获得生动直观的活动的主要来源。中小学生模仿能力很强，所以，要求教师必须加强自身修养，提高体育理论和运动技术水平，重视动作技术示范的准确性和规范性。

3. 充分运用多种直观教具和手段

要借助多种教学媒介和各种现代化教学手段，如模型、图片、幻灯、录像、录音、电影等，以发挥直观教学的作用。

4. 善于引导学生观察和激发学生积极思维的能力

直观性是通过学生直接观察运动动作的形象来实现的。学生在教师的指导下，通过分析、比较，弄清正在学习的和已学过的运动动作有何联系。辨别动作的技术结构，分析动作技术的关键，明确正确动作与错误动作的界限，从而形成运动动作的正确表象。同时还要防止一般化的观察和单纯形式的模仿。

此外，选择运用好各种直观位置和把握使用时机，也将会取得良好的直观效果。

（三）因材施教原则

因材施教原则是指体育教师在教学中，既要面向全体学生，提出统一要求；又要根据不同班级和学生的个体差异区别对待，把集体教学和个别指导结合起来，使每个学生的才能和特长都能得到充分的发挥。

确定因材施教原则的依据是：学生身心发展的客观规律及个体发展不平衡性。同一年级和年龄组的学生，他们的身心发展规律具有共同点，因而体育教学可以对他们提出统一的规格和要求。同时，同一年级和年龄组的学生又存在着个体发展的不平衡性，如他们的身体形体、身体素质、运动能力、兴趣爱好、运动项目专长等方面都存在差异。这些不同点，又要求在统一的基础上，要注意区别对待，因材施教。贯彻和运用因材施教原则的基本要求：

1. 深入了解学生

这是进行因材施教的基础。教师通过调查研究，全面了解班上学生的体育认识、兴趣爱好、思想品德、健康状况、体育基础、身体发展等多方面的情况。找出他们的共同点和差异，才能采取不同的方法，因材施教。

2.面向全体，兼顾两头

教师主要把精力放在全体学生的普遍提高上。在制订教学计划，确定教学目标和要求时，应该是大多数学生经过努力可以达到的。同时，还要兼顾两头，解决"吃不了"和"吃不饱"的矛盾。对个别身体素质好，有体育才能的学生，要为他们创造条件，让他们多参加课余体育训练，为提高专项成绩打基础。对体弱和身体素质差的学生，要热情关心、耐心帮助，使他们在原有的基础上逐步提高水平，完成教学要求。

3.从客观实际情况出发

教学中贯彻因材施教原则，还必须考虑学校的客观实际情况。不同地区、不同场地器材设备条件，都对体育教学起制约作用。教师在制定教学目标时，除了要考虑教材、学生特点、组织教法外，还必须考虑上述各个方面的客观条件，这样才能更好地因材施教。

（四）身体全面发展原则

身体全面发展原则是指在体育教学过程中，教材内容的选择和安排要全面多样，使学生身体的各个部位、器官、系统的机能，各种身体素质和基本活动能力，都得到全面发展。

确定身体全面发展的原则依据是：青少年的年龄特征和人体是在大脑皮质统一调节下的完整统一的有机体。青少年的身体正处于生长发育时期，可塑性很大。在体育教学中选择多种多样的不同性质的教材，采用多种有效的教学手段，有利于学生身体的全面锻炼和身体各个器官系统的机能得到协调的发展，养成正确的身体姿势。而长时间进行单一的、局部的锻炼，就得不到理想的锻炼效果，甚至造成某种程度的畸形发展，有碍学生健康。人体各个器官系统的机能、各种身体素质和基本活动能力之间，既相互联系、相互促进，又相互制约，某一方面的发展，会影响其他方面的发展与提高。因此，只有身体得到全面锻炼，才能全面协调发展。贯彻和运用身体全面发展的基本要求：

1.全面系统的制定各种教学计划

认真学习和领会教育部《义务教育体育与健康课程标准（2011年版）》精神，在制订水平教学工作计划、学年教学工作计划、学期教学工作计划、单元教学工作计划和课时工作计划时，应注意各类教材和考核项目的合理搭配，保证学生身体的全面锻炼。

2. 身体全面发展体现在课堂教学的全过程

课堂的准备部分，活动要全面多样；基本部分教材要进行科学、合理搭配。基本的要求是，准备部分的活动要以运动系统和呼吸系统为主，为完成课堂的目标任务做准备；基本部分的教材，既有上肢、下肢为主的练习，也有躯干、腰、腹、背部为主的练习，使学生身体得到较为全面、协调的锻炼和发展；课的结束部分，要做好放松活动并布置课外体育作业，并有组织地结束一节课。

3. 不断克服单纯从兴趣出发的倾向

体育教学中应激发学生的学习兴趣，使他们乐于上体育课。孔子云："知之者不如好知者，好之者不如乐之者。"（《论语·雍也》）意思是说："学习知识或本领，知道它的人不如爱好它的接受得快，爱好它的不如对其有兴趣的接受得快。"因此采用一系列手段和措施来激发和调动学生的学习兴趣是必要的。但是，要把激发学生的兴趣与单纯从兴趣出发两者区别开来。所谓单纯从兴趣出发，就是以学生的兴趣为中心，背离全面锻炼的原则，学生喜欢什么，教师就教什么、练什么，这种长期地片面迁就学生兴趣的做法，会带来不良后果。

（五）合理安排生理负荷和心理负荷原则

负荷包括生理负荷和心理负荷两个方面。合理安排生理负荷和心理负荷是指在体育教学中要使学生承受适当的生理负荷和心理负荷，并使练习与休息合理交替，以促使学生身心全面协调地发展。

确定合理安排生理负荷和心理负荷的依据是：学生在体育教学中生理负荷和心理负荷变化规律。从生理变化的规律来看，人体功能的改善和提高，必须在适宜的生理负荷刺激下才能实现。因此在一定的限度内，生理负荷大，超量恢复效果也就好，适应变化也加大；但如果生理刺激的强度过大，超过了一定的限度，生理机能就会受到伤害；而生理负荷刺激强度过小，对生理机能的发展也不会产生良好的作用。

有关中小学生体育课心理负荷研究在我国还处于起步阶段，尚无理想研究结果。有关机构所做的关于心理负荷的实验结果表明，心理负荷的"注意""情绪""意志"三项指标在课中不同时区的峰态变化一般趋势是：在45分钟的体育课中，学生的注意高峰出现在一节课的前区15分钟处，男女学生无明显差异；学生情绪高峰出现两次，第一次出现在课的前区4～18分钟，第二次出现在课的后部36～40分钟之间；学生意志高峰则出现在课中20～36分钟之间。如果在学生注意与情绪心理最佳时区内安排学习各种知识和动作技术，在学生意志品质处于高峰期内进行锻炼，必然能获得较理想的效果。贯彻和运用合理安排负荷原则的基本要求：

1. 根据教学目标、学生特点，教材性质等合理安排的生理负荷

新授课和复习课在安排生理负荷时应有不同的要求。学生的性别、年龄、健康状况不同，安排生理负荷时，要注意区别对待。不同性质的教材，应考虑它们对身体机能的不同作用和影响，做出科学安排。此外，学生的生活制度、营养条件和其他体力活动的负担、所在地区的气候因素及作业场所的环境等，在安排生理负荷时应给予全面考虑。

2. 正确处理生理负荷的量和强度的关系

负荷量和负荷强度应互相配合，逐步加强。在体育教学中通常是先增加负荷量，待适应以后，再增加负荷强度。在增加量时，强度宜适当下降。在强度增加时，量则应该适当减少，这样，量和强度交替的增加和下降，才能使学生承担负荷的能力逐步得到提高。

3. 正确处理生理负荷的表面数据和内部数据的关系

表面数据是指运动动作练习的量和强度。内部数据是指负荷量和强度所引起的一系列的生理、生化变化。生理负荷的表面数据与内部数据在通常的情况下是一致的。但应学生的体质强弱和身体运动水平不同，一定负荷的表面数据作用于不同的学生，可以产生不同的内部数据。因此，在分析生理负荷时，应把表面数据和内部数据结合起来加以判断和评价。

4. 安排好心理负荷

安排心理负荷时（主要有注意、情绪、意志三个方面），既要与教学进程相联系，又要与生理负荷相配合，使高低起伏，节奏鲜明，起到相互调剂、相互补充的效果。

5，做好生理负荷和心理负荷的测量，统计和分析工作

在评价体育课的质量时，既要安排生理负荷的测量，又要安排心理负荷的测量，以便从生理和心理两个方面进行全面的客观评价。

(六) 循序渐进原则

循序渐进原则是指体育教学内容、教学方法和负荷的安排顺序，必须遵循系统性和连贯性的要求，符合学生的年龄、性别特征，使学生按照一定客观规律的顺序，逐步得到提高和发展。

循序渐进原则的依据是：人们认识事物的规律，动作技能形成规律和知识、技术的系统性和连贯性决定的。在体育教学中，必须遵循由易到难、由简到繁、由未知到已知，才能使学生更好地掌握体育的知识、技术和技能。贯彻和运用循序渐进原则的基本要求：

1. 提高教师素养

教师要提高自己的学科与专业素养，深刻了解学生身心发展的一般规律和特点，了解各项教材的系统性，以及各项教材之间的关系。

2. 制订好教学工作计划

制订切实可行的教学工作计划，保证教学工作系统连贯的进行。在制订教学计划时，每个运动项目、每次课、每学期的内容和教法，都应前后相接，逐步提高。

3. 安排好教学内容

在安排教学内容时，既要考虑该运动项目由易到难、由简到繁的顺序；又要考虑与其他运动项目之间的关系。先安排哪个项目，后安排哪个项目，要符合循序渐进的要求，使得前一个项目的掌握能利于后一个项目的学习。

4. 有节奏地逐步提高生理负荷

体育课中生理负荷的安排，应采取波浪式的有节奏地逐步提高。这是因为机体适应某种生理负荷需要一定的时间。就一学年或一学期来说，应有节奏地交替进行不同负荷的体育课。本次课的生理负荷时机，应该尽量安排在前次课所产生的超量恢复水平上，这样才能使有机体的机能水平得到逐步提高。

（七）巩固提高原则

巩固提高原则是指在体育教学中，要使学生牢固地掌握所学的基本知识、基本技术和基本技能，不断地发展体能和增强体质。

巩固提高原则的依据是：运动条件反射建立与消退的生理规律。因为动作技术、技能的掌握、巩固和提高，是通过不断反复练习而形成的。反复练习可使动作条件反射不断地建立和巩固，并在大脑皮质建立动力定型。但是，动力定型建立后，还需要继续练习，不断强化，使得动力定型更加巩固和完善，否则，已经形成的动力定型还会消退，从而影响教学质量。贯彻与运用巩固提高原则的基本要求：

1.反复练习

组织学生进行反复地练习，增加练习密度。不断巩固运动条件反射是贯彻巩固提高原则的基本方法。在课堂上使学生有足够的练习时间和重复次数。但是反复练习不是简单机械地重复，而是要在原有的基础上逐步提高要求，不断地消除动作的缺点和错误，使学生看到自己的进步，就能更好地激发学生反复练习的兴趣，就更有利于学生巩固和提高所学的知识、技术和技能。

2.多方式练习

采用提问、测验、竞赛等多种方式，是贯彻巩固提高原则的有效手段。在运用这些手段时，要根据课的目标和要求进行。提问要有启发性。在某一教学告一段落时，可采取竞赛手段，观察学生在复杂多变的竞赛条件下，运用所学的体育知识、技术和技能的熟练程度。

3.改变练习条件

改变练习条件，对巩固提高体育基本技术、技能能够起到良好的作用。改变练习条件包括场地、器材及动作结构、环境条件等。如平地跑改为斜坡跑，改变器械重量和动作组合等。

4.课内外相结合

教师在课堂教学的基础上，可布置一定的课外体育作业或家庭作业，使课内外紧密结合，达到巩固提高的目的。

5.培养进取动机

不断提出新的目标，培养学生的兴趣和进取动机。

以上体育教学原则是一个相对完整的体系，应相互联系、相互补充，在中小学体育教学中应全面、正确地贯彻执行。体育教学原则是一个发展范畴，但在一定时期内，又具有相对的稳定性。随着体育教学实践的发展，以及人们对体育教学规律认识的不断深化，体育教学原则也将不断得到充实和发展，比如注重体验运动乐趣原则、提高运动认知和传承运动文化原则、集体教育原则、安全运动与安全卫生教育原则、师生共同协作原则等等。因此，教师可根据实际情况灵活地加以运用。

第三节　体育教学目标

一、体育教学目标的定义

有关体育教学目标的概念在《教育大辞典》和《体育科学词典》中均未查到，只有查到潘绍伟、于可红主编的《学校体育学》中的概念："体育教学目标是体育课程的亚目标，它是体育教学中师生预期达到的教学结果和标准。"还有其他的解释："指在一定时间和范围内，师生经过努力后所要达到的教学结果的标准、规格或状态。"

以上这些概念与教育学中有关教学目标的概念雷同，只是粘贴了"体育"一词而已，因此，编者认为它们并不能准确反映体育教学目标的本质属性，需要对体育教学目标进行重新认识。

（一）目标的定义

分开来解释，"目"的解释主要是指"眼睛""看""想要达到的地点、境地或想要得到的结果""大项中再分的小项""名称""标题""孔眼""目录"等，而"标"的解释有"事物的枝节或表面""标志""记号""标准""用文字和其他事物表明""给竞赛优胜者的奖品""标出的价格"等。[①]

合而释之，"目标"的含义是：(1) 受攻击的对象。(2) 观察、射击的对象：射击目标。(3) 通过斗争和忍受艰难困苦才能取得的东西。(4) 要获得的一个战略地位，要达到的一个目的或规定的陆战或海战所要攻到的地点。(5) 目的＋标准，说一句话要有目的，做一件事也要有目的，说话达到什么效果，事做成什么样，要有标准。

根据以上解释，结合教学领域特征，可以认为，目标是指教学过程想要达到的具有一定标准的结果因此，可以进一步认为目标应具有预期性、观测性、标准性。

（二）教学目标的定义

结合教育学领域，教学目标是指：师生通过教学活动预期达到的结果或标准，是对学习者通过教学以后将能做什么的一种明确的具体的表述。《教育大辞典》中所指："教学中师生预期达到的学习结果和标准。"因此，教学目标主要描述学习者通过学习后预期产生的行为变化。教学目标是教学活动实施的方向和预期达成的结果，是一切教学活动的出发点和归宿。

---

① 辛娟娟. 运动技能与体育教学 [M]. 北京：九州出版社，2018：37-40.

(三) 体育教学目标的定义

要理解体育教学目标的内涵，就需要认识体育教学与其他学科教学的共性与差异性。其共性主要有体育教学属于教学的范畴，即体育教学具有一般教学活动的一些特征：

其一，体育课教学是学校的必修课。

其二，体育教学采用班级授课制。这个特点决定了上体育课的并不是学生个体，而是一个年龄相仿的学生群体。

其三，在体育课教学过程中存在着多边关系。如学生与教师的关系、同学与同学的关系、自己与小组的关系、自己与班干部的关系、男生与女生的关系等。

其四，体育教学是"教师的教"与"学生的学"的双边活动。

体育教学与以理论性为主的教学之间的差异有：

其一，体育教学的学习手段是"身体练习与思维活动相结合"，而理论性教学是大脑思维活动，没有身体的练习。

其二，体育教学的设置内容是运动技术 (运动操作知识)，而理论性教学的设置内容主要是各科理论性知识，当然也有部分的实践性知识。

其三，体育教学过程中学生需要承受一定的身体与心理负荷，而理论性教学过程中学生只承受一定的心理负荷，没有生理负荷。

其四，体育教学以户外为主，而理论性教学基本在室内进行。

其五，体育教学过程侧重的学生智力因素是身体时空感觉、运动智力、人际交往智力等，而理论性教学侧重的学生智力因素是言语智力、语言智力、逻辑智力、数理智力、自我认识智力等。

其六，体育教学有大量的学生身体之间的接触与交流，而理论性教学基本没有。

其七，体育教学需要学生对内在机体自我操作、体验与悟性，而理论性教学则要求学生对外部知识的理解与悟性。

如上所述，我们已经列举了一些有关体育教学与其他学科教学的差异性，我们认为，运动技术教学是所有差异性的本质，也正因为具有这个本质特征，才使得体育教学具有与众不同的特质。因此，体育教学目标在表述上应体现这个特质，才能更符合体育教学的特点。综上所述，体育教学目标应界定为："在运动技术教学过程中师生预期达到的结果和标准。"

要清晰体育教学目标的内涵，我们还需要重申几个要点：

第一，体育教学目标在教学活动中占有重要的位置，它对落实教学大纲、制订教学计划、组织教学内容、明确教学方向、确定教学重点、选择教学方法、安排教学过程等起着重要的导向作用。因此，确定准确、合理的教学目标也被认为是教学设计的首要工作或第一环节。

第二，教学目标作为预先规定的教学结果，自然是测量、检查、评价教学活动成功与否、有效与否的尺度或标准。构想或预定的结果是否达到，还差多远，必然需要某种尺度测量。因此体育教学目标应具有可测量性。

第三，根据学生在学习基础和能力方面的差异性，可将整个教学目标分成三个水平：合格水平（符合课标的最低要求），中等以上水平（符合课标的基本要求），优秀水平（符合或超出课程标准提出的最高要求）。

第四，根据目标的层次，可将目标分为理想目标与现实目标。

二、体育教学目标的分类

这里将体育教学目标划分教学目标与体育教学目标两个步骤，下面分别进行详细的介绍。

（一）教学目标的划分

1956 年，美国著名的教育心理学家布卢姆立足于教育目标的完整性，制定了教育目标分类系统。他提出把教育目标分为认知、情感和动作技能三个目标领域。根据布卢姆等的教育目标分类理论，结合我国的教育教学实际，教育学理论将课程（学教）目标分为知识与技能、过程与方法、情感态度价值观三个维度。具体而言，教学"认知目标"主要发展学生的学科知识。它可以分为三个层次：记忆、理解、运用。记忆是指学生对知识的储存和回忆；理解是指学生对课文意义的建构；运用是指学生将课堂所学到的知识运用于相似或不同的情境中。而教学"过程与方法目标"主要是发展学生的学习策略（方法），最基本的学习策略有粗加工、精加工、深加工。粗加工策略是指对知识进行重复记忆，一遍遍地诵读、抄写等；精加工策略是指对知识补充细节、解释意义、举出例子、做小结或使之与有关的观念形成联想等；深加工策略是找出知识之间的层次结构关系，以帮助记忆和理解。教学"情感、态度与价值观目标"主要发展学生的非智力因素，也可分为三个层次：接受、反应、生成。接受是指学生对某一观点或事物表现出宽容的态度；反应是指学生越来越表现出一种积极的态度；生成是指学生的情感被激发出来，表现出积极的行动。

对于教学目标的划分，还有其他一些理论，如美国教育心理学家加涅提出了五种学习的结果，实际上是把教学目标分为五类：

一是态度。

二是动作技能。动作技能是一种习得能力，如能写字母、跑步、做体操等。

三是言语信息。学习者通过学习以后，能记忆诸如事物的名称、符号、地点、时间、定义、对事物的具体描述等具体的事实。

四是智力技能。学习者通过学习获得了使用符号与环境相互作用的能力。

五是认知策略。学习者借以调节自己的注意、学习、记忆和思维等内部过程的技能。

奥苏伯尔则提出了有意义学习分为四种类型：

第一，抽象符号学习。将抽象符号与事物联结，并能以抽象符号代表事物。主要内容是词汇学习。

第二，概念学习。可细分为两个阶段：第一个阶段是概念的形成，是一种由学习者归纳发现某一类事物有一些基本属性存在的学习历程；第二个阶段是概念的类化，是一种学习者因被提供其概念定义以了解要领属性的学习历程。

第三，命题学习。命题可以分为两类：一类是非概念性命题，只表示两个特殊事物之间的关系；另一类是概念性命题，表示若干事物或性质之间的关系。命题学习必须以概念学习为前提。

第四，发现学习。发现学习包含了其他一些较高层次学习类型，如应用、解决问题和创造等学习。

还有的学者把教学目标分为明显目标和隐蔽目标，前者是通过教学产生显而易见的行为，后者则是不易或不能直接看出的，如态度和思想等。

（二）体育教学目标的划分

体育教学目标体系可分解为：学段教学目标—水平教学目标—学年教学目标—学期教学目标—单元教学目标—体育课教学目标。

在体育教学范围内，应该说运动技术的学习与增强体质（准确地说应该是身体素质）之间并没有矛盾，运动技术与身体素质之间是手段与目的的关系，它们并不是对立的双方，学生在运动技术学习过程中，可以得到身体素质的提高，而身体素质的提高则更有利于运动技术的学习。但是一直以来为什么在学校体育界两者之间的矛盾闹得沸沸扬扬呢？1978 年面对学生体质状况不好的局面，我国重新颁布了中小学体育教学大纲，着重强调了必须以增强学生体质为准则。1979 年的扬州会议重新确立了"增强学生体质"的指导思想。在观照体育教学目标演变历史可以发现，引起"运动技术"与"增强体质"之争议的重要原因是学校体育与社会变迁存在着重要的关联：曾为摘下西方国家给我国扣的"帽子"，大力提倡通过体育"增强国人体质"；当体质监测状况不佳时，又掀起"增强体质"之热潮等。体育教学与学校体育界限的划分不清也是引起种种误会的原因之一。

我们认为，引起以上争议的实质是人们在认识论、方法论上出现了问题。首先，学校体育与体育教学是两个不同的层面。学校体育包含体育教学、课外体育活动、课余体育竞赛与课余体育训练。当然体育教学与学校体育的性质、目的、地位、功能都是不同的，体育教学首先具有"教学"性质，即以传授知识、掌握技能为基本特征。如前所述，体育教学中的知识、技术、技能是三位一体的，因此体育教学的目标应该是"掌握运动技能"，这是体育教学的核心。进行运动技术学习过程本身，有助于提高学生的身体素质，但这仅仅是体育教学的部分功效，这两者的地位与性质是不同的，必须区分开。其次，在学习运动技术过程中，不能受功利性的驱动，如冠之以"增强体质"，这是方法论上的错误，所谓"有欲不得，无欲则得"，在学练过程中过于强调效果，则欲速不达，事倍功半。因此解决争论与冲突的方法是把握体育教学学科特点，在传习运动技能过程中不必过于强化"增强体质"功效，按此方法而行，既可达成体育教学"掌握运动技能"之目标，又可实现强化学生身体素质之功效。

有关体育教学目标的划分，没有专门的论述，只有在体育课程标准将其分为四大类：运动参与、运动技能、体能、心理与社会适应目标。在体育教学目标的具体提法上，一般有两种情况：一是承袭教育学"三维模式"（认知、技能与情感）；二是套用体育课程目标。其实，这两种划分的本质是一致的，应加以统一，不要各自为政、相互混淆。第一，要明确划分的逻辑起点，这个起点应该是能全面体现体育教学本质的内容，我们认为"会""懂""乐""健"四个字能够较为准确和全面地反映体育教学预期的结果。所谓"会"是指学会运动技术，掌握运动技能；"懂"是指在学会运动技术的基础上懂得运动技术内含的基本概念、原理、规则等；"乐"是在学习运动技术的过程中能够体现学生个体的快乐、群体活动的乐趣；"健"是指在学习运动技术的过程中促进学生身体方面的健康发展。第二，无论是"三维目标"还是"四大目标"，其目标之间一定有一个主体，"三维目标"中以认知目标为主，"四大目标"中以"会"作为逻辑起点的运动技能目标为主，这个主体既是课堂教学的出发点，又是课堂教学的归宿。第三，以"懂"为逻辑起点，则可以理解为运动知识的学习。当然，有关运动知识的学习与其他学科在室内理论知识的学习有着本质的区别。运动知识的学习必须在运动技术学习过程中得以贯彻，才能被学生真正掌握和内化。第四，各个目标不是独立的，而是一个问题的几个方面。第五，情感、态度与价值观，既是课堂教学的目标之一，又是课堂教学的动力系统，它以"乐"为逻辑起点。第六，根据体育教学的本质特点和以"健身"为逻辑，在体育教学目标之中还需要加上一个"体能"目标。因此，我们认为应结合教育学来论述体育教学目标：运动知识与技能目标、体能目标、心理与社会适应目标。为什么要这样阐述？理由有以下几个：

其一，运动知识与技能目标是体育教学的本质特点，它涵盖了其他学科的知识与技能目标。

其二，体能目标是体育教学的特殊目标，理应增设在内。

其三，心理与社会适应目标既是课程目标，也是单元教学、课堂教学中需要达成的目标之一。

其四，把"运动参与"排除在体育教学目标之外，是因为"运动参与"表现的是学生个体参与运动的积极性、态度和情感方面的含义，这在体育教学发展学生心理与社会适应目标中已有较好的体现，若把它列为体育教学目标，则有与心理与社会适应目标重复之嫌；体育课程除了有体育教学的内涵，还有课外体育活动、运动竞赛与业余运动训练的含义，"运动参与"也可表述参与课外体育其他活动的态度与积极性，但在体育教学中既然心理与社会适应目标包含了学生的态度与积极性，就不必多此一举了。

要更清晰地理解体育教学目标的划分及其关系，可构图如图1-2所示：

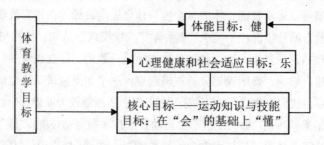

图1-2　体育教学各目标关系

三、体育教学目标体系

在学校体育学科中，主要包含了以下几个层面的目标系统：学校体育目标—体育课程目标—体育教学目标—学段教学目标—学年教学目标—学期教学目标—单元教学目标—体育课目标。从系统论而言，上一个目标包含了下一个目标，下一个目标又是上一个目标的一部分，上下两个目标之间均存在较强的连接性、相关性，在实现各自目标的基础上共同实现学校体育的总体目标。把体育教学各个层面的目标进行分层与划分，最后形成一个"目标体系"概念，该概念可以从内容层面、年龄特征层面、结构特征层面来理解。

从具体内容层面上认识体育教学目标：结合《义务教育体育与健康课程标准（2011年版）》中的目标，体育教学目标主要体现了以下四个方面：运动参与目标、技能发展目标、身体健康目标、心理健康与社会适应目标。

从年龄特征层面认识体育教学目标：它主要包括从小学到大学的 1～6 个水平的体育教学目标。

从结构特征认识各层次体育教学目标：学段体育教学目标、水平体育教学目标、学年体育教学目标、学期体育教学目标、单元体育教学目标、课次体育教学目标。

然而查阅相关教材及资料，却发现在理论研究中存在各环节目标各自为政，含糊其词或无表述，缺乏衔接性、连续性与逻辑性，从而造成理论体系上的不完整及实践中的偏差问题，这也是造成目前各年龄阶段体育教学"低水平重复"现象的主要原因之一。因而，解决以上各目标层次的衔接性问题是防止"低水平重复"现象产生的基础，又是理论深化研究的要求。

（一）体育教学目标的相关概念

在学校体育学科中，学校体育目标是最重要的内容之一，它不仅代表了学校体育开展各项工作的方向，又标志着学校体育最终的归宿。从形式关系来看，学校体育决定了以身体练习为本质特征教育的一般性作用，因此学校体育目标必然体现了一定的体育教育的哲学观点，如"素质教育""终身体育""健康第一"思想等，这种一般观念性的目标对于课程编制中的教学内容、选择标准、教学计划与教学的展开以及教育评价等方面提供了指南。但它仅仅提供了一种方向，并不代表具体的可操作性的内容。如"终身体育"思想是学校体育的一个长期目标，对于教育活动虽提出了一般的方向，但与日常的学校体育活动和体育课堂教学实践并不直接发生联系，因此必须在学校体育目标基础上具体化，使之成为同课程构成计划、教学实践，教学评价活动产生直接关联的目标，这就是我们通常说的体育课程目标。因而，学校体育目标指明的是学校体育工作的方向，而体育课程目标是学校体育目标更为具体化的目标。

体育课程是新课程标准调整与实施后出现的名词，若按教育学的理论来理解，体育课程目标则在学校体育目标的基础上具体化，使之成为同具体课程的构成计划、教学实践、教育评价活动有着直接关联的内容。

体育课程包含了体育学科教学与课外体育活动。体育教学是依据体育学科的特点组织师生进行的双边教学活动，以掌握体育知识和技能为目的；而课外体育活动，作为体育课程的课外教育，它主要是从学生的兴趣爱好出发，组织与发展学生自主的、自治的集体教育活动。可以说，课外体育活动既是体育学科教学的延伸，又是体育学科教学的补充。体育教学应与课外体育活动相互联系与结合，共同完成体育课程的目标。

从体育课程的表现形式来划分,体育课程又可分为体育显现课程与体育潜在课程。体育显现课程通常是指我们可以观察到的如体育课、教学内容、教学方法、组织管理等方面安排的课程。而体育潜在课程主要是指学校的制度、组织、社会过程和师生交互作用等方面所内含的没有直接显现出来的价值上、规范上的陶冶课程。

体育课程的水平目标体现了领域目标的年龄特征。不同年龄的学生由于智力、体力水平等方面的差异,要达到的目标自然也各异,这是新课程标准中的新举措。应该说,这个举措体现了以学生为本的思想,是一个人性化的理念。但我们对于各个水平某些领域目标的衔接性研究不够,导致了各个水平需要达到的领域目标层次性不明显。

(二)体育教学目标

体育课是组成体育课程的最小单位,而每个运动项目单元教学是由多节体育课组成的,体育课节数的多少由每个项目的难易程度来决定。把各个运动项目内容按体育学科的特征与规律、学生的特点、其他课程的特点合理地安排到一个学期之中就构成了学期体育教学计划;按学期特点、季节特点、运动项目特点把学期计划安排在一个学年之中,又构成了学年体育教学计划;根据学生各个年龄的心理、生理发展特点,把体育教学内容安排在各学段中则形成了学段体育课程计划,如小学六段体育课程计划,初中、高中各三年学段教学计划等;最后把各学段的教学计划同归于中小学体育课程的大概念之中。

在这样一个环环相扣的体育教学目标体系中,能直接引起广大体育教师注意和关注的是单元体育教学计划和课时计划,因为它涉及了每个运动项目教学中各节体育课与其衔接性,并直接与体育教师的具体工作发生联系。而有关学期体育教学计划、学年体育教学计划因过去主要由体育教学大纲决定,体育教师则较少地关心它们,至于学段体育课程计划,有的人则更是"从未听说"。由于新课程标准倡导了"目标引领内容"的教学理念,即教学内容的安排打破了传统受大纲限制的做法,体现了较大的自主性,这样一来,教学内容的次序安排、衔接性问题、搭配性问题就成为新课程标准下体育教师所面临的新问题。当然要确保体育各个项目教学的衔接性是一个难度很大的问题,其难点主要体现在以下几个方面:

其一,对各个运动项目内容的难易程度、内在关联性、差异性、层次性研究不清,容易形成各年龄阶段一些内容的低水平重复现象。

其二,对学生各年龄阶段的身体素质发展敏感期等研究不足,容易造成各年龄段的体育教学内容安排不合理(应该得到发展的素质因没有及时安排而得不到发展)。

其三,对学生各年龄阶段的心理特点、体育需求了解不深,可能造成体育教学的强制性现象，满足不了学生的体育兴趣爱好。

其四，从小的方面来看，只有体育课的教学目标，没有课外体育活动目标。目前国家对体育课外活动非常重视，不断推出了诸如"阳光体育""大课间""活动类课程"等工程，这些活动若不纳入体育课程的统筹范围应该是一个比较大的损失。

其五，对各单元教学内容的搭配问题研究不够，造成了各个教材内容的排列产生了比较大的问题。虽然各个体育教学内容的关联并不像数学、物理、化学等学科那么紧密，存在着先学内容决定着后学内容，如不会加法、减法就不会四则运算等问题。但是体育教学内容之间同样也存在着一定的联系，即先学内容与后学内容的运动技能正负迁移现象等，这就需要对各个教学内容做出合理排列，使每一个学段的教学内容合理化，各个学段的教学内容避免低水平的简单重复。

综上所述，体育教师在安排各个运动项目单元教学计划、课次教学计划方面应该问题不大，但在安排学期、学年，甚至学段的体育课程教学内容时，就暴露出缺乏意识、能力不强的状况，总认为那是专家、学者们的事。事实上，专家学者只能给予体育教师一个指导，要紧跟新课程标准的步伐，真正体现为学生中心的思想，关键还是体育教师自己。因此广大的体育教师一定要真正地把学生的身心发展作为己任，着力关注与研究学生的特点，在专家、学者们的理论指导下，切实合理地安排好各单元、各学期、各年度、各学段的体育教学内容，形成一个衔接性较强的、符合当地学校实际的体育课程教学内容体系。

（三）"运动技术教学"是串联体育教学目标的主线

体育教学是学校体育中最为正规的学科教学之一，它是把体育课程中计划的各项内容按体育学科的特征与规律合理地安排到学年与学期之中，以确保体育各项内容教学的衔接性，使学生在接受良好体育教育的同时，得到身心健康发展。然而有关这方面的研究却不尽如人意，主要体现在以下几个方面：

其一，对体育各项内容的难易程度、内在关联性、差异性、层次性研究不够，造成各年级教材内容安排重复的现象。

其二，对学生各年龄阶段的身体素质发展敏感期、快速发展期等研究不够，从而造成各年龄段的体育教学内容安排不合理。

其三，对学生各年龄阶段的心理特点、体育需求研究不够，造成体育教学的强制性现象，满足不了学生的体育兴趣爱好，形成学生"喜爱体育活动，但不喜欢上体育课"的局面。

其四，各运动项目单元教学的学时安排不够。这是造成学生低水平重复学习某些内容的现象的主要原因，因而应根据教材内容的主次性、难易程度、学习者年龄特征来重新安排充足的教学学时，以确保正常的教学效果及"过度练习与强化练习"的时间，使运动技术提升为运动技能的目标成为最大可能。

四、体育课堂教学目标

体育课堂教学目标包含基本信息、核心目标，以及编制等内容，下面将对这些内容进行详细的介绍。

（一）体育课堂教学目标的基本信息

目前，体育教师经常犯的毛病是：随意在体育课程标准中找出几个目标填写在体育课的目标上；或脱离体育课的教学内容马马虎虎随意写几个；或有目标但没有具体的教学情境支持等。那么应如何制定相对合理的体育课目标呢？

有一些简单的信息容易被体育老师忽视或遗忘，如"某某教师在 10 月 8 日上高中二年级男生二班学生上午第三节体育课，教学内容是排球垫球第二次课"，事实上，在该"习以为常"的普通信息中包含了与体育课目标有关的丰富的信息。

第一，体育课授课时间（10 月 8 日）——可提示该学期的教学目标（下半年秋季，天气还是比较炎热的）。

第二，授课班级（高中二年级二班）——可提示该学段的教学目标（高中学段）、该水平的教学目标（水平 5）。

第三，授课对象（高中二年级男生二班）——可提示教学对象是男生。

第四，授课内容（排球垫球）——可提示该项目的单元教学目标。

第五，授课内容课次（第二次课）——可提示该课次的具体教学目标。

这些信息虽然很普通，但很重要，它是体育老师制定合理的体育课目标的关键，同时又是进行学情分析与教材分析的基础。许多体育老师正因为忽视了这些重要的信息，制定出来的体育课目标才会空洞、不切实际。

在掌握与分析以上基本信息的基础上，还要注意以下策略。

其一，深入分析教学内容，理清此次课要解决的主要的运动技术问题。一节课不能解决太多的运动技术问题，因此体育课的运动技能目标不要定得太多、太抽象，而应具体、实际、到位。以上述例子为证，运动技能目标可参考定为："学会垫球过程中整个身体的正确用力顺序，提高垫球后出球的准确性"。

其二，以具体教学内容为逻辑起点，分析该内容对学生个性心理方面的作用，在此基础上制定体育课的心理健康目标。接上例，心理健康目标可参考定为："善于观察老师与同伴练习动作，体会身体用力情况对改变排球方向、力度的感受，体验正确垫球带来的成功感觉"。

其三，分析该教学内容及其班级教学所内含的社会学方面的因素与作用，在此基础上考虑学生的社会适应目标。接上例，社会适应目标可参考定为："善于调整身体位置，给对方输送比较适宜垫球的球，学会两个人抛垫球合作方式，乐于和不同技术水平的同伴进行合作垫球"。

其四，分析该教学内容对学生身体方面所产生的影响：有效影响身体活动的协调性、灵活性；发展学生的下肢力量。

其五，考虑以上四个体育课目标的可操作性。

在体育课目标中不一定要说明具体的评价内容与方法，但在具体的教学设计中应体现能考核体育课目标的具体内容与方法。如果没有这些内容，则制定的体育课目标是空洞的、没有实际意义的。只有当目标与具体的教学设计相吻合时，体育课目标才具有实际的价值与意义。

(二) 运动技能目标是体育课堂教学的核心目标

历经新课程改革的反复磨炼，运动技术教学重新回到了体育教学的舞台，这是一个实践——认识——再实践的过程，因为运动技术本身就是体育学科的起点，也一定是体育教学的落脚点。事实上，运动技术教学贯穿于体育整个课堂教学的思想由来已久，只是各个阶段呈现的方式不同而已，我们把这个思路归纳为图1-3所示。

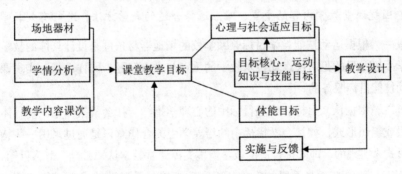

图1-3 以运动技能目标为核心的体育课堂教学目标

新课程改革与传统的运动技术教学的冲突之一是如何处理"运动技术细化教学与激发学生兴趣的矛盾"。应该说，传统运动技术教学由于教学内容过多、教学学时不够，从而造成了教学"蜻蜓点水式"，一个动作刚有点兴趣和起色就直接转为下一个运动项目的教学了，学生自然会感到索然无味；当然，经教学实践证明，完全凭借学生兴趣使然也是不可取的。因此从表面上看，这两者似乎是矛盾的，但仔细探究就会发现这两个问题并不冲突，而是相辅相成的，因为运动兴趣只有建立在运动技术层面上才能保持长久，设想如果一个人连乒乓球的搓球、攻球、拉弧旋球等技术都不会，只会推挡，那么他的兴趣能持久吗？

如何把"运动技术细化教学与激发学生兴趣"结合起来呢？我们认为，把握运动技术教学是体育课堂教学的根本，同时在此基础上应结合运动技术教学自身的特点，利用班级和群体教学的氛围、体育竞赛的特点、体育教法的多样化去充分调动学生学习体育的主动性、能动性与积极性。

考察新课程改革以来运动技术深化教学的状况，我们提出如下几点思路供一线教师参考。

1. 从运动技术层面细化课堂教学目标

其一，根据学生的年龄特征、个性特点、身体素质与学前基础（单元教学的前几次课）、本课次教材内容重点来制定课堂教学运动技能目标。

其二，运动技能目标是课堂教学的核心目标。教师必须吃透教材、钻研教法，明确单元教学计划与课次教学重点，制定出恰当的、明确的、可操作的运动技能目标。

其三，根据运动技能的特性来确定相应的认知目标与情感目标，使运动技能教学目标与认知目标和情感目标合为一体，解决目前体育课认知目标、情感目标与运动技能相互脱节的状况。

2. 围绕课堂教学内容的重点、难点选择合适的教学方法，进行有效教学

其一，根据运动技能教学目标兼顾学校的场地器材条件来设计具体的教学方法与教学手段，目的是解决运动技术教学的重点与难点问题，同样也是为实现课堂教学运动技能目标服务的。

其二，根据认知目标、情感目标中的心理学指标与社会学指标来设计具体的教学手段或组织形式，如社会学指标中的培养学生的合作意识是通过采用一些特殊的分组形式来实现的。即安排合适的教学情境支撑课堂教学认知目标、情感目标。

其三，教学方法与手段的安排是否合适直接关乎运动技术学习的有效性。有许多新老师由于对运动技术理解不到位，教法的认识也仅仅停留在教科书上，在实际教学中，不会因材施教、灵活变通，导致经常出现只管实施教法与手段、不顾教学效果的现象。因此体育老师要吃透教材、钻研教法、相互学习、总结经验，才能不断提高运动技术问题的诊断能力、分析能力、解决能力，提高运动技术教学的有效性。

3. 开展运动技术深化教学、增加学生的成功感来激发学生的练习兴趣

由于体育教学的对象是学生，而学生主体是能动的，因此调动学生的积极性是提高教学实践活动成效的一个重要因素。因年龄层次不同，对于小学生，应以多样的教学方法、灵活的练习手段来调节学生的注意力；对于中学生特别是高中生，则应把他们的兴趣建立在提高运动技术水平的基础上，而不能仅仅停留在浅层次的教学手段变化上。

4. 对学生运动技术的学习做出即时评价与反馈

教师的即时评价对于学生运动技术的学习至关重要，这也是体育学习的特殊性所在。学生的学习效果在不断接受来自教师与同学正确信息的反馈中得以实现，因此体育教师要即时对学生行为做出判断、评价、指点。要做到评价与反馈信息准确、真实、及时，需要体育教师正确把握运动技术要领、技术重点与难点及关键技术。

5. 在运动技术教学中合理地进行分层教学、合作教学、差异教学

在班级教学中，由于人数多，学生差异较大，特别是每个学生对运动技术的体验是不同的，成效也必然有所差别。体育老师要细心观察不同层次学生的反应，因材施教，既要满足水平较高学生的需求，也要兼顾水平中等及以下学生的体育需要。

（三）体育课堂教学目标的编制

一个表述得恰当的目标具有以下两个基本特征：(1) 包含要求达到的具体内容的明细规格。(2) 能用规范的术语描述所要达到的教学结果的明细规格。

通常教育学中表述教学目标的模式是 ABCD 法，其中 A、B、C、D 分别为教学对象、行为、条件和标准的英文单词的首字母：

一是教学对象（audience）。学习目标是针对学生的行为而写的，所以描述学习目标时应指明特定的教学对象。

二是行为（behavior）。行为是学习目标中必不可少的要素，它表明学生经过学习以后能做什么和应该达到的能力水平。

一般情况下，可使用一个动宾结构的短语来描述行为，其中动词是一个行为动词，它表明了学习的类型，而宾语则说明某一学科的具体学习内容。如，编写认知学习领域的目标时，可选用的动词有：(1) 知识。说出……名称、列举、选择、背诵、辨认、回忆、描述、指出、说明等。(2) 领会。分类、叙述、解释、选择、区别、归纳、举例说明、改写等。(3) 应用。运用、计算、改变、解释、解答、说明、证明、利用、列举等。(4) 分析。分类、比较、对照、区别、检查、指出、评论、猜测、举例说明、图示、计算等。(5)综合。编写、设计，提出、排列、组合、建立、形成、重写、归纳、总结等。(6)评价。鉴别、讨论、选择、对比、比较、评价、判断、总结、证明等。

编写情感学习领域目标时，则可选用的动词有：(1)注意。知道、看出、注意、选择、接受等。(2)反应。陈述、回答、完成、选择、列举、遵守、称赞、表现、帮助等。(3)价值判断。接受、承认、参加、完成、决定、影响、区别、解释、评价等。(4)组织。讨论、组织、判断、确定、选择、比较、定义、权衡、系统阐述、决定等。(5)价值体系个性化。改变、接受、判断、拒绝、相信、解决、要求、抵制等。

编写行为的具体方法是：首先根据学习目标分类，结合学科内容分成不同类别的学习目标，然后从"行为动词"中选择出合适的行为动词，把学科内容作为动宾结构中的宾语就可以了。如学习内容是"解释物体的热胀冷缩现象"，要求学生能够举出一两个例子。这个目标是一个认知学习领域的目标，其层次是"应用"，所以应从"应用"中去查找相关的动词，如选择"列举"这个词，这样"行为"就可以被描写为："列举生活中的一至两个例子，说明人们如何预防热胀冷缩现象带来的损害。"

三是条件（condition）。这个要素说明了上述行为是在什么样的条件下产生的，所以在评价学生的学习结果时，也应以这个条件来衡量。条件一般包括下列因素：环境、设备、时间、信息以及同学或老师等有关人的因素。"在30秒内完成15个仰卧起坐"，这个条件规定了完成仰卧起坐的具体时间。

四是标准（degree）。这个要素表明了行为合格的最低要求，教师可以用它不定期衡量学生的行为是否合格，学生也能够以此来检查自己的行为与学习目标之间是否还有差距。"在20分钟内，完成一篇看图写话练习"，这个标准表明了行为的速度；"在吹奏竖笛的考试中，如果出现两处以上的错误，就为不合格"，这个标准规定了行为的准确性。以上两个标准都采用了定量表示法，在这种方法中除了可以使用数字外，也可以采用百分比来表示。

除此之外，还有行为性目标表述法和非行为性一般具体目标表述法。行为性目标表述法是指需要精确陈述学习者学习结束后结果的方法，如学生在学过能量这个单元后，必须进行一次内容为一百道多项选择题的测试，学生必须在一个小时内答对其中的75道题。而非行为性一般具体目标则是指态度或情感等一些无法运用量化表述的内容，如学完这门课，学生将理解社区是人们在一起工作和娱乐的地方；知道名词和动词的功能；能计算复杂的除法；表现出做空翻的能力；喜欢民间音乐等。

把以上四个要素综合在一起，教学目标就可以表述为："初中二年级上学期的学生（教学对象），能在5分钟内（条件），完成10道因式分解题（行为），准确率达95%（标准）。"

其实采用 ABCD 法，并不意味着四个要素必须一应俱全。其中只有行为要素不能省略，其他三个要素都可以根据具体情况适当省略。

有关体育教学目标内部要素的问题，美国著名体育教学论专家西登托普认为：具有指导性的体育教学目标应该包括达成什么样的课题、在什么条件下达成课题、用什么标准来评价三个内容。毛振明根据此原理并结合体育教学特点展开分析了体育课时教学目标的制定方法，很值得学习。

实际上专家西登托普的"条件、标准、课题"三点论模式与 ABCD 法是一致的，在三点论模式中，A（学生）被省略了，B（行为）相当于"课题"，C（条件）同有，D（标准）同有。

结合体育教学特点，若以班级授课制为基准，我们在先前研究的基础上，认为应采用 ABCCD 模式，即在原来模式的基础上，增加一个 C（collective）。为什么要增加一个 collective？因为以上我们所述皆是个人的学习行为与目标，而教学一般是以班级授课制形式出现的，并非只是个体的行为，特别是在我国这个人口众多的国家，班级授课制更是一种常见的教学形式。那么这个 collective 有着什么样的意义与要求呢？我们认为需要从单元教学视角来考虑这个问题，即从教学的开始到结束，学生的学习从不会到会，是一个渐进的过程。就个体而言，只有一个理想中 100% 掌握的标准，但这只是一个理论目标，同时还应有一个现实的标准。如投篮，理论标准是投 10 个中 10 个，但即使优秀运动员也不能完全做到。因此，作为体育教学中的运动技能目标，更要关注现实的指标。从班级群体教学视角来看，也是一样的道理，使全体学生（100%）都能达到预期的教学目标既是一个理想中的目标，也是一个贯彻教学理念的要求。但实际上，由于学生个体的差异性，学习的基础与层次不同，达到 100% 掌握是不现实的。因此需要一个现实的目标，而这个现实目标的准确标准要根据具体的情况与要求来定。如定位于使 90% 的学生熟练掌握技能，10% 的学生较为熟练，这是单元教学学习之后的结果。而组成单元每一次课的现实目标则是递进的，如单元教学共 3 次课，那么第一次课 40% 的学生熟练、40% 的学生较为熟练、20% 的学生基本掌握；第二次课 60% 的学生熟练、30% 的学生较为熟练、10% 的学生基本掌握；第三次课 90% 的学生熟练、10% 的学生较为熟练。但问题是熟练掌握的具体标准又是什么呢？如果没有这个标准，我们也难以判断学生掌握运动技术的程度。因此，还需要细化为某个技术掌握程度，可用等级制来表述，如优秀、良好、合格与不合格，并制定具体的各个等级的标准，如达到优秀标准时，学生的行为动作应该是……达到良好标准时的动作行为动作应该是……依此类推。以跳远为例，某节课的教学重点是助跑与起跳的结合。如果以百分比来判断，那么可以描述为 40% 的学生熟练掌握助跑与起跳相结合的技术；40% 的学生较为熟练地掌握助跑与起跳相结合的技术；20% 的学生粗略掌握助跑与起跳相结合的技术。但仅仅于此是不够的，还要具体地进一步描述：腾空步有没有明显的腾空过程？因为腾空步是助跑与起跳技术相结合的结果，它的效果如何直接体现了助跑与起跳技术相结合的质量。因此，达到熟练掌握助跑与起跳相结合的技术的学生（等级标准中最重要的指标）必有一个明显的腾空过程，这些学生可达优秀等级，而腾空步具有一定腾空过程的学生则可达良好等级，依此类推，这个具体的等级标准是可以被体育教师所观测的。

1. 运动知识与技能目标的编制

众所周知，运动技能目标是体育教学目标中的核心目标，但运动技能的获得需要两个不可或缺的步骤：一个是运动技术知识的传习；另一个是运动的实践练习。前一个知识的传习与传统教学知识传习的不同之处是并非在室内纯粹的理论知识学习，而是贯彻到运动技术整个学习、练习之中的传习，因此，脱离了运动技术教学的运动理论知识学习是空洞的、不现实的。

运动知识目标来源于有关运动技术的原理、线路、环节、次序与要求，没有这些内容，学生的练习无从下手。因此，运动知识的目标虽不是体育教学的重点，但也是必要的内容。这部分内容可以放在运动技能目标中一起阐述。

有关运动技能目标的编制方法，本书的逻辑起点是：A（学生）谁？B（行为）在做什么？C（条件）在什么条件下做？C（集体人数）多少学生？D（标准）这些学生能达到的最低合格标准？行为完成得如何？

接下来，需要根据运动技术的难易程度来选择不同的标准。如果是比较容易的运动技术，那么可以直接运用定量的指标来评价，如投篮，就可以直接运用"几投几中"的定量指标来评价。但较难的运动技术则需要运用单元教学各课次的具体技术要求来评定，因为学生学习较难的技术需要一个掌握的过程。对于整个过程的评价，我们认为不能以定量的要求做评价，如挺身式跳远，有两个不同含义的评判目标：一是技术上的评定；二是运动成绩上的评定。前者是学习过程的评价，后者是学习结果的评价。如果运用运动成绩评定的方法来评价学习过程，那么一定是不合适的，因为学生在学习过程中根本就没有掌握挺身式跳远，如何能运用"挺身式跳远"来达到合格以上的成绩呢？因此，学习过程的评价的立足点应是每一个次课的技术标准与要求。

以"挺身式跳远"（共 8 课时的第 2 课时）为例，运动技能目标阐述如表 1-2 所示。

表1-2　运动知识与技能目标（学会与学懂）表述

运动知识与技能目标	A	B	C	C	D
书面表达	个体	行为	条件	群体	标准
通俗说法	谁	在做什么	什么情况	多少人	做得怎样
"挺身式跳远"（共8课时的第2课时）	学生	跳远	条件一：急行 条件二：准确踏板 条件三：挺身条件 四：沙坑	X%的学生	使40%的学生熟练掌握助跑与起跳相结合的技术；40%的学生较为熟练地掌握助跑与起跳相结合的技术；20%的学生粗略掌握助跑与起跳相结合的技术
运动知识目标：学"懂"	了解助跑与起跳相结合对于获得一个向前向上速度的作用，理解滚动式起跳的技术、起跳过程、手臂摆动姿势等				
运动技能目标：学"会"	使40%的学生在急行助跑、准备踩点的条件下熟练掌握助跑与起跳相结合的技术；40%的学生较为熟练地掌握助跑与起跳相结合的技术；20%的学生粗略掌握助跑与起跳相结合的技术				
运动知识与技能最终目标——"会而懂"	学生了解助跑与起跳相结合对于获得一个向前向上速度的作用，理解滚动式起跳的技术、起跳过程、手臂摆动姿势等。使40%的学生在急行助跑、准备踩点的条件下熟练掌握助跑与起跳相结合的技术，腾空步具有明显的腾空过程；40%的学生较为熟练地掌握助跑与起跳相结合的技术，腾空步具有一定的腾空过程，20%的学生粗略掌握助跑与起跳相结合的技术				

2. 心理健康与社会适应目标的编制

首先，心理健康属于态度或情感方面的非行为目标，因此，该方面的目标以定性描述为主。其次，由于心理健康具体包含了两个层面的内容——心理过程与心理品质，而心理过程又包括学习注意力、学习思维、学习记忆、学习情绪、意志力等，心理品质包括兴趣、爱好、态度、世界观、性格、气质等，如果要把体育活动中促进心理健康的要素写全，看来比较复杂，也难以操作，同时心理健康目标也不是体育教学的本质目标。因此，编写心理健康目标的基本策略是：

其一，应与具体的体育教学内容相对应。要深入了解运动项目的特征（是个人项目还是集体项目？项目有无危险性？有无挑战性？有无趣味性？有无对抗性项目？有无合作？等等）。

其二，找出具体的体育教学内容与学生心理健康的结合点。如通过速度感、空中运动感的体验，陶冶学生的心灵；通过激烈对抗的体育活动，调节情绪状态；通过特别运动项目"高峰体验"，使学生的意志力得到锻炼；激发体育活动过程中的心理活动状态，如活跃的思维、积极的态度、良好的兴趣与心境等。

其三，应与单元教学中的某一次课相对应、与具体运动技术要求相对应。

其四，应在教学设计中体现具体的实施途径与方法。

以教学内容"排球双手上手传球技术"（共2次课中的第2次课）为例，结合上述编写目标的方法，把该次课的心理健康目标编写如下：90%（C）的学生（A）集中注意力（D），积极思考传球方向、力度，参与二人为主的排球传球练习（B），并获得"体验传球成功的快感与良好的情绪"。

同理，社会适应目标属于态度或情感方面的非行为目标，因此，这一方面的目标是以定性描述为主。课堂教学本身就是一个"小社会"，学生之间、师生之间有着多方的接触与联系，体育活动的外显性必然对学生之间的交往产生较大的影响，这是班级授课制的一个方面的内涵，同时运动项目的特性对学生社会交往也产生重要的影响。因此，编写社会适应目标的策略是：

其一，应与具体的教学内容相对应——了解运动项目的特征。

其二，应与单元教学中的某一次课相对应与运动技术要求相对应；应有一个比较明确、简洁而能达成的目标；课中安排的教学设计应有相关的社会适应的教学情境。

以足球单元教学中"内脚背踢地滚球"（共3次课中的第2次课）为例，社会适应目标的编制方法为：① 明确足球项目的特征——它是一个集体性运动项目，而集体性项目侧重于小组合作意识。② 明确单元"用内脚背踢地滚球"的第几次课及主要的运动技术教学手段——如在新授课中应以两人的对踢为主要教学手段；在运动技术运用阶段则可以采用"三人的踢墙式二过一"教学手段；在深化教学阶段则可以运用五人制的教学比赛等。由于这次课是第2次课，在第1次课中学生已经基本接触和学习了内脚背踢地滚球技术，因此这次课可以把"三人的踢墙式二过一技术"作为主要教学手段。③ 制定课堂教学中简洁、可操作的"社会适应能力"目标：使90%以上的学生乐于与不同水平学生组成三人组进行传接球技术，明确位置与责任，加强配合，发挥小组整体实力。

3. 体能目标的编制

体能目标既非态度与情感等非行为目标，也难以归属为行为目标，因为它是一个生理学方面的内容，难以测量与评价，本书拟采用模糊方式来表述。因此，编写体能目标的基本策略是：

其一，应了解具体的教学内容和四肢或躯干活动的频率，做到目标具体、明确并具有针对性。

其二，关注学生的身体差异性，在实践过程中照顾体弱学生。

其三，了解教学内容与发展学生身体之间的关联性，如表1-3所示。

表1-3 运动项目和身体素质的关联与体能发展的主要目标

	耐力型运动项目	速度型运动项目	力量型运动项目	灵敏型运动项目	柔韧型运动项目
项目举例	1500米	50米、100米	投掷实心球	乒乓球	燕式平衡
主要发展体能	有氧代谢能力	无氧代谢能力	肌肉力量	身体灵巧性	身体柔韧性
小学	活动项目——运动技术要求较低地走、跑、跳跃、投掷、悬垂支撑、攀登爬越、负重等发展的主要体能——以发展学生身体基本活动能力为主				
项目举例	无	中等强度的短距离跑、跳	抛、掷、投等活动	技术要求较低的球类活动	技巧等
主要发展体能	不宜	跑、跳	投掷	攀爬	身体协调
初中以上	活动项目——运动技术要求较高的各类运动项目发展的主要体能——力量、速度、灵敏、耐力、柔韧				
项目举例	1000米 1500米	短距离快速跑	投掷、负重	球类活动	各类体操活动
主要发展体能	有氧代谢能力	无氧代谢能力	肌肉力量、肌肉耐力、爆发力等	灵敏、协调、力量、肌肉耐力等素质	柔韧、协调

以快速跑为例，体能目标为：促进学生无氧代谢能力（或速度素质）的发展；若以投掷为例，体能目标则为：促进学生肌肉力量、爆发力（或力量素质）的发展；若以球类活动内容为例，体能目标则为：促进学生灵敏、协调、肌肉耐力等素质发展。对于是否需要用百分率来表示，我们认为不要拘泥于形式，体能目标以不用百分率为妥。

第二章　体育教学方式

第一节　回顾体育教学方式

自人类产生学校教育活动以来就有了教学方式。随着社会经济文化的不断进步，学校教育思想、理念和观念的更行，教学方式也经历了一个曲折变化的发展过程。在学校教育发展的不同阶段，教学方式体现出了不同的特点。

根据教学方式的历史发展，结合体育教学发展的历史，我们把体育教学方式的变化划分为四个发展阶段。

一、言传口授式的教学方式

在没有出现学校教育的早期，所谓"原始形态的教育"是在生产力水平低下、人们应对自然的能力相当有限、没有专门的教育者与教育机构的情况下实施的一种方式。其中，"教育"的原始动力是生存与延续，上一代如果不把自身所积累的劳动生产、社会生活方面的经验传递给下一代，那么人类文化的延续就会出现断裂。因此，原始部落群中的年长者自然就成为这一时期的"教育者"。而当时的物质发展水平与生活条件决定了这种原始的"教育"是自发性的、简单化的。所谓自发性是指是否传授、传授多少、传授程度等都是随意的、不可控的。而简单化是指当时还没有出现文字，因此，传授的方式主要是口耳相传、言传身教。人们则主要是通过模仿而获得经验、技能。[①]

因此，"原始的教学"并没有什么规范格式与固定程序，也没有什么要求，年长者在生产、生活中按照自己的意愿把生产和生活经验传授给下一代，不管是师徒相授还是在生产活动的模仿传授，既是一种自然的教学方式，也是最为直接的简单的教学方式。正是这种自然的、与生产和生活融为一体的教学方式，才延续着人们的文化与文明。这种教学方式在目前来说也同样具有一定的意义与价值，特别是像体育活动这样具有实践操作的学科，其意义更大。

---

① 王军萍.体育教学论[M].哈尔滨：东北林业大学出版社，2019：34-42.

二、经验传授式的教学方式

自奴隶制和封建制时期"学校"的出现，学校教育就成了相对独立的社会现象和社会活动，自然也就出现了专门从事教育活动的教师、学生以及专门的教育场所。由于人类发明了新的传播媒介——文字符号，教育得以有了快速的发展。

在古代，虽然出现了文字，但是由于教育缺乏规模与组织，教师仍然十分短缺，而且学校教育基本被统治阶级所垄断，能进入学校进行教育的儿童还是极少的。民间大量的教学组织形式以个别教学为主，教育的内容仍然是人类经验的传递，采用的主要方式是经验式的教学方式——教师凭借自己的经验来教导学生。这种经验式的教学方式与言传口授教学方式紧密相连，但已优于言传口授教学方式。与言传口授的教学方式相比，这一阶段的生产力水平有了明显的提高，积累的经验逐渐增多，经验类化程度大大提高，知识与技能传递的效率也明显提高。

尽管教师开始成为一门职业，但由于缺少专门机构的培训，他们基本上是凭借自己成长的经历和积累的经验来传授文化的。这样，凭经验和自己当学生时的印象来教学就成为普遍现象，经验的教学方式居主导地位。

三、一体化技术的教学方式

随着学校教育步入了现代阶段，班级授课制教学取代了个别教学，并成为世界各国最基本的教学组织形式。这种巨大的进步使得学校教育的效率得到了极大提高。随着学科分化及学科内容的增加，教师职业也产生了分化，学校中存在不同学科的教师，且每一个学科皆有不同的教学方式。尽管如此，班级授课制仍为这一阶段的主要特征，而教学方式主要采用的是一体化教学，强调的是教学规范性、程序化、模式化。它与经验式的教学方式相比，教师更多地依赖传播媒介，依赖现成的教育理论与知识传承，依赖著名的教育专家。这种一体化的教学方式强化了"教师中心"观念和教育效率优先的思想，于是教师的教学变成了一种简单的操作性技能。它注重的是教学技术，缺失的是教师理性的独立思考。

从体育教学角度而言，一体化技术的教学方式可以使学生在人数众多的情况下同时接受教学，而教师传授的是同样的教学方法与手段，这样可以大大节省教学资源，提高教学效率。但是，运动学习是一种经验式的学习方式，同样一个动作，不同的学生对其运动的感觉是不同的，而这种运动感觉必须要学生本人直接参与才能获得的，因此，如何将教师的运动感觉准确地传授给学生，是体育教学必须回答的问题。当然，在班级授课制中教师可以实施同样的教学方式，运用同样的教学方法与教学手段，但是，学生的这种操作性经验的获得必须依赖人体独特的学习方式，因此，教学过程中的因材施教、因人而异、区别对待等显得特别重要。

四、现代个性化的教学方式

随着现代社会的不断发展，人们对教育各方面的认识越来越深刻，各种新的教育思想观念不断涌现。在教学方式上具体表现在两个方面：一是现代化的教学方式越来越多、越来越先进，学生不仅可以在现场还可以通过远程进行学习，现代化的教学方法、设备与仪器广泛地运用于教学。二是新教育观念带来了教学方式的变革，新的教学方式层出不穷。如探究教学、自主学习、合作学习在体育教学中备受认可和推崇，并得到了广泛开展，其主旨是充分发挥自己的主动性和积极性，激发学生在体育教学活动中的学习热情、兴趣爱好、积极思考、学会学习，这对于传统的灌输式教学提出了挑战。当然这些教学方式的变更与实施也绝不是十全十美的，同样在体育教学过程中产生了很多的问题与困惑，也给体育教学带来许多负面的影响。但并不是说这些新型的教学方式本身有问题，而是我们对于这些教学方式理解不足、消化不够，从而导致体育教学实践中的诸多问题。另一方面，体育教学有自身特殊的规律与特征，并不是所有的教学都要开展诸如自主学习、探究学习与合作学习，而是应根据学生实际情况、教材内容特点、学校条件等区别对待。现代个性化的教学方式与以往经验式的、一体化技术的教学方式不同，它毕竟运用了现代化的教学手段，是在先进的教学理念、教学思想的引导下产生的教学方式，应该说，它代表了一种教学方式上的改革思路，是一种创新的教学方式。

现代个性化的教学方式采取的是推陈出新的教学理念与教学行为，它是对经验的、技术的教学方式的继承、发展与提升，是多种教学方式融合的综合反映。它体现着体育教师高超的教学艺术，生成着体育教师独特的教学风格，融合着体育教师对教育知识与技能的个性化、创造性地运用。新一轮基础教育课程改革把培养学生的创新精神、探究精神、实践能力、合作能力等摆在越来越突出的位置，要求教学方式由注重教师"教"向注重学生"学"转变；由注重学习系统化知识向注重学习生活化、整合化的知识转变；由注重知识的强制性授受向注重学生对知识的主动探究与建构转变；由注重个体学习进步向个体学习与集体协作并重转变；由注重统一标准向关注个体差异转变。这些转变预示着传统的教学方式已不能满足新课程标准的要求，需要我们不断创新，结合新时代的特点、学生全面发展的特点，开发既能满足班级授课制学生大统一的教学方式，又能满足个性化需求的教学方式。

第二节 体育教学方式的内涵

"方式"与"方法"很容易混淆。方法是指为达到某种目的而采取的途径、步骤、手段等。在人们若干做事过程的动作集合中，若这些过程的动作逻辑具有共同特征集 A，那么我们就说这些过程采取了方法 A。按照这种定义，人们每一次有目的的行动过程都形成一种方法。不过，实际中的方法一词大多数都经过了抽象过程，也就是说，每一种被确认的方法都是对若干做事过程集合中某些共同特征的逻辑概括，即具有共同逻辑特征的行动过程就形成了一种方法。方式是指："言行所采取的形式"，"在一定的生产力发展水平条件下，表现人类的朴素的自然科学技术和社会科学技术发展水平，以及经济、文化发展水平，新近的管理科学技术发展水平等。比如：创作方式、生活方式、生产方式、制造方式、管理方式、思维方式等。"作为方式一词，更多地体现了社会经济发展的内涵。如其中的生产方式是指社会生活所必需的物质资料的取得方式，这种方式包含手工、机械、自动等不同种类的生产方式。而生产方法是指"制造和生产某种产品所采用的工艺流程以及其中所应用的生产技术"。从生产方式与生产方法的区别来看，生产方式的外延应该比方法要广泛一些，生产方式比较抽象，而生产方法比较具体，生产方法是操作层面、技术层面的，生产方式应包含生产方法，但不仅仅是生产方法。如上所述，我们不能把研究"方式"的逻辑起点放在"方法"上，否则就会不可避免地导致某种嫌疑——"方式"不是本来的"方式"，而是"方法"的方式。[①]

对于"教学方式"，有各种不同的解释，基本分为两类：一类是把教学方式作为教学方法的下位概念；另一类则是把教学方式作为教学方法的上位概念。前者以《教育大辞典》为代表，将教学方式界定为教学方法的活动细节。教学过程中具体的活动状态，表明教学活动实际呈现的形式。如讲授法中的讲述、讲解、讲演，练习法中的示范、模仿等。同一教学方式可以用于不同的教学方法，不同的教学方式也可包含在同一教学方法之中教学方式是内含于教学方法范畴之内的下位概念，是教学方法系统的组成部分，是构成教学方法的具体活动和行为。此外，在部分学者对教学方法的定义中，也包含了他们对教学方式的理解。例如，李秉德等认为："教学方法是在教学过程中，教师和学生为实现教学目的、完成教学任务而采取的教与学相互作用的活动方式的总称。"王策三在《教学论稿》中指出："教学方法是为了达到教学目的，实现教学内容，运用教学手段而进行的，有教学原则指导的，一整套方

---

① 王训令. 大学体育教学研究 [M]. 北京：九州出版社，2019：6-12.

式组成的，师生相互作用的活动。"从他们对教学方法的定义中可知，教学方式是教学方法的具体化和构成要素。教学方式是运用各种教学方法的技术，任何一种教学方法，都是由一系列的教学方式所组成。但也有学者持有与上述观点相反的认识，即把教学方式看作教学方法的上位概念。例如，江山野认为："教学方式和教学方法的关系，与战略和战术虽不尽相同，但有相似之处。在教学上，从整个发展过程的全局考虑，在每一个发展阶段，需要一种基本的方法。而且，由于教学过程的每一个发展阶段都持续一个相当长的时间，具有一些相对稳定的特点；因此，适合每一个发展阶段的基本的办法也应该有一定的规定性和稳定性，并且有一定的形式——也就是教学方式。"

根据黑格尔的逻辑学原理，构建理论体系应按照"存在、本质、概念"逐次进行，所以研究教学方式应该把教学本体作为逻辑起点，而不能把作为教学现象的教学方法当作逻辑起点。那么什么是教学活动的"存在"？根据唯物辩证法原理，凡是人的活动均包含了理论活动和实践活动，而人们对于每种活动必然表现出不同的处理方式。教学活动是人类一种特殊的活动，是师生在教与学过程中发生的一种传授与被传授知识的双边活动，因此，教学活动的"存在"也必然包含了作为理论活动的教学认知活动和作为实践活动的教学行为活动。那么什么是教学的本质呢？关于这个问题，可谓众说纷纭，基本没有一个明确的定论。本书认为，教学的本质应建立在对教学"存在"认识的基础上，由于教学的"存在"是一个师生之间的双边实践活动，按照辩证唯物主义思想，人是任何实践活动的主体，而在教学活动这个特殊领域中，师生具有双主体性，即教师与学生皆是教学实践活动的主体，离开其中任何一个主体都不可能成为教学活动。因此，作为双主体的教师与学生的思维方式与行为方式应是我们考察教学方式的逻辑起点，这也是教学活动的本质特性，而教学方法则是在确定了教学方式情形下的具体化的操作过程与操作技术，我们不能把教学方法作为教学方式的逻辑起点。因此，我们认为，体育教学方式是指在体育教学过程中师生运用的思维方式与行为方式的综合。也就是说，体育教学方式应包含体育教学师生思维方式和行为方式两个部分的内容。

第三节　体育教学方式的划分

根据体育教学方式的概念界定、体育学科教学的特殊性与划分的标准，我们把体育教学方式划分为以下几个方面，如图2-1所示：

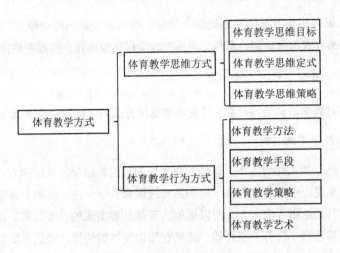

图 2-1 体育教学方式划分

一、体育教学思维方式

目前，对思维方式存在多种理解，比较有代表性的有以下几种：(1) 思维方式是指"人们的理性认识方式，是人的各种思维要素及其综合，按一定的方法和程序表现出来的、相对稳定的定型化的思维样式，即认识的发动、运行和转换的内在机制与过程。通俗地说，就是人们观察、分析、解决问题的模式化、程式化的心理结构"。(2) 思维方式作为哲学认识论的一个重要范畴，包括相互联系的两个方面。从思维主体看，是主体在进行思维活动中所采取的模式或样式；从主体和客体的关系看，是主体把握客体、通向客体的工具和手段。(3) 从现代信息科学的意义上说，思维方式是主体从外界获得信息、加工信息，从而形成新信息的途径和方法。(4) 思维方式就其本质来说，是人脑的运动。作为人脑的"固有属性"或"存在方式"的思维运动，其结果是精神或意识，思维方式正是产生这种结果的方式。因此，思维方式就是思想、观念、意识、理论、方案等一切软件的生产方式，即精神产品的生产方式。[①]

综合以上几种观点，我们认为思维方式应是人们进行思维活动过程中所运用的工具和手段。或者说，是人们通过思维活动达到一定思维目的的途径、手段。思维活动是一个过程，是一个由多种因素构成的动态系统。在这个过程中，必然要有思维的对象（思维什么）、思维的主体（谁在思维）、思维的方法（怎样思维）。

教学思维方式是指"师生关于教学存在的思维途径及其致思导向的理论概括，

① 段胜霜，付杰.高校体育教学与训练 [M].长春：吉林出版集团股份有限公司，2019：15-19.

在思维中认识和构建教学活动的经验、知识、观念等要素的综合模式"。从功能上说，教学思维方式深刻地制约着师生关系对教学存在的选择、整理和评价过程。

（一）体育教学思维方式的组成

结合体育教学活动的特殊性，体育教学思维方式的结构应由以下几个部分组成。

1. 体育教学思维目标

思维目标是指人作为主体，思维所要实现的目的和结果。从中西方传统哲学思维的差异性来说，中国传统哲学，特别是传统儒家哲学，把思维的目标重点锁定在"论道"，尤其是论做人之道上，所以道德的善是其要实现的首要目的。而西方哲学思维，自古希腊第一位哲学家开始，就具有知识理性的传统，他们主要的思维兴趣在于"求知"，把探索对象世界的客观真理作为哲学思维的首要目的，这也是西方哲学与科学之间始终具有密切关联性的重要原因。由此，中西方两种不同的思维传统直接影响了教学过程中的思维目标，中国教育与教学的目标比较倾向于培养人的道德与境界，即把"育人"放在首位。在体育教学中，师生的思维目标除了包含掌握知识与技能之外，还十分重视品德的发展。

从具体角度而言，师生的教学思维目标具有较大的差异性，如体育教师的思维目标主要是完成体育教学目标，同时实现"育人"的任务，把学生培养成既体格健壮又身心健康，同时还具有优良的体育道德与社会道德的人才；而就学生的思维目标而言，当然没有那么抽象，而是比较具体化、直接化，即直接指向运动的乐趣。因此，在体育教学活动过程中教师与学生的教学思维目标的差异性较大，不能一概而论，要区别对待，这样才能把师生教学思维目标的共性连接起来，产生共鸣，并在此基础上实施教学策略，进行有效教学。

2. 体育教学思维定式

思维定式是指以思维能力为主体而长期形成的思维态势和惯性，它表现着思维有可能达到的深度和运作的态势。这种定式往往带有鲜明的群体性、民族性和地域性的特征，是一定地域条件下的民族、群体长期的思维传统的积淀。因此，思维定式是一种稳固的思维因素。对于每一个认识主体而言，这种因素不仅与自我实践经验有关，而且与其赖以存在的种族、群体的关系更为密切。实际生活中，人们都以某种独特的不自觉的习惯进行思维。

在体育教学过程中，这种思维的定式具体可表现在以下几个方面：一是体育教师的思维定式。体育教师的成长离不开高等教育专业培养与个人成长的过程与环境，这些环境直接影响并导致体育教师的个人特质，就思维态势和惯性来说，它隐含了培养环境与成长环境的各种要素沉淀。二是学生的思维定式。与教师的思维定式影响因素类似，学生也受着成长环境的影响、学校教育的影响，只是在时间上比教师要短一些。三是师生经磨合的共同思维定式。这种定式在体育教学过程中将起到重要的作用。教师独立的思维定式与学生独立的思维定式比较难以改变，但教学是双边的，体育教师自接受一个班级之后，就必然在一个学期内或一年内，甚至几年内与同样的学生长期相处，这就需要一个相互碰撞、相互影响、相互磨合的过程，这个磨合过程的长短直接影响着教学的效果与质量。一个善于教学的教师必然很快摸清学生的思维，在此基础上结合自己的思维特点，形成一种比较一致的师生思维定式，这样师生就能心往一处想，劲儿往一处使，共同营造良好的氛围。

3. 体育教学思维策略

思维策略是指在一定思维定式的前提下选择的思维具体运作过程中的技巧、方法。它直接涉及思维的精细程度，表现为思维操作的具体方式、方法。用不同的方法从不同的角度和层面对某一问题进行思考、突破，对于认识结果的真伪及其程度具有不同的影响。例如，在对微观世界的认识过程中，表现在思维的技巧和方法上，用形象思维和抽象思维、宏观思辨和微观实证的不同方法进行认识，可以得出不同的结果。

在体育教学过程中，师生选择的思维策略是不同的，其维度也是多方面的。首先，每一个体育教师都有自己独特的思维目标与思维定式，这些特征可以具体表现在各类教学计划的设计与规划上，也就是说，教师所呈现的各类课前准备的成果凝聚了体育教师的思维方式；还可以表现在课堂教学实施方面，如教法的安排、教学组织与管理、指导与反馈等；同时还表现在课后的评价与反思方面。其次，就学生的角度而言，其思维策略也各有不同，表现为对于教师布置的任务与要求，学生的反应是不同的。有的学生努力实践、认真完成；有的学生应付了事、马马虎虎；更有的学生置之不理、我行我素。这些思维策略都是由他们的思维定式决定的。这就要求在体育课堂教学过程中，师生的思维定式要达成一致，形成一种师生之间较为一致的、比较协调的思维定式，才能产生比较相近的思维策略，进而产生教学思路与策略共赢的效果。

（二）体育教学思维方式的种类

体育教学思维方式应包含教师与学生的思维方式，由于教师与学生的思维目标、内容、策略等方面各有不同，且内容丰富多样，要分而述之难度很大，因此，在这里就师生思维方式共性的部分进行简要阐述。

1. 形象思维法

所谓形象思维，主要是指人们在认识世界的过程中，对事物表象进行取舍时形成的，只用直观形象的表象解决问题的思维方法。形象思维是在对形象信息传递的客观形象体系进行感受、储存的基础上，结合主观的认识和情感进行识别，并用一定的形式、手段和工具（包括身体操作、文学语言、线条色彩、音响旋律等）创造或描述形象（包括艺术形象和科学形象）的一种基本的思维形式。

首先，在体育教学活动中，形象思维非常普遍，身体的运动形态的展示（体育教师的示范动作）对于学生而言就是一种形象呈现，学生需要感知这些直观的信息，进行形象思维。因此，体育教学过程最重视的思维就是形象思维，没有这种形象思维，运动技术就不可能传承，学生也不可能学会运动技能。其次，学生在基本认知运动过程、运动原理之后，在运动实践过程中，大部分还是依赖于自身运动的形象思维，有时还可以通过录像观看优秀运动员的视频来感知正确的形象等。当然，学生在进行形象思维的过程中也需要其他的一些思维方式，如抽象思维等，因为人是一个综合的复杂有机体，任何一种行为方式都要依赖机体的综合效应。

2. 动作思维法

动作思维亦称直观动作思维。其基本特点是思维与动作不可分，离开了动作就不能思维。动作思维一般是在人类或个体发展的早期所具有的一种思维形式。成人的动作思维特别指向运动思维方式。动作思维的任务是与当前直接感知到的对象相联系，解决问题的思维方式不是依据表象与概念，而是依据当前的感知觉与实际操作。如儿童在掌握抽象数学概念之前，用手摆弄物体进行计算活动，就属于动作思维。成人在进行抽象思维时，有时也借助于具体动作的帮助。

体育教学活动的目的有别于其他实践活动，儿童学习抽象数学之前的动作思维之目的是积累初步的实践经验，以帮助理解与掌握抽象数学的概念；而体育教学中学生进行动作思维的目的直接指向掌握动作本身，因此就动作思维目的而言，体育教学活动与其他实践活动有着根本的不同。体育教学活动必须依赖形象思维与动作思维，没有动作思维的参与，学生的运动技能就不可能形成。因此，在教学过程中，体育教师在呈现动作示范等直观形象之后，必须进行运动动作的实践，开展积极的动作思维，这种思维必须依靠学生身体的本体感觉，因为不同的学生对于同一个运动形式的感觉是不同的，由此而产生的动作思维状态也截然不同。

3. 创新思维法

创新思维法是相对于习惯性思维的一种新型思维方式，它是思维的一种智力品质，是在解决问题的过程中通过选择、突破和重新建构已有的知识、经验和新获取的信息，以新的认知模式把握事物发展的内在本质及规律，并进一步提出具有独特见解的符合人文精神的具有主动性和独特性的复杂的思维过程。

创新思维对于一个教师来说特别重要，体育教师也不例外，它是教师进行教学创新的源泉。体育教师具备创新性思维素质不仅在体育教学活动中，而且在重塑体育教师的形象与地位中具有特殊的意义。在过去，体育教师的地位很低，其中一个方面的原因是作为学校教育中的"小三门"，体育课教学经常出现"二声哨子一个球，老师学生都自由"的"放羊式"教学现象，社会舆论中的体育教师都是"四肢发达、头脑简单"的人。因此要改变传统的看法，就需要体育教师搞好教学本职工作，要有一定的创新性思维，只有这样，才能提高体育学科的教学质量与成效，才能开发学生的创新性思维素质，从而提升体育学科的地位。

4. 逆向思维法

所谓逆向思维法，就是为了实现创新过程中的某项目标，通过逆向思考，运用悖逆常规的逻辑推导和技术以实现创造发明的思维法。逆向思维是"思维倒转"，是一种克服思维定式、另辟蹊径的行之有效的创新思维法。逆向思维方式往往通过以下具体途径实施：功能型反转构思法、结构性反转构思法、因果关系反转构思法、缺点逆用构思法。

逆向思维与创新思维紧密相连，也是进行创新性思维的一种方式，在体育教学中运用较为广泛。若教师思维受阻，可以借助逆向思维法，进行反向思维，可能另辟蹊径。在体育课教学中利用体育活动培养学生的逆向思维素质也是体育教师的责任，是培养未来人才的要求。

5. 移植思维法

移植思维法是指把某一学科领域的科学概念或科学技术成果运用到其他领域从而导致创新的思维技法。移植思维法可以分为三类：科学概念的移植、技术手段的移植、技术功能的移植。

体育教学在某种程度上依赖于教育学科，而教育学则是综合了学校教育的各个学科的理论与成功经验。因此，体育教学思维方式与教育学的其他学科的思维方式具有一定的共性，体育教师可采用移植思维法借鉴其他学科的研究成果与思维模式，充分利用各种资源，实现学科互助、利益共赢的目的。

6. 类比思维法

所谓类比思维法，就是借助于两个或两类事物之间的某种相似关系，从一个或一类对象的已知属性推导出另一个或另一类对象对应的未知属性，从而提出创新的思维技法。

类比法在体育教学过程中的使用较为普遍，体育教师可以根据教材的性质、对先学内容与后学内容进行类比，特别是内容相近或类似的运动项目，在课前准备与课中实施中，要注意类比，比较它们的相同点与不同点，以防止运动技能之间的相互干扰现象。如体操中的山羊分腿腾跃以及蹲踞式跳远，如果两者之间学习时间安排太近，就会产生干扰现象，因为山羊分腿腾跃是双脚起跳的，而蹲踞式跳远是单脚起跳的，两者的起跳方式完全不同，因此，在安排教学内容时，要注意教材内容之间的关系。其次，在教学实践过程中，要了解学生前期所学内容，再结合教法重点突出起跳方式的练习，以防止学生运动技能之间的干扰。对于学生而言，也要注意类似思维，这包含两个方面的内容：一是通过类比同类教材内容的相同点，有利于运动迁移的产生。如跳远与跳高，其共同点是两者都是单脚起跳、两者的过程或环节是相同的、助跑与起跳衔接是重点等，不同点是助跑的弧线不同、起跳的用力方式不同等，这些特征对于先学跳高还是先学跳远会产生一定的作用，如能通过类比思维法，可产生有利影响。二是通过类比同类教材或不同教材的差异性，可以消除教材之间的干扰现象。

7. 联想思维法

联想创新法，是指在类比、模拟的基础上，由事物间的相似性触发联想，举一反三，转移经验，提出解决问题的新思路，或设计制造新产品的思维技法。联想思维法的类型有相似联想、接近联想、对比联想、因果联想。

联想思维法在体育教学中可用于教师与学生两个层面。对于教师而言，发挥自身智慧优势是一个方面，也就是说，教师要尽力挖掘个人的教学智慧，发挥个人的智慧潜力，这样的教学才有创新；而通过教师之间的互动教研，可借助他人的智慧，转移教学经验，这就是联想式思维的功效。联想思维法告诉我们，只要教学对象、教材内容、教学情境之间具有一定的相近性，教学的优秀智慧是可以相互借鉴与转移的。这个思维方式的大量使用，可以帮助教师之间相互交流与学习，特别是具有创新性的教学理念、教学方法、教材策略等都可以联想运用到每一个教师的教学之中，共同提升体育教学的质量。

对于学生而言，联想思维法还有助于理清思路，发展思维，形成创新性教学成果，这种思维方式对于改变教师满堂灌的现状具有很重要的意义，对于张扬新课程标准的自主学习、合作学习、创新等具有重要的价值。如在健美操教学中，教师传授健美操的基本动作之后，可以让学生开展自主与合作学习，发挥学生联想思维的优势，对动作进行各种组合与编排。一方面，发挥学生的联想思维、类比思维等；另一方面，所呈现的结果代表了各组学生创新思维的成果，可以起到相互学习、相互提高、共同发展思维特征的目的。

8. 想象思维法

想象，就是在已有知识和形象的基础上，发挥主观能动性，构思某些未知理论和形象的思维过程。想象思维的类型有再造性想象、创造性想象、幻想。想象思维的特点是：想象具有主观性、自觉性、目的指向性；想象具有新颖性、综合创新性；想象具有极大的自由度和超现实性；想象具有奇特的夸张性。

很多发明与创造都是在想象中产生的，体育活动中众多的运动项目、每一个运动项目的发展等都离不开人类思维的想象，如跳远从蹲踞式走到挺身式再到走步式，跳高从跨越式到俯卧式再到背越式，都是人类发挥想象思维的结果。当然这属于运动技术的创新与发明，一般教学过程中师生很难这样去做，也难以取得这样的成果。但是在体育教学过程中同样可以发挥想象空间，这是赋予任何人自由的、宽阔的、无限的思维空间，作为教学主体的师生可以在其间自由地翱翔。教师在他人经验与自身经历的基础上可以发挥自己的想象力，结合其他思维方式，发挥主观能动性，构思崭新的教学思路、教学设计、教学安排等，赋予教学活动强大的生命力；学生也可以在运动过程中发挥自己的想象力，体验运动乐趣，变换运动形式等，这些活动都为体育教学赋予了生命的气息。

以上八种体育教学思维方式仅仅代表了部分思维方式的内容，其他的思维方式还有很多，这里不再一一列举。在体育教学过程中，对于教师来说，培养良好的思维方式很重要，它是直接影响体育教学行为方式的一个重要因素，同时也是开拓体育教师视野、进行教学创新、发展学生良好思维方式、提高教学质量的重要保障。

二、体育教学行为方式

所谓"行为方式"，是指一定的社会角色在社会生活中形成的程序化、规范化、模式化的活动。教学行为方式是各种行为方式的一个种类，是教学思维方式的外在表现形式，是由教学方法、手段、技术、媒介等构成的综合行为样式。教学思维方式决定了教学行为方式，因为不同师生的教学思维方式构建了不同的教学存在的景象，从而决定了具体的教学行为模式。不同的教学行为方式作为一种实践的现象，其有效性又促进了师生对教学的反思，影响着先前的教学思维方式。因此从某种意义上说，教学思维方式决定和支配着教学行为方式，而教学行为方式又在一定程度上检验和发展了教学思维方式。

如前所述，体育教学方式的内涵也应包含体育教学实践活动中师生的思维方式和行为方式两个部分的内容。

首先，从思维方式的视角来看，它是指人们大脑活动的内在程式，它对人们的言行起决定性作用。在体育教学方式的概念中，体育教学的思维方式决定和制约着体育教学的行为方式。但要明确把握体育教学思维方式，还需要认识体育教学方式与其他教学方式的本质区别。思维方式包含了三个层面的内容：体验性思维方式、科学性思维方式和反思性思维方式。就体育教学现象与存在而言，体育教学思维方式内容的核心是体验式思维方式。当然，科学性思维方式与反思性思维方式可以在理性层面上促进教学在科学性方面的发展，并有助于反思性教学，提高教学效果。但从体育教学与其他学科的本质区别来看，体育教学是通过人的躯体性活动来体验"身体知识"（体知）并实现对知识的科学认识和自我反馈。因此，没有师生亲历的体验性思维活动，就失去了体育教学活动的实质性意义。

其次，体育教学行为方式应包含达成体育教学目标而运用的各种方法、手段、策略、技巧、媒介等综合行为样式。但由于体育教学行为方式中各种内容的多样性，选择何种具体的行为方式将取决于教学过程中师生采用何种教学理念和思维方式，不同的思维方式决定着不同的行为模式。

（一）体育教学方法

这里不谈方法论中的方法，而是指具体的教学方法，是教学方法论一个层面的具体内容。教学方法包括教师教的方法（教授方法）和学生学的方法（学习方法）两大方面，是教法与学法的统一，两者之间相辅相成，教法必须依据学法，学法可以借助教法。把教法与学法分开来研究的目的是深入教法研究与学法研究，并不是割裂教学方法，目前有些学者过于强调学法或教法的做法都是不正确的。过于突出教法，就会回归到传统观念上的灌输式教学形态；过于突出学法，则会导致减弱教师的指导功能，放任学生，使学生的学习进入自由散漫的状态。因此，处理好教法与学法的关系是搞好体育教学的关键。就操作层面而言，体育教学方法的种类很多，有讲解、示范、直观、分解、完整等。各种方法中的具体内容也很丰富，由于另有体育教学方法章节，此处不再加以阐述。

（二）体育教学手段

"教学手段"是师生教学相互传递信息的工具、媒体或设备。随着科学技术的发展，教学手段经历了口头语言、文字和书籍、印刷教材、电子视听设备和多媒体网络技术五个使用阶段。现代化教学手段是与传统教学手段相对而言的。传统教学手段主要指一部教科书、一支粉笔、一块黑板、几幅历史挂图等。现代化教学手段是指各种电化教育器材和教材，即把幻灯机、投影仪、录音机、录像机、电视机、电影机、计算机等搬入课堂，作为直观教具应用于各学科教学领域。因利用其声、光、电等现代化科学技术辅助教学，又称为"电化教学"。

体育教学由于存在特殊性（它基本在室外的阳光下进行），与其他学科教学有很大的区别。正是由于这个区别，使得很多先进的设备与仪器不可能在体育教学中得到很好的应用，如幻灯机、投影仪、录像机、电视机、电影机、计算机等，这些先进的设备在体育教学中的止步是一件遗憾的事，我们不得不借助其他的教学手段来实施体育教学实践，如教师和优秀学生的示范与榜样、手把手式的教学等。有所失必有所得，体育教学赋予了教学手段的特殊性，也给予了体育教学生命力。体育教学手段与体育教学方法经常相互混淆，由于教学方法与教学手段另有章节阐述，此处不再赘言。

（三）体育教学策略

"教学策略"最早是从心理学概念中的"认知策略"演变而来的，由1956年布鲁纳提出并予以验证。此后又有人如加涅、梅耶、丹塞路等提出"学习策略"，并且各自都有关于学习策略的界定和实验证明，也在具体教与学活动中取得了突出的成效。

从逻辑学角度而言，体育教学策略是教学策略的种概念，而教学策略又是策略的种概念，因此要理解体育教学策略的含义，就要首先理解什么是策略。"策略"在《现代汉语词典》中解释为："根据形势发展而制定的行动方针和斗争方式。"接下来我们再来看看什么是教学策略，对于这一问题，国内外有多种看法，至今还没有形成统一的认识。有的学者认为是为达到教学目的采用的教学方式和方法；有的认为是为达到教学目标所采取的组织行为；有的认为是为达到教学目标有系统地安排的教师活动；还有一种观点认为是一系列引导师生更好地实现教学目的的行动方针。这几种看法的共同点是：教学策略是为达到教学目的、目标服务的，至于它是什么，皆因各自的研究角度不同，认识不尽一致而已。

根据教育学原理、心理学原理、社会学原理，结合体育教学活动中的人体生理机能变化规律、人体适应规律、运动技能形成规律等特殊规律，我们认为体育教学策略可理解为顺利有效解决体育教学过程中所遇障碍而巧妙设计的方法。

体育教学策略具有以下几个特征：

1. 灵活运用性

是指体育教学策略与所要解决的教学问题间的关系不是绝对的对应关系，同一策略可以解决不同的问题，不同策略也可以解决相同的问题。由于具体教学条件、环境条件、学生学习技术特点、素质特点、在教学中所面临的问题千差万别，因此每一问题的情境都是特殊而具体的。从判断问题、选择和运用方法技术到制订计划都要根据具体情况灵活运用，不能单凭经验和旧的模式去解决问题，当原有的方法、策略不适应新问题时，应当在原有的基础上创造出新的策略来消除障碍。

2. 客观实际性

教学问题都是具体和客观存在的。在传统以灌输式为主的体育教学模式中，由于动作技术繁多，室外干扰因素多，学生身体素质较差等原因，体育教学中所遇到的问题和障碍很多。但体育教师往往熟视无睹，置教学问题和障碍不顾，只管灌输，不讲效果，或用一般的主观式的教法应付了事，泯灭了学生的主体性。提出体育教学策略的重要意义在于以学生为学习主体，以发挥学生主动性、能动性为核心，以在教学中产生的具体问题和障碍为客观目标，要求教师运用自身的教学策略去解决体育教学中的实际问题，使体育教学真正具有实效。

3. 目标指向性

它体现了体育教学策略的方向性功能。在教学中出现的障碍和问题是教学策略的目标，教学问题一旦消失或解决，教学策略也不复存在。在体育教学过程中，不论是学生学习态度、兴趣、情绪、接受知识技术等方面的障碍，还是管理组织上的混乱问题，体育教学策略总是针对每个环节，指向具体的教学目标和问题，制订对策，解决问题以达到理想的效果。因此，有关体育教学策略的所有问题都是围绕解决当时情境而计划和制订的，一旦目标实现，体育教学策略又转向新的目标。也就是说，体育教师应当灵活运用教学策略，随时提取相应策略，也要随时转化策略，所有策略的制订、结束、转化都应以教学问题和障碍为准绳。

4. 操作实用性

任何教学策略都应根据教学目标中的具体要求，拟定环节与环节前后衔接的实施程序，并转化为教师外部动作，来实现和达到教学目标。同时，该教学策略应具备实用性特点，能够真正产生效果并顺利解决问题，排除障碍。如在跳远教学中，学生产生了低重心起跳现象，以致不能产生足够的垂直速度而影响远度，针对以上问题，体育教师首先应向学生指明低重心起跳的错误动作，接着用正确的动作示范说明，然后体育教师应快速选择最有效实用的方法，以尽快解决问题，帮助学生纠正不良动作，建立正确的起跳动作概念。

5. 具体多样性

教学策略总是针对和指向具体教学活动的作用对象和教学问题，针对不同的问题就有不同的教学策略。体育活动是集身体练习、知识传授、思想品德教育为一体的室外特殊教学活动，这一特点决定了体育教学策略比一般教学活动更具多样性。大的方面有运动技术教学策略、激发体育动机兴趣策略、体育知识传授策略、思想品德和体育道德作风教学策略等；小的方面有情绪沟通策略、错误动作矫正策略、体育教法选择策略、合作学习策略、启发式教学策略等。总之，只要存在教学问题和情境障碍，就有相应的教学策略。

体育教学策略的内容可以分为两类：第一类是体育教育策略。目标主要指向学生在学习体育过程中产生的思想方面、心理方面、社会学方面的障碍。如学生不遵守教学纪律，违反教学常规，对体育课无兴趣，注意力不集中，思维不积极，情绪低落，或在练习过程中不与同伴合作，人际关系不和，不遵守体育规则、裁判等。针对以上问题或障碍，运用教育学、心理学、社会学原理、方法和手段等而采用的策略可以归为体育教育策略。第二类是体育知识、技术技能教学策略。目标主要指向传授体育知识或有关体育技术教学过程中产生的各种问题，也指在室内进行理论知识教学过程中产生的障碍。如对体育知识产生错误理解，体育概念不明确等问题。针对以上问题，运用运动技术形成规律、组织管理原理而采用的教学策略可归为体育技术、技能教学策略。

体育教学策略操作程序可以分为三个基本环节。第一环节是体育教学中出现的目标障碍或问题，作为一种外部刺激反映给教师，体育教师应及时准确地接受刺激并面对具体的教学目标障碍。第二环节是反应和判断策略。指体育教师在接受刺激后，做出相应的反应，并迅速判断该教学目标障碍的性质、内容、特点、形式。第三环节是归类和选择策略。接上一过程，对教学目标障碍进行分类，该归于哪一类型的教学策略，就把教学策略指向下一个目标，若还没有得到解决，则反馈到归类选择策略环节中，重新选择有效的教育教学手段，再执行贯彻。最后达到解决教学目标障碍的目的。

(四) 体育教学艺术

长期以来，人们对教学艺术这一问题无论从理论上还是从实践上的探讨都是初步的。体育教学是教育工作的特殊领域，活动空间大，干扰因素多，学生承受着生理和心理双重负荷，这决定了体育教学的复杂性。本节通过剖解教学艺术的结构，来阐述体育教师教学艺术的重要性。

什么是教学艺术？对这一问题的界定众说纷纭，有的人把教学艺术看成是技能技巧，有的人则把它看成是表演艺术等。我们认为，体育教师教学艺术是一个完整的、系统的概念，是一种富有情感性、形象性和独创性的教学。

结合体育教学的特殊性，我们将体育教师教学艺术结构分为体育教学言语、体育教学行为和体育教学模式运用三个部分。

1. 体育教学是学生掌握运动技术、知识、技能的过程

在体育教学过程中，教师示范动作，学生练习动作，言语的运用比一般教学过程要少，因此，要想在整个教学过程中使少而精的语言发挥良好的效果，就更应注重语言的艺术色彩。它具体地表现为语言的情感性、生动形象性和专业科学性特点。

2. 体育教学行为主要指教师的示范规范与领导作风

教师的示范规范在体育教学中有特殊的要求。如符合学生的视觉特征：教师力求在示范动作正确的基础上，注意示范位置与方向；符合练习的综合特征：教师在动作示范时，注意练习节奏，分清动作的重点和难点，从而有利于学生掌握关键技术；符合练习的运动学特征：注意示范的频率、速度、姿势等；示范要有针对性：应针对课的内容与要求、练习的不同阶段、学生个性差异来进行不同形式的示范，如复习课内容，以完整示范为主，新内容学习则加强重点、难点示范。教师的领导作风方面包括专制型、民主型和放任型。不同的作风，课堂效果完全不同。民主型作风的教师能与学生进行良好的沟通和交流，课堂气氛活跃，学生能较好地发挥主动性、积极性和主体性，教学效果好。因此，体育教师应根据自身人格特点，加强调整，努力做到上课既严肃又活泼，激发学生的动机和兴趣。

3. 体育教学模式

简单地说就是在一定教学思想指导下所建立的比较典型的、稳定的教学程序或阶段。现行中小学体育教学中存在的最大问题是忽略了诱导、理解动作阶段和反馈、检查阶段，教学效果达不到自动化阶段，致使从小学到大学同样学习过一个动作，

但却始终没有掌握。动作技术是从生产劳动中产生，经过长期演变和规范化，与日常工作生活相距甚远的内容。因此，教师应充分结合日常生活中的简单动作或生动形象的比喻来讲解体育技术动作，如此才能更好地激发学生的学习动机和兴趣，这样的教学思路就涉及了体育教学模式的介入问题。

有关体育教学模式的研究，在1997年以前很少见，这说明我们在过去主要沿袭了苏式体育教学模式；1998年以后，这方面的研究逐渐增加；2000年以后，关于体育教学模式的研究增加迅速，这说明21世纪以来体育教学改革的力度正在加大，体育教学模式的研究自然也迅速得到加强。研究中出现较多的体育教学模式，主要有："三基型教学模式""一体化教学模式""并列型教学模式""分层次教学模式""元认知—反馈强化""一主多选教学模式""辐射教学模式""知识教学模式""情感教学模式""故事化教学模式""游戏教学模式""一主自选教学模式""必修＋选修教学模式""合作学练教学模式""中专教学模式""动养之道教学模式""AB型教学模式""指令式教学模式""尝试错误教学法的基本模式""小社区教学模式""体育课教学模式""专题设计探讨特定目标模式""传授知识技术模式""自主设计、自我练习学习模式""分队训练提高模式""'大课—小班'选择模式""体育课外活动单元化活动模式""三种不同教学过程的教学模式""三段式教学模式""五段式教学模式""板块式教学模式""十段式教学模式""体质教学模式""技能教学模式""快乐体育模式""成功体育模式""主体性教学模式""发现式教学模式""小集团学习结构模式""主动学习教学模式"，这些教学模式为体育教学的改革与发展提供了很好的基础。但总的来说，有关体育教学模式的研究层次不高，大多数研究只是停留在对体育教学模式意义与作用的阐述上，并且重复性研究较多，深入研究、实验研究、实证研究、高层次理论研究较少，造成了体育教学实践的混乱。

由于体育教学模式研究规范程度不高，泛化现象较为严重，实证研究缺乏一定的理论支持，收效不大，因此，近几年对于体育教学模式的研究陷入低谷。但我们认为，体育教学模式的研究依然是体育教学改革的重要切入点，对于提高体育教学质量有很重要的价值与意义。

综上所述，体育教学方式的本质包含了师生的思维方式和行为方式两个内容。体育教学师生的思维方式决定着体育教学活动中的行为方式，不同的体育教学思维方式形成不同的体育教学行为方式，而体育教学行为方式是体育教学思维方式的具体表现，不同的体育教学行为方式反映了不同的体育教学思维方式。

第三章　体育教学方法

第一节　体育教学方法基本知识

一、体育教学方法的概念

不同学者对于体育教学方法概念的理解不尽相同，这很大程度上影响了教学一线的体育教师对体育教学方法的理解和使用，也影响着高校学生对体育教学方法的掌握和体育教学能力的有效提高。我们认为，体育教学方法是指在体育教学过程中，为了达到一定的教学目的、目标和任务，由师生共同参与的，在教学活动中所采用的具有指引性的和可操作性的教学模式、教学方法和教学手段的总称，包括教师的指导法和学生的学练法。

广义的体育教学方法通常主要涉及以下三个层次：

第一，"教学模式"的层次，也称"教学方略""教学策略"或"教学方式"，例如快乐体育教学模式、发现体育教学模式。

第二，"教学方法"的层次，也称"教学技术"，它基本上等同于传统定义上的教学方法，例如语言法、直观法。

第三，"教学手段"的层次，也称为"教学工具"，是"教学方法"层次的组成部分，是教师运用一种主要的手段进行教学的行为方式，例如黑板、挂图、模型、秒表、哨子、节拍器、录音机、学习卡片、多媒体演示等。

二、体育教学方法的类型

由于学者研究的视角不同，体育教学方法的分类有多种多样。毛振明教授按照体育教学方法的外部形态（信息传递途径）和这种形态下的学生认识活动对体育教学方法进行了分类，把体育教学方法分为以语言传递信息为主的体育教学方法、以直接感知为主的体育教学方法、以身体练习为主的体育教学方法、以比赛活动为主的体育教学方法和以探究性活动为主的体育教学方法五类。龚坚教授根据体育教学中信息的不同获取方式，把体育教学方法分为视觉、听觉信息类体育教学方法及动觉、触觉信息类体育教学方法和本体感觉信息类体育教学方法三类。

体育教学方法体系庞杂，为便于高校学生较为直观地理解和掌握一般体育教学方法的类型及各种主要方法的运用要求，这里从体育知识教学、体育技术技能教学以及个性心理教学等方面进行分析，并且从教师的指导法和学生的学练法两个角度进行阐述。①

（一）体育与卫生保健知识指导法

体育与卫生保健知识包含以下几种方法：

1. 讲授法

讲授法是指教师以学生能接受的简明语言，系统连贯传授教学计划所规定的体育与卫生保健知识的方法。讲授法应注意：一要保证知识的科学性与思想性。二要提高语言运用的技巧与艺术性。三要提高板书质量。四要充分调动学生的学习主动性。

2. 谈话法

谈话法是指教师与学生以口头交流的形式，要求学生运用已有知识经验回答教师提出的问题，从而获取新知识的方法。运用时应注意：一要选定合适的提问内容。二要正确选择与运用提问的方式。三要鼓励与激发学生积极思维。

3. 演示法

演示法是指教师通过展示实物、模型等直观教具，或利用多媒体、幻灯、投影、录像等设备的演示，使学生获得或巩固体育知识的方法。运用时应注意：一要明确演示的目的与任务。二要要做好物质准备。三要选择适当的时机，采用适当的方法。

4. 讲练法

讲练法是指教师将体育方面的知识传授与技能培养结合在一起的方法。运用时应注意：一要根据教学目标与内容选择具体运用形式。二要做好教具准备。三要注意加强对学生实际练习的指导。

（二）体育技术与技能指导法

体育技术与技能指导法是指根据运动动作技能形成等规律，在教师指导下，学生掌握体育技术，提高体育技能水平的方法，包括语言法、直观法、分解与完整法、预防与纠正错误法。

① 陈玉群.体育教学研究[M].北京：光明日报出版社，2016：116.

1. 语言法

语言法是指在体育教学中，运用各种形式的语言，指导学生学习掌握教学内容，进行练习的方法。包括讲解、口令与指示、口头评价、口头汇报、默念与自我暗示等形式。

(1) 讲解

讲解是教师给学生说明教学目标任务、学习要求、教材名称、动作要领、动作方法等，指导学生进行运动技能学习，掌握运动技术的方法。讲解应注意：一是要明确讲解目的。二是讲解内容要正确，符合学生的接受能力。三是要生动形象，精简扼要。四是要具有启发性。五是要注意讲解的时机和效果。

(2) 口令与指示

口令是指用简明的语言，以命令的方式组织学生完成集体活动的一种方法，如调动队伍、基本体操练习等都需要口令。

指示是指运用较为简明的语言，用语气相对比较平和的指令性方式指导教学的方法，如，当某一个学生动作做得不规范时，指令学生"再做一次！"；当某一个学生做双杠支撑摆动时，肩关节很紧张，教师会指令学生"放松！""再放松！"

(3) 口头评价

口头评价是指在教学过程中，根据教学目标和动作要求，教师以口头的方式及时评价学生学习成绩的一种方法。比如，当看到某一个学生做肩肘倒立动作时，两膝紧靠、脚尖紧绷、身体成一直线，教师就立即评价"好，很好！"

(4) 口头汇报

口头汇报是指教师要求学生根据教学的要求和对动作的体验，简要说明自己见解的一种方法。

(5) 默念与自我暗示

默念与自我暗示是通过学生的无声语言（思维）来控制与强化身体练习的一种不同于有声语言的方法，以便在大脑中激起有意识的活动，提高对动作技术的理解并进行调节。

默念是指在做动作之前默想整个动作过程和动作重点，以无声语言重现动作过程或默念指示性的词句自我调控练习过程。

自我暗示是指以暗示默诵某些较为简洁的指示性词句，从而激励自己更好地完成动作，比如，支撑跳跃的落地时，为了保持缓冲平衡，暗示"稳住"。

2. 直观法

直观法是指在体育教学过程中，教师通过实际的演示或外力帮助，借助学生的视觉、听觉、触觉、肌肉本体感觉器官来直接感知动作，从而建立正确表象的一种方法。包括动作示范、直观教具与模型演示、电影与幻灯、助力与阻力、定向与领先等形式。

(1) 动作示范

动作示范是指教师或教师指定的学生以具体的动作为范例，使学生了解动作形象、结构、要领的方法。

动作示范应注意：

其一，示范要有明确的目的。每次示范都要解决问题。如让学生了解动作的整体结构、节奏，了解某个动作技术环节，或看清某个技术重点或难点。教师对完整技术或某一个技术环节的示范一般为1~2次，最多不超过3次。

其二，示范要正确。教师的示范要准确、熟练、优美。

其三，应正确选择动作示范的位置与方向。示范的方向包括正面示范、镜面示范、侧面示范和背面示范四种形式。教师应根据动作的结构准确选择示范的方向。例如，教师要展示跳远的腾空步技术环节给学生，应采用侧面示范。

其四，示范与讲解有机结合。为了充分利用学生的视觉和听觉，示范应与讲解相结合。

(2) 直观教具、模型演示与视听手段

主要是通过黑板、挂图、模型、秒表、哨子、节拍器、录音机、学习卡片、电影、幻灯、录像、多媒体演示等手段所进行的一种直观再现动作的方式。

(3) 助力与阻力

助力与阻力是指借助外力的帮助和对抗的阻碍，使学生通过触觉和肌肉本体感觉来体会动作要领，从而形成动作概念的一种直观方法。例如，为了增加跳远的腾空时间，把起跳板改为斜踏跳板以增大起跳的垂直力量，这就是助力；技巧前滚翻时，同伴用手推练习者的后背，利于完成动作，这也是助力。在做标枪最后有力技术环节时，同伴站在练习者的后方，用手轻拉标枪的尾部，便于练习者完成"鞭打"动作的背弓，这就是阻力。

(4) 定向与领先

定向是指以具体的或形象的标志物，给学生指示动作的方向、幅度等，以利于完成动作的直观法，如跳远时助跑道上放一个标志物，利于踏跳的准确性。领先是指利用超前的信号和某一种视听手段，对学生进行刺激与引导，以利于完成动作的直观法，如在练习高抬腿跑时，教师用逐渐加快击掌节奏的办法，便于学生快速地完成动作。

3. 完整法

完整法是指从动作的开始到结束，不分部分与段落，完整地传授某种运动动作的方法。

4. 分解法

分解法是指将一个完整的动作技术，合理地分成几个部分与段落，逐个进行教授，最后完整教授动作技术的方法。

运用分解法时应注意：一要根据动作技术的特点，采取合理的分解方式。分解法共有单纯分解法、递进分解法、顺进分解法和逆进分解法四种形式。二要划分段落和部分时应考虑它们之间的有机联系。三要明确各部分与段落在完整动作中的地位与作用。四要及时向完整法过渡。

完整法和分解法在实际运用中应是紧密结合的。运用分解法时，应注意使学生及时地进行完整练习；在以完整法为主进行教学时，也应对动作的某些环节或困难部分进行分解学习。采用什么方法应根据教材的特点、学生的能力和教学时间等因素来确定。

5. 预防与纠正错误法

预防与纠正错误法是指在动作技能教学过程中，针对学生形成与掌握动作技能过程中产生的错误动作，采取有效的手段措施，防止和及时纠正学生产生错误动作的方法。如果不及时纠正错误动作，会形成错误的动力定型，从而影响学生掌握正确的技术动作，甚至出现伤害事故并影响身体健康。

(1) 要分析产生动作错误的原因

一般包括五个方面：

其一，运动生物力学方面原因：主要是掌握动作要领不当，技术动作不合理。

其二，生理功能方面原因：主要是学生的身体素质及运动能力没有达到一定的水平。

其三，教育心理方面原因：主要是学生的学习目的目标不明确，上课不专心，缺乏主动性和积极性，缺乏信心甚至产生畏难情绪。

其四，教师的组织教法方面原因：主要是组织教学不够合理，教法措施的针对性不够强。

其五，外部客观条件原因：主要是各种环境因素的干扰，场地、器材与设施方面影响。

（2）要有针对性的预防与纠正错误的方法与措施

常用的方法措施有：

其一，加强学习目的性教育。少年儿童的学习目的性往往比较模糊，因此结合教学目的任务，加强思想教育。注意运用启发式教学，激发学生的学习兴趣。同时，采用游戏和信号提示等手段，把学生的注意力转移到课堂和学习任务上来。

其二，强化概念法。强化学生对动作技术概念的理解，这是动作技能学习的认识基础。

其三，降低难度法。根据情况，采用适当降低学习的难度和借助外力的办法，以便于掌握动作技术。同时加强身体素质的练习，提高运动能力水平。

其四，优化教学环境。排除一切环境干扰因素，同时加强对场地、器材与设施的检查和维护，创设优美的课堂环境。

（3）要理清预防与纠正错误的过程

一般需要注意几个环节：

第一，备课时，首先要了解该教材的技术结构和教材教法要点，同时要预测学生可能出现的错误动作和应采取的预防措施。

第二，课堂教学中，要细心观察学生的错误动作，对出现的普遍性错误动作，要及时进行集体纠正，对个别学生出现的错误动作，应进行个别指导，并检查纠正效果。

第三，课堂要进行认真总结。

（三）以身体活动为主的指导法

以身体活动为主的指导法包含以下几个方法：

1. 游戏法与竞赛法

游戏法是指在规则许可的范围内，充分发挥个人主动性和创造性，完成预定任务的一种教学方法。游戏法通常有一定的情节和竞争成分，内容与形式多种多样。游戏中的情节、竞争与合作等要素可以帮助培养学生思考和判断能力，也可以陶冶学生的情操，锻炼心理承受能力，因而在中小学体育教学中被广泛地运用。

运用游戏法应注意：

其一，选择游戏的内容与形式。要根据体能发展的需要，目的明确，并制定规则和要求，这样才能取得一定的效果。

其二，应教育学生严格遵守规则，在规则范围内充分发挥自己的主动性和创造性。

其三，在执行规则时，应公正、公平、严格，这样才能激发学生参加游戏的兴趣。

其四，要加强游戏的组织工作，认真布置好游戏的场地、器材设施。

其五，游戏结束时，要做好讲评，指出优点与不足。

竞赛法是指通过组织教学比赛，从而对学生进行体能与技能学习、心理与个性培养及社会适应能力提高的一种教学方法。在体育教学中也经常采用。

运用比赛法应注意：

其一，要依据教学目标任务、教材性质、学生的技能水平和场地器材的条件等合理地运用比赛的方法。如果运用不合理反而会影响教学质量。

其二，合理采用教学组织形式。在一般情况下，两队实力水平相接近，场地、器材与设施等条件应基本一致，使学生在相同的条件下竞争。

其三，注意在提高学生体能和技能的同时，进行良好体育人文价值的教育。

2. 循环练习法

循环练习法是指根据教学的需要选定若干个练习手段，分设相应的练习站（点），学生按一定的顺序和练习要求，逐站依次循环练习的一种方法。循环练习法有利于控制和调节练习密度和运动负荷，也有利于提高学生的练习兴趣，发展体能。它主要是指一种练习的方法，而不是一种教学方法，但它也是一种教学组织方法。循环练习的方式有多种，主要有分组轮换式和流水式两种：

（1）分组轮换式

将学生分成若干个小组，分别在各个作业点上练习，到一定时间后，同时进行轮换的方式。

（2）流水式

组织全体学生按照各个作业点的不同要求，依次进行练习的方式。

运用循环练习法时应注意：

其一，练习内容、练习数量以及循环练习方式的确定，应根据教学任务、教学条件、学生情况及场地器材实际来定。练习站数量不宜太多，一般以 3~5 个为宜。

其二，练习内容应是学生会做的，并且将发展基本活动能力、身体素质、心理品质、激发兴趣的内容合理地搭配，以利于学生的全面提高。

其三，各练习站练习的负荷大小应在学生最大负荷能力的 1/3 到 2/3 之间，并且各练习站练习的负荷大小应交替安排。还应根据学生情况，循环练习之间要注意合理的间歇。

（四）以个性心理活动为主的指导法

以个性心理活动为主的指导法包含以下几种：

1. 情景教学法

情景教学法是一种利用学生热衷模仿、想象力丰富及形象思维占主导的年龄特点，进行生动活泼和富有教育意义的教学方法，主要适应小学低、中年级学生。

在教学过程中设定一个"情景"，甚至由一个"情景"来贯穿整个单元和课的教学过程，如"唐僧取经""小八路送情报"等，让学生练习用情节串联起来的各种运动，并配以讲故事、保护与帮助的方法来进行，可用来陶冶学生的情操和欣赏活动，因而在儿童的成长中具有非常重要的作用。

运用情景教学法的基本要求：

其一，在进行情景教学前，教师先要让学生"入景"，让"想玩"的学生有"摩拳擦掌"的心理调动，从而产生对"当前课题"的动机和兴趣。

其土豆，在活动中，教师要善于利用各种情境，如通过学生相互加油、给予现场鼓励、增减比赛次数等多种方法不断激发学生们的参与热情，不断激发学生强烈的情感反应。同时，要针对学生的个体差异，进行"成功体育"式的比赛方法，使每个学生都体验到乐趣，从而达到教学目的。

其三，活动后，要通过讲解和讲评等方式对教学进行总结，向学生反馈学习情况。同时，将学习和比赛结合起来，不能单纯地"为游戏而游戏"或"为情景而情景"。

2. 发现教学法

发现教学法又称探索教学法，是指学生在学习体育的概念和原理过程中，教师仅给他们一些具体的事例和问题，让学生自己通过观察、验证性活动及讨论等活动进行独立地探究学习，从而发现并掌握相应的概念和原理的一种教学方法。

发现教学法的指导思想是以学生为主体，通过积极自主的活动，使学生在发现的同时，培养他们自觉主动地探究学习的态度和能力。这在激发学生学习兴趣以及培养学生解决问题的能力和积极进取的探索精神都有较大的优越性。

当然，这里所指的发现并不是学生真正意义上的发现，而是一个对于学生来说是未知的但通过讨论和探究可以认识的发现活动过程。部分学者认为，发现教学法的基本过程是：

首先，创设问题情境，向学生提出要解决或研究的课题。

其次，学生利用有关材料，对提出的问题做出各种可能的假设和答案。

再次，从理论上或实践上检验假设，学生中如有不同观点可以展开争辩。

最后，对结论做出补充、修改和总结。

3. 小群体教学法

小群体教学法又称"小集团教学模式"，是指通过体育教学中的集体因素、学生间交流的社会性作用及学生的互帮互学来提高学生的学习主动性，并达到对学生社会性培养的一种教学方法。

小群体教学法虽形式多样，但一般在单元的开始都有一个分组和形成集体的过程，并使各小组具有较强的内部凝聚力和各自的学习目标。在单元的前半部分，一般是以教师指导性较强的小组学习形式为主，在单元的后半部分，则一般以学生主体性较强的小组学习形式为主，此时教师主要是起指导和参谋的作用；单元的前半部分以学习活动为主，单元的后半部分则以练习和交流活动为主；在单元结束时，一般有小组间比赛，并进行小组总结和全班总结等步骤。

由于小群体教学法要依靠学生小组的自主性活动，而这些活动往往又具有很强的探究性，因此基本上是属于探究性体育教学方法。

采用小群体教学法的基本要求：

其一，依据教材性质和学生情况，确定探究发现的课题和过程。教师要把教材中的某一知识或问题确定为学生要探究的课题，然后考虑把一个问题单独作为一个发现过程，还是把一个问题分解为几个问题后构成相应的几个发现过程，每个过程的知识容量是多少。如果教材难度大或学生基础较差，就把课题分解得细一些、知识容量少一些，发现过程的时间也短一些。

其二，创设一个有利于探究发现的良好情境。在活动场所、教学设备、教学时间等方面给学生创造良好条件基础上，尤其要注意通过师生的努力，创设一种团结协作的教学环境，使学生之间乐于讨论与交流，这对学生的探究和发现是非常有利的。

其三，严密组织教学。学生的探究发现活动绝不是一种随心所欲的，而是在教师的严密组织和积极引导下开展的。学生在探究发现过程中遇到了各种障碍时，随时需要教师启发和引导他们进行联想、对比、分析，使学生思维活动不断深化。

(五) 体育教学中的学练法

学练法是指学生在教师指导下，按照一定的要求，相对独立地进行学习与练习的方法，主要包括自学法、自练法、自评法和自我养护法。

1. 自学法

自学法是指在教师的指导下，学生学习、理解和掌握体育与卫生保健知识、动作技术、身体活动和个性心理发展的方法，主要包括阅读法、观察法、比较法、讨论法和体验法等。

2. 自练法

自练法是指在教师指导下，以学生自身的独立活动为主，有目的地反复进行身体练习或实际操作，掌握体育与卫生保健知识、巩固提高运动技能、提高运动能力和培养个性心理的方法，主要包括模仿练习法、反馈练习法和强化练习法等。

3. 自评法

自评法是指在教师的指导下，学生相对独立地依据一定的标准对自己所学的知识、所掌握的运动技能和心理适应性等进行判断，进而采取控制和调节可能性的一种方法，主要包括目标评价法、动作评价法、负荷评价法和效果评价法等。

4. 自我养护法

自我养护法是指在教师的指导下，学生以养生、健身为目的的一种自我养护和自我监督的方法，主要包括安全防范法、保护帮助法和卫生监督法等。

第二节　体育教学方法的设计理念和选用实施

我国体育教学起步较晚，再加上受当时政治环境和教学经验的影响，对体育教学的方法缺乏专业的研究和科学的总结。直到近代体育教育出现以后，体育教学方法才引起教育者们的重视，有关体育教学方法的设计理念和选用实施过程的研究才被提上教学研究的日程，并受到体育教学工作者的普遍关注。

一、体育教学方法的发展现状

从体育教学的发展历程可以看出，体育教学方法是随着时代的发展而不断进步的。由于体育教学方法的主体是体育教学中涉及的一些技术层面和技巧方面的问题，随着科学技术的创新和教学观念的更新，体育教学的方法也被逐步完善和优化。目前，体育教学方法的发展主要体现在以下四个方面。

（一）科学技术的不断进步促进了体育教学方法的发展

当前，由于信息技术手段的广泛使用，一些体育动作的规范性不断加强，准确性也在不断提高，且进行体育技术指导更加不受时间和地点的限制，示范性动作的播放快慢也可以任意地调整，因此，随着计算机的应用和普及，体育教学的讲解、示范和展示都产生了质的变化，并促进了教学方法的发展，提高了教学方法的科学性。[①]

（二）体育教学内容的不断优化促进了教学方法的改进

教学内容和教学方法是相辅相成的关系，教学方法的正确运用可以更好地实现教学内容的传递和接收，教学内容的优化使得教学方法能够进一步完善和改进。如今，随着人们的生活水平逐渐提高，体育教学也日益受到重视，一些全新的体育教学内容被引入体育教学中去，因而相应的教学方法也得到了开发和应用。比如，野外生存训练课程的引进，使得野外活动的组织和教学的方法得到开发。由此不难看出，体育教学内容的不断更新，促进了体育教学方法的日益完善。

（三）体育教学理论的不断充实促进了体育教学方法的完善

体育教学理论是在近代体育教育中逐渐确立起来的，加之体育教学理论是保证体育教学科学进行的基础，也是体育教学方法确立的依据。因此，体育教学理论的进展有利于促进体育教学方法的改善。过去的体育教学理论存在一定缺陷，最为显著的问题就是缺乏针对性分析，因此，在面对很多的教学项目时，采取的是"以不变应万变"的措施，但是不同的体育运动项目有着不同的技术要领，随着人们对体育教学方法理论研究的不断深入，类似于"领会式教学法"的方法就应运而生了。

（四）学生群体的不断变化促进了体育教学方法的改善

信息时代的到来，不仅丰富了人们的日常生活，同时也使学生群体的日常发生了显著的变化。例如，随着信息技术的发展，学生接受新知识和新事物的途径越来越广泛；随着电子产品的运用，学生的日常作息规律和生活习惯越来越不同；随着学生思维方式的成熟，他们认识事物和分析问题的程度越来越高。因此，信息化时代下，学生的个性化发展越来越明显，传统的、单一的体育教学方法已经不能满足

---

① 夏越.现代高校体育教学研究 [M].北京：北京理工大学出版社，2019：61-73.

学生的成长需求，需要推陈出新，不断完善和改进体育教学方法。

二、体育教学方法的发展趋势

虽然较其他的学科而言，体育教学起步较晚、发展较慢，但是，随着人们的认知水平不断提高，对体育教学的重视程度也日益深化，迄今为止，体育已经发展成了一个较为成熟的学科，其教学方法也随着学科的发展而不断发展、完善，并逐渐呈现出了明显的发展趋势。具体来说，主要体现在以下三个方面。

(一) 体育教学方法的现代化

随着科学技术的不断进步，体育教学方法也在不断完善和提高，其现代化也随着时代的发展表现得较为明显。体育教学方法的现代化主要表现在体育教学的设备上。为了更直观地向学生展示体育运动的魅力，体育教师会将录像带到体育课堂，以借此开阔学生的视野，增长知识。随着计算机的不断普及和应用，各种借助计算机完成的体育课件和体育活动，将学生对体育学习的感知提升至新的空间。

(二) 体育教学方法的心理学化

心理专家表示，任何一种形式的学习都伴随着心理变化的过程，而体育知识和技能的学习和获得更是一个复杂的心理变化过程。因此，在体育教学的过程中，对体育教学方法影响较大的学科包括学习心理学和体育心理学。为了更好地开展体育教学与体育活动，体育心理学家和运动心理学家运用心理学的研究方法，对学生在运动、学习过程中的心理变化情况进行了探讨，并希望能够将研究得出的结果应用到体育教学方法的改革中。

(三) 体育教学方法的个性化

在教学的过程中，重视个性化是体育教学方法发展的一大进步。因为任何一种教学方法的实施对象都是学生，而由于学生成长环境、自身条件的不同，其接受能力和学习情况具有较大差异，加之不同学校的教学条件和教学进度存在较大差距，因此，体育教学有必要根据实际情况，针对学生的个性化和学校的差异性做出合理调整。现阶段，随着这一教学理念在体育教学中的不断扩散和应用，个性化、民主化的体育教学方法得到了进一步发展。

三、教学方法的设计理念和选用实施

任何一种教学方法的设计都离不开特定的理论指导，做好体育教学方法的理念设计工作也是体育教学的目标之一。任何一种教学方法都有使用的范围和环境，因此，在设计好体育教学方法之后，还要确定其实施的范围和对象，如此才能保证体育教学方法的实用性和科学性，进而提高体育教学的质量。

（一）以语言传递信息为设计理念的体育教学方法

语言在任何一门学科的教学过程中都要使用到，以语言传递信息为设计理念的教学方法，实际上就是教师运用口头语言向学生传授有关体育知识和技能的一种教学方法。由于语言是传递信息、人际交流的主要工具和途径，因此，语言讲解不仅是人们普遍使用的一种沟通方式，也是教师教授学生最重要的一种教学方法。

以语言传递信息为设计理念的教学方法主要分为讲解法、问答法和讨论法。

1. 讲解法

讲解法是指，在体育教学过程中，教师运用一些简单、生动的口头语言向学生讲授体育运动相关知识的一种方法。有效运用讲解法，不仅能让学生在较短的时间内迅速掌握体育相关的知识和技能，还有助于对学生进行思想道德教育，建立自主参与体育运动的意识。

由于语言无处不在，语言的魅力更是不可小觑，讲解法自然而然是体育教学中普遍使用的一种教学方法。讲解法可以说是体育教学的基础，任何一种体育教学方法的实施都离不开讲解法的运用。同时，体育教学又是一个实践性较强的学科，在教学过程中，不能盲目地使用该教学方法，而要学会结合体育运动项目及其技能的特点进行实际操作的讲解。因此，在体育教学过程中，教师应该做到"精讲"，并且将讲解带到实践中去，这样才能实现教学目标，达到较好的教学效果。

2. 问答法

问答法历史悠久、行之有效，也是人们广泛推崇与应用的一种体育教学方法。问答法的优点是便于培养学生的发散思维，能够在问答的过程中培养学生思考问题的能力，提高学生的语言表达能力。在运用这种方法进行体育教学时，应该注意以下几点：第一，尽量采用简短的语言进行问答；第二，在问答的过程中，不要给学生过长的时间进行思考或交流讨论；第三，将问答设定在技能教学的开始和结束，该方法的作用会更加明显。

除此之外，在使用问答法进行教学的时候，还应该注意提问的引导性，一般而言，提的第一个问题与体育教学知识和内容是没有太大关系的，其主要目的是引起学生的注意。紧接着的第二个问题则旨在引导学生进行思考，例如，"想一想你们的动作和老师的动作有什么不一样的地方?"这种具有辨别性和归纳性的问题,能够引发学生对体育技能动作的思考。第三个问题通常属于价值判断和归纳性的问题,但是,比之前的问题更能引起学生深入性的思考。例如,"谁来回答一下,他的示范动作好吗?好在哪里?又有哪些不足?"这样逐层深入地提问,能够引导、帮助学生由浅入深、由表及里地思考问题。

3. 讨论法

相较讲解法和提问法而言,讨论法的自由度更大。讨论法主要是在体育教师的指导下,以班级或小组为单位,围绕教材的中心问题进行讨论,让学生自由讲述自己的观点和意见。讨论法比其他的方法更能促进学生积极、主动地参加体育锻炼与学习活动,更有利于增强学生的团队合作精神和集体主义精神;由于在讨论的过程中学生能够自由发挥自身才能,有利于培养学生的发散性思维与协作意识,从而更有利于激发学生的学习兴趣,提高学生的学习积极性。值得注意的是,讨论法虽然能够调节课堂的气氛,调动学生的学习热情,但是,如果讨论的自由度过大,教师就很难掌控局面,从而难以保证教学效果与教学质量。因此,在讨论的过程中,体育教师应该适时参与其中,并对学生的讨论内容与讨论方向加以引导,以确保充分发挥讨论法的积极作用,及时消除讨论法的消极影响。

(二)以直接感知为设计理念的体育教学方法

以直接感知为设计理念的教学方法是体育教学中普遍使用的教学方法,通过教师对某种体育技能的演示和直观表达,使学生借助身体的感观获得体育教学相关知识和技术。这种教学方法因为具有直观性,而且便于学生接受和掌握,所以在体育教学中颇受欢迎。

根据对体育教学方法的研究,可将以直接感知为设计理念的体育教学方法分为:示范法、演示法、纠正错误与帮助法和视听引导法等等。

1. 动作示范法

动作示范法是教师在对学生进行某种技术教授的时候,为了能让学生清楚地了解技术的要领,以自身完成的动作作为示范,给学生提供参考的方法。动作示范法较为直观地向学生展示了体育动作的特点、技术要点、动作特征和要领等,具有非常独特的作用,而且教师优美的动作还能激发学生的学习兴趣,激发学生的学习热情。

教师在教学的过程中使用动作示范法进行教学的时候,要注意以下几点:第一,任何一种动作示范都要具有明确的目的性，应当根据体育教学的实际需要进行动作示范；第二，示范要正确、美观。所谓的动作示范要正确是指，教师在进行动作示范的时候，要严格按照教学的技术规范和要求完成，以保证学生正确地认识动作特征；美观是指动作要能引起学生的兴趣，从而激发学生的主观能动性。

2. 演示法

演示法是近几年来体育教学中普遍使用的一种教学方法，是教师在体育教学过程中通过各种直观教具的展示，让学生获得对技术和知识的感性认识的一种方法。这种教学方法主要用于教授某些通过示范无法达到预期效果的知识和技术，以能使教学取得预期的效果。演示法能够让教学与生活中的实际相联系，增加学习某种技术和知识的直观性，便于学生接受和学习，而且还能激发学生的学习兴趣，便于学生了解和掌握所学知识。因此，对体育教学而言，演示法是一个十分重要的教学方法。

教师在使用演示法进行教学的时候应该注意的是：第一，要注意所演示动作或者事物的实际性，因为"演示教学法"最终目的是让学生更详细的掌握教师所教授的知识和技术，因此要结合体育教学实际进行；第二，要结合各种先进教具进行演示，计算机的普及和使用为体育教学提供了便利，同时也为演示法的实现提供了更多载体，这样既能激发学生的兴趣，也能保证演示的效果。

3. 纠正错误动作与帮助法

纠正错误动作与帮助法是体育教学过程中体育教师为了纠正学生的一些错误的动作而采用的教学方法。众所周知体育教学具有很强的实践性，因此在教学的过程中，由于体育活动和项目的动作较为复杂，再加上学生缺乏经验，难免会有一些错误动作的出现。这个时候就需要教师对学生的动作进行及时的纠正，规范学生的动作，加深学生的印象，从而提高教学质量。

在使用此方法时应注意的事项：第一，切勿挖苦学生，在指出学生错误之时，首先应该肯定学生的进步，然后用较为委婉的语气对学生进行错误动作的指导和纠正。这种纠正错误的教学方法更有利于学生接受，同时还能够鼓励学生不断地提升自己的专业知识和技能，同时也不会打击学生的学习自信；第二，把纠正的重点放在主要错误动作上，其实有很多错误的动作都是由主要的错误动作引起的，纠正主要的错误动作，能够带动整体动作的规范；第三，要有针对性地进行纠错，每一个错误动作的产生，都是由一个特定的原因导致的，只有根据这一特定的原因进行正确的引导，才能杜绝错误动作的出现。

（三）以身体练习为主要设计理念的体育教学方法

以身体练习为设计理念的体育教学方法，是指通过身体锻炼和练习以及技能的学习使学生掌握和巩固某种运动技能，让学生的身体得到锻炼的方法。因为体育教学的本质就是以学生的实践活动为主要特征的教学，因此，以"身体练习为主"的教学是开展体育教学的主要方法和形式，也是教师进行知识和技能传递的主要手段。在体育教学实践中，以身体练习为主要设计理念的体育教学方法有：分解练习法、完整练习法、领会练习法等。

1. 分解练习法

分解练习法是将原本复杂的动作分解成几个部分，然后针对每一个部分进行针对性体育练习的方法。这种教学方法将技术的难度适度降低，便于学生掌握和学习，同时，也提高了学生在学习中的自信。在使用这种方法进行教学的时候，首先应该保证分解步骤的合理性和科学性，使分解步骤能够连贯成整体动作。同时，还要保证分解动作的连续性，有利于学生掌握整体动作。如在进行篮球教学的时候，教师会先教授学生传球、投篮、运球等动作，这样能够将复杂的活动具体化、简单化。

2. 完整练习法

完整练习法是指在整个运动项目传授的过程中，直接对整套动作进行完整的练习。这样的教学方法能够保证体育动作的完整性和连续性，易于学生在脑海中形成完整的动作概念。这样的练习方法适用于较为简单的运动项目，如仰卧起坐、跑步、扎马步等运动，动作组成较为简单，因此采用完整练习法。

在使用此方法进行体育教学的时候，首先应该考虑学生的接受能力。在教学之前，体育教师要进行实验和示范，并加以必要的语言描述，对重点内容进行讲解。同时，注意开发各种辅助性的练习，这样能不断完善教学效果，提高教学质量。

3. 领会练习法

领会练习法是通过简单明了的语言、文字、图片或者视频，让学生对某一项运动有一个概括性的认识。这种教学方法使学生从体育教学的一开始就对教学动作有着一定的认识，有利于培养学生在运动方面的知识和技能，提高学习兴趣，激发学生的主观能动性。

教师在选用这种教学方法的时候，应该从项目的整体特征入手，然后引导学生对此项目进行具体的练习，最后再回到整体的认识和训练中去；同时教师应该注意培养学生的战术意识，使战术意识贯穿于整个教学始末。如在对学生进行排球比赛相关规则的讲解和技术的讲授时，首先让学生观看某场伴有现场解说的排球比赛，通过视频和文字介绍能让学生领会到比赛的规则，并且通过观看现场比赛，领会排球比赛战术和某一技能的重点注意方向。

第三节　体育教学方法的影响因素

体育教学方法有很多影响因素，由于各个影响因素对体育教学方法的选择和实施都产生了一定的影响，因此，从某种程度上而言，它们决定了体育教学方法的发展。根据我们多年对体育教学的研究，将体育教学方法的影响因素总结为以下几点。

一、教学的目标与任务

教学目标是体育教学的起点和重点，教学任务是实现教学目标的基础和保障，教学方法是完成教学任务的条件和媒介。因此无论是体育教学方法的设计还是体育教学方法的选择都离不开教学的目标和任务的指导。再加上不同的教学目标和任务对学生的要求不同，教学工作者应当根据这种要求设计具有针对性的教学方法。一般来说，体育教学目标可分为认知、情感和技术动作这几个方面，每个方面的教学，又可以根据对知识和技能要求的不同分为若干个层次，不同的层次需要学生掌握的内容、要求不尽相同，因此所需要的教学方法也就有所不同。例如，如果某一教学目标强调的是"培养学生对某种运动的理论了解"，那么，体育教师就可以选用讲解法进行教学；如果某一教学目标强调的是"提高学生某种运动的技能"，那么，就应该选择一些以实际操作为主的教学方法。所以，教学目标也是影响教学教学方法的因素之一。[①]

总的来说，这要求体育教师要对教学内容进行深入的研究和分析，掌握每一种教学方法所对应的知识和技能，同时，还要能够将教学中抽象、宏观的教学目标转变成实际可操作的具体的教学目标，并清楚地知道何时选择何种教学方法最有效。

我们以篮球教学为例，如果教师将某一课时的教学目标定为"培养学生的运球能力"，那么在本节课的教学过程中，教师就会根据篮球运球的特点、要求设计教学方法。因为篮球运球技术的培养和获得并没有任何的捷径，因此教师首先对运球的

---

① 刘锦.现代体育教学体系的建设与发展研究 [M].北京：中国书籍出版社，2018：90-100.

动作要领和要求进行讲解，然后通过几次的示范，让学生能够简单地了解运球的技巧和要领，并通过反复练习和教师的不断纠正，掌握篮球运球的技巧，从而促进教学目标的达成。

二、教学内容特点

教学内容是体育教学的重要参考，也是体育教学方法的服务对象之一。不同课程以及科目的教学内容不同，其教学任务也就存在着明显的差异，所需要的教学方法也会有所不同。由此可见，教学内容的特点是教学方法选择和实施的参考依据。如某体育教师在进行体操课程的教学时，就需要根据体操对学生身体特点的要求和体操运动所需要的场地、器材、目标，选择适当的教学方法。

每一种教学内容都有其相适宜的教学方法，如果需要学生掌握的教学内容是一些纯理论性的知识，如体育教学的发展历史、体育教学的起源等等，类似于这样的教学内容，就可以选择讲解法进行教学，或者借助多媒体教具，通过图片或是动画的形式向学生展示体育相关的理论知识。如果所教学的内容是一些技术性较强的知识，那么就需要运用实践法进行教学，有的体育运动例如篮球、足球、乒乓球，由于此类运动具有群体性，因此应该采取小组教学的方式进行。

综上所述，教师要认真研究教学内容，把握各个教学方法的适用范围和效果，然后结合具体教学内容的特点选择合适的教学方法。

三、学生的身心发展状况

体育教学是贯穿于学生整个学习过程的教学，具有持久性，而且学生的成长和身心发展状况主要包括学生现有的知识水平、智力发展水平、学习动机状态、年龄发展阶段的心理特征、认知方式与学习习惯等因素，因此，学生的身心发展状况对体育教学会产生一定的影响。心理学研究和教学实践都表明，学生的身心发展状况与教学之间存在着相互作用。所以，教学过程中教学方法的选择受到学生的个性心理特征和他们所具有的基础知识水平的限制。同一年级的不同学生对某种教学方法的适应性可能会有很明显的差异，同时，对于不同年龄阶段的不同年级的学生，对同样一种教学方法的适应程度也不相同。这要求教师能够科学而准确地分析学生的上述特点，有针对性地选择和运用相应的教学方法，使学生在学习知识、掌握技能的同时，身心得到健康发展。

如教师在对学生进行增强其体质训练的时候，体育教学所面对的是全体的学生，由于任何个体的成长发育都具有阶段性，如果在进行训练的时候对各个阶段的学生所采用的均是同一种训练方法，那么就有可能导致有些阶段的学生无法完成。如抛铅球的练习，高年级的学生能够轻而易举地将铅球举起，但是对于低年级的学生而言，则有些困难。如安排一些简单的体育游戏，如丢手绢、捉迷藏等，适于在低年级学生中进行，身心发展相对成熟的高年级学生就不愿意参与到这种活动之中。

四、教师自身的素养

教师是体育教学中的主导者，承担着培养学生身体素质和综合素质的使命，并有指导学生科学地学习体育教学中相关知识的责任。因此教师自身素养直接影响着教学方法的选用和实施，从而影响体育教学的质量。通过对教学的研究以及教学经验的积累分析，教师的素养主要包括学科知识、组织能力、思维品质和教学能力。体育教师只有拥有较高的自身素养，才能在教学的过程中选择科学的教学方法。这也是提高教学质量的关键，因此，教师在教学的过程中，除了关注学生的实际情况之外，还要不断地提高自身的素养和专业水平，这样才能根据自己的优势，选择适合自己的教学方法，并不断创新教学方法，逐步提升自己的教学水平。如某教师缺乏实践教学的经验，并且在教学的组织上存在着严重的缺陷，导致其无法保证课堂教学的效果，也无法正确地引导学生进行相关知识的学习，无法保证教学方法的实施。由此可见，教师的自身素养对教学方法的选择存在着一定的影响。

如果一个从没有接触过篮球运动的教师，让他向学生传授一些篮球运动的相关知识和技能，那么无论是在教学方法的选择还是在实施的过程中，都会让该教师产生一种无从下手的感觉，甚至不能正确地选择体育教学方法，即使能够选择出适用于该运动的教学方法，也会因为自身经验的欠缺，导致教学的过程无法按照预期进行。再如，在进行游泳运动教学的时候，教师首先要对学生进行游泳要领的讲解，然后进行示范性教学，但是一个不会游泳的教师，就无法保证这种教学方法的教学效果和质量。

五、教学方法本身的特性

教学方法虽然是保证教学质量的关键，但是没有一种教学方法是万能的。每一种教学方法都有其相对应的人群和所适用的环境和条件，离开这种环境和条件，这种教学方法将无法充分发挥其作用。简单来说，教学方法本身具有特性，只在特定的环境和特定的内容中才表现出亲和性和功能性，而且不同的教学方法对教学设备、教学对象和学生的身心发展特点等方面均有影响。教学方法本身就是一种多因素的有机组合，既存在着促进的关系也存在着矛盾的关系，这些多因素同时也决定了每一种教学方法都有其相适应的范围和条件。

通过上面的文字叙述，我们清楚地了解到，教学方法本身所具有的特性，也是影响教学方法的因素之一，如在进行教学的过程中，需要采用因材施教的教学法进行教学，首先应该清楚学生的特点、教学内容的特点，这是此教学法的主要要求。由于这种教学方法较为耗费人力、物力，如果教学对象群体较为庞大，选用此种教学方法就不利于此教学方法的开展。

六、教学环境的要求

教学环境是教学实施的基本条件，也是保证教学正常进行的前提。任何一种教学方法都是在教学环境下产生和实施的，因此，教学环境是教学方法产生的土壤，也是教学方法赖以生存的养料。我们所指的教学环境包括教学硬件设备设施（比如教学器材和一些辅助仪器、教学所需的资料和书籍），教学空间条件（包括教学场地、实践场地）和教学所需的时间。在有利的教学环境中，会对教学起到一定的促进作用，反之，则会形成阻碍。因此，在进行教学的时候，要进一步开拓教学方法的预期效果和适用范围。这样，教师在选用教学方法的时候，才能最大限度地利用教学环境，不断提升教学质量。

通过上面的文字介绍，我们了解到，教学环境也是影响教学方法的因素之一。如对一个相对落后，且没有足够教学场地的学校而言，在进行篮球、足球和乒乓球的教学时，由于相关设备的缺乏，就无法采取示范法进行教学。

七、体育教学的指导思想

体育教学方法的核心在于体育教学的指导思想，有什么样的指导思想就会产生什么样的教学方法。体育教学方法的选择不仅取决于对教学理论的了解程度，而且取决于已经形成的教学指导思想的时代性和科学性。

从上面介绍的影响教学方法的因素中可以看出，教学方法的选择并不是一个简单的过程，它涉及很多因素。虽然教学方法是依据教学活动中的很多因素为基本的准则确定的，但它并不是死板的教条，也不是一成不变的。在对学校教育和教学的研究中我们可以看到，使用教学方法的目的，就是为了借助这些方法实现教学的目的。如某一个经济条件特别落后的学校，没有专业的教学设备和设施，并且也没有足够宽敞的室外场地，那么该学校就无法开展诸如足球、篮球等对教学场地和教学设备设施要求较为严格的体育运动。由此可见，体育教学是一种对实践性要求极为严格的教学，也是一种相对复杂的学科，因此在选用教学方法的时候，要根据教学中所涉及的各种因素，选择合理的教学方法。

体育教学方法的选择和应用，一直是体育教学工作中的重点和难点部分，本节旨在帮助教师分析影响体育教学方法的因素，以便教师选择科学的体育教学方法，有效提高我国体育教学的质量。

第四节 体育教学方法的选择与运用

体育教学方法在体育教学中的作用重大，也是体育教师提高教学质量的关键。因此，体育教学方法的选择和运用备受关注，成为每一个体育教学工作者不可回避的问题。

一、合理选用体育教学方法的意义

就目前体育教学而言，体育教学方法是十分丰富的，再加上随着体育教学改革的不断深入，很多新的体育教学方法被不断地开发出来。因而，在实际的体育教学中，体育教师能否正确地、有针对性地选择合适的体育教学方法，是衡量教学质量的重要因素，也是提高体育教学质量的基础。

为保证教学的质量，身处教学一线的体育教师，要根据体育教学的目标和各种教学因素，选择合理的体育教学方法，并在对教学过程中所涉及的各种因素认真研究的基础上，对所选择的教学方法进行合理的组合，这样才能不断地提高体育教学的质量。

教学方法是教师在进行体育教学时的手段，从这种观点上看，体育教学方法是教师行使教育权利和履行教育义务的工具。"磨刀不误砍柴工"，工具的选择决定了教学的质量。所以，每个体育教师不仅要学会各种体育教学方法，还要具备在工作实践中科学、正确地选择和应用教学方法的能力。这样才能够真正提高体育教学质量，更出色地完成体育教学任务。

二、选择体育教学方法的依据

体育教学方法的选择一直都是体育教学中的难点，因此，每一个体育教师都应该具备选择合理的体育教学方法的能力。再加上每一种教学内容都有其相对应的教学方法，每一种教学方法对其教学环境和主体都有着不同的要求，因此在进行教学方法的选择的过程中，要结合各方面的因素进行合理地选择和应用。我们结合自己多年的教学经验，认为体育教学方法的选择有以下几种依据。

（一）根据体育课程和教学任务选择教学方法

不同的体育课程，其教学目的和教学任务需要不同的体育教学方法，因此，体育教学的课程和任务是选择体育教学方法的依据之一。比如，如果向学生介绍一些体育运动项目的知识和要求，就可以选择一般教学所用到的"讲解教学法"；如果是教授学生一些运动的技巧和方法，就需要用到"示范法"和"演示法"；如果是需要学生进行锻炼或是练习的课程，就可以使用"练习法"。如果是为了提高学生的交际能力，就可以使用"游戏法"，如果想提高学生的竞争意识，就需要多使用比赛和竞争的方法。由此可见，在进行教学方法的选择时，应该将体育课程的目的和任务作为体育教学方法的选择依据。①

（二）根据体育教学内容的特点选择教学方法

在数学教学过程中，我们知道不同类型的题目，需要采取不同的解题方法。对于体育教学也是一样，不同类型的体育教学内容，也需要采取不同的体育教学方法。如在进行器械的基本操作的教学时，就应该使用分解教学法；在进行类似于游泳、滑冰等技术和技能动作的讲授时，所采用的也是分解教学的方法；进行诸如跑步、投掷、跳跃等连贯性要求较强且动作发生较为短暂的运动项目的教学，需要采用完整教学法；而一些对技术要求较为严格的球类运动项目，则需要使用领会教学法；对于锻炼性较强的体育项目则需要使用循环教学法。因此，体育教师要在仔细分析教材的基础上，根据体育教学的性质和相关的教学特点创造性地选择体育教学方法。

（三）根据学生的实际情况选择教学方法

选择和使用体育教学方法的根本目的就是为了学生更好地学习，促进体育教学目标的顺利完成，它不仅仅是体育教师在教学过程中的"展示"。因此体育教学方法侧重的不是教师，而是学生学习的效果和对知识的掌握情况。因此，在选择教学方法的时候，要看教学的方法是否符合学生的发展特点，是否有利于学生的理解和接受。所以在对教学方法进行选择的时候，要考虑学生的年龄、身体状况、智力和学习的能力等，从学生发展的实际出发、从学生的身体状况出发，选择最适应学生实际情况、选择最能促进学生对教学技能掌握的教学方法。

（四）根据教师自身的情况选择教学方法

教师是教学方法的实施者，任何一种教学方法只有和教师的自身特点紧密结合时，才能取得理想的效果。有的教学方法虽然能够达到很好的教学效果，但是如果教师的自身素质较低，无法很好地驾驭教学方法，也不能有效提高体育教学质量。

因此，教师的自身素养对体育教学的方法也有较大影响。比如，有的教师的思维能力和语言表达能力较强，就应该多使用生动的语言描述体育教学的现状和问题；身体形象和运动技能较强的体育教师，就可以多采用一些演示和示范性的教学方法，在传授教学内容的同时，提高学生的学习兴趣，从而让学生更好地理解体育知识和技能。

(五)根据教学方法的使用范围选择教学方法

体育教学方法十分丰富，这主要是因为每一种体育教学方法都有自身的特点，有其所使用的范围和条件。在教学过程中，教师对每一种教学方法的功能和适用范围是否具有深刻的了解，选择的教学方法是否能达到理想的教学效果，教学方法所需的条件是否具备等都会影响教学效果。离开了上述条件，任何一种教学方法都无法得到更好的实施。如领会教学法适用于对高年级的学生进行教学，而不适用于对低年级的学生进行教学，因为高年级的学生的认知能力已经趋于成熟的水平，低年级的学生的认知能力和思维能力都尚未充分发展。由此可见，在教学的过程中，应该根据教学方法使用的范围选择合理的教学方法。

(六)根据教学时间和效率选用教学方法

每一种教学任务的教学时间和效率是不同的，如实践法比讲解法花费时间，分解教学的方法比完整教学法更花费时间。针对一些技能和技术的问题的时候，实践法比讲解法的效率更高。所以，在选择教学方法的时候，也要相应地考虑每一种教学方法的教学时间的长短和效率的高低。一种合适的教学方法应该保证时间和效率上的完美结合，能保证在规定的时间内，完成指定的教学任务，并取得理想的教学效果。这就要求体育教师要对体育教学的方法有着全面的掌握和了解，从而选择一些既省时又有效的教学方法，以达到教学效果的最优化。

三、正确或者错误地选择体育教学方法的实例与分析

选择正确的体育教学方法，能够促进体育教学目标的实现，提高体育教学的质量；选择错误的体育教学方法，则会起到相反的效果。下面我们将根据自己多年的教学经验，介绍选择体育教学方法时的几个实例，帮助教学工作者认识到正确进行体育教学方法选择的重要性。

（一）正确选用体育教学方法的实例与分析

案例一：

某中学的体育教师人很聪明灵活，个人身形和体育运动技能都较好，特别是体操技能非常突出，音乐、舞蹈的节奏感和组织能力也很强。他在对学生进行体育教学的时候，无论是在讲解还是在示范环节，经常利用各种节奏感很强的口哨和肢体动作帮助学生学习，而且在教学的过程中教学形式多样有趣并且组织非常严密。很多学生在学习的时候，受到他的感染，认真听讲并积极学习各种技能，教学效果尤为突出。

案例二：

某特级教师，头脑很灵活，热爱学生和体育教学事业，虽然体育运动运动技能一般，但是语言表达能力极强，讲起课来声情并茂，善于了解学生，同时具有很强的教学组织能力。他在教学的时候，常常用创新的思维对学生进行知识和技能的教授，在教学的过程中，语言生动有趣，能不断地激发学生的兴趣。而且，在讲解的时候也能贯穿教学的各个环节，有效调动学生的学习热情，提高教学质量。

案例三：

某体育教师，情商很高，聪明灵活，虽然体育技能一般，但是其模仿、舞蹈以及语言表达能力较强，反应很快，教学组织能力很强。他在教学中多运用故事化、情景化的教学方式，讲解时语言生动活泼，并且非常形象，能够充分地调动学生的学习兴趣，激发学生学习的主动性，从而提高教学的质量。

分析：

从以上几种实例可以看出：这些教师之所以能够提高教学质量，是因为他们都能够根据自身的特点和教学的环境选择科学的教学方法，尤其是他们能够根据自己的能力和特长选择教学方法，从而有利于提高学生的学习积极性，提升教学效率。

（二）错误选择体育教学方法的实例与分析

案例一：

某省一位体育教师语言表达能力较弱，在一次五年级的体育公开课上有个小游戏，为了带动学习气氛，他给每一位学生都发了一张动物的卡片贴在学生的胸口，并且在自己胸口也贴了一张小兔子的卡片，然后改变自己的讲话方式，用嗲嗲的声音和学生说话。学生看到自己的体育教师用这样的语气和自己说话，受到了感染，也都是用嗲嗲的语气讲话。顿时，课堂上乱作一团。

分析：

这位教师在教学的过程中，没有根据学生的特点使用合适的教学方法。小学五年级的学生，无论是身体的发育还是心智的发育都已经趋于成熟的水平，不属于小孩子的范畴。教师在教学的过程中，用这样的教学方式，是不符合学生的心理特征的，甚至会引起他们的反感，不利于教学活动的开展。

案例二：

某中学的一位体育教师，在向初一的学生进行排球课程的教学时，所讲授的内容是下手发球。由于学生对下手发球的知识了解不够，因此在教学的时候采用分解教学的方法更能达到教学效果。但是该教师只是进行简单的讲解，并很连贯地进行下手发球动作的示范，然后就要求学生分成两队，进行排球发球的练习。但是练习了一节课的时间之后，发球成功的学生依然寥寥无几。经过多次的失败之后，很多学生对排球的学习失去了兴趣，在练习的时候，也只是简单地应付教师所布置的任务，没能真正地学会排球发球的动作和技巧。

分析：

这位体育教师的这种体育教学方法是错误的，学生对排球的发球动作并不熟悉，但是在教学的过程中该教师却没有针对发球技巧进行分解训练，这样对学生而言，一方面加大了学生接受的难度，另一方面也增加了学生对排球发球动作学习的挫败感。类似于这种对专业要求较为严格的体育动作而言，要充分考虑学生的实际，选用分解法对学生进行技术动作的教授。

四、体育教学方法选择和应用的原则

体育教学方法作为体育教师在教学过程中的工具，发挥着非常重要的作用。再加上新课程对体育教学的要求，使得体育教学法逐渐受到越来越多的体育教学工作者的重视。但是体育教学方法的选择并不是盲目的，我们通过对体育教学的研究得出，体育教学方法的选择和应用应该严格遵守以下四个基本原则。

（一）目标性

教学方法是为实现教学目标而服务的，教学目标为教学方法的选择提供参考依据，教学方法又促进了教学目标的实现。因此，在进行教学方法的选择和运用时，一定要保证教学方法的目标性。所以我们在选择和运用教学方法的时候，首先应该清楚其教学目标是什么，然后再去思考如何才能应用这种教学方法完成教学目标。只有保证教学方法具有目标性，才能保证教学的质量，顺利完成教学任务。

（二）有效性

我们在选择教学方法的时候，还要考虑其在教学目标完成中的有效性，实际上就是指利用这种教学方法提高教学质量，顺利完成教学目标的可能性。有些教学方法由于其所涉及的步骤较为复杂，所花费的时间过长，就会对其他的教学内容造成干扰，降低教学的效率，那么这种教学方法就失去了在教学中的有效性，不利于教学活动的顺利进行。如教师在进行跑步训练的时候，采用的是多媒体教学法和实践训练相结合的教学方法。但是由于跑步是一项较为简单的运动，仅仅需要理论结合实践的教学方法就能完成，不需要多媒体教学法。因此，采用多媒体和实践两种教学方法相结合的时候，就会降低两种教学方法的有效性。

（三）适宜性

每一种体育教学方法都有其相适应的教学环境和对象群体。所谓的适宜性可以分为两个方面进行论述：第一是指教学方法和学生之间的适宜性，主要指教学方法是否符合学生的身心发展的特点；第二是指教学方法和教师之间的适应性，每一种教学方法对教师的自身素质都有要求，只有两者相适应，才能最大限度地发挥教学的优势。如在对低年级的学生进行教学的时候，就应该选择一些与该学段的学生的认知能力和身体发展状况贴合较为紧密的教学方法，如讲解法、示范法等。

（四）多样化

体育是一门较为复杂的学科，体育教学方法也十分丰富，每一种教学方法都有其相对应的功能和作用，只有多种方法相互结合才能发挥体育教学的优势。多样化的教学方法不仅可以让体育课堂更加生动和丰满，而且还能调节课堂的气氛，激发学生的学习热情和主观能动性，使学生集中注意力，实现教学效果，提高教学质量。

以上四种体育教学方法选择的基本原则，是根据体育教学的特点和多年对体育教学的研究总结的，是选择体育教学方法、提高体育教学质量的基础。

第四章　体育教学设计

第一节　体育教学设计的基本知识

一、体育教学设计的概念

体育教学设计实际上就是整个体育教学系统的设计，是面向整个体育教学系统，以解决体育教学中存在的问题为主要目标的一种特殊的设计活动。它属于设计学的范畴，但是又要保证在设计的过程中遵循体育教学规律。[①]

体育教学是在体育教师的指导、维持下，促进学生体育学习的所有行为方式的总和。体育教师的主要行为包括教学过程中的示范，教学过程中的鼓励、激发、引导的教学行为以及对课堂的管理和组织。体育教师在教学的过程中，通过这些行为活动，有计划地组织学生获得所需掌握的体育相关知识和技能，促进学生道德品质和世界观的发展和形成。因此，体育教学是一个系统且全面的教学过程。因此，在实施体育教学前，为了保证教学目标顺利的实现，教师首先要对教学过程进行全面的思考和安排：如何促进学生更好地掌握所教授的知识？怎样对教学内容进行整合和梳理？要达到什么样的教学程度？

通过上述对体育教学的特点的分析可以看出，体育教学设计是指以人体运动的理论、体育心理学理论、体育教学论、学习理论、传播理论等与体育和教学相关的理论体系和技术为基础，运用系统的方法辩证性地分析体育教学过程中产生的问题，了解体育教学的内容和学生的特点，从而确定相应的体育教学目标，设计解决体育教学过程中出现问题的基本方案，评析体育教学的结果等过程。因此，体育教学强调的是用现存的体育教学规律，创造性地解决体育教学过程中存在的问题。

二、体育教学设计的特点

体育教学设计与体育教学理论，如体育教学论、体育教学法、体育教师的教案，它们之间既有区别又有联系。体育教学论强调的是教学过程中的教学目标、任务、

[①] 杨雪芹，赵泽顺.体育教学设计 [M].桂林：广西师范大学出版社，2014：15-25.

作用、原则相关的一些理论知识，为教学设计提供了理论指导；体育教学法侧重的是对体育教学方法展开的细致和深入的研究，为体育教学设计提供了科学的教学方法的参考依据；教学方案是以课时为单位的教学实施方案，是教师教学的参考，是体育教学的重要依据，体育教案是教学设计中的一部分。

体育教学设计主要具有以下几个方面的特点：

（一）体育教学设计的系统性

体育教学设计要求在分析论证所存在的教学问题的基础上，设定体育教学的目标，然后根据体育教学目标设计体育教学的环节，从而保证教学目标、教学策略和教学评价三者的一致性。体育教学的系统性还表现在体育教学设计是从体育教学的整体功能出发，在教学的过程中，每一个教学环节之间都是相辅相成、相互促进的，它有利于提高体育教学的整体效应，并能够保证体育教学整体上的系统性，促进体育教学效果的最优化。

（二）体育教学设计的灵活性

虽然体育教学设计的过程有一定的模式，需要在教学的过程中按照教学规律和既定的流程进行，但是，在进行体育教学的实际设计时，由于某种不确定因素的出现，使得教学难以按照实际的流程进行，有时候不可能完成设计中规定的所有步骤。例如，在进行教学设计的时候，需要对教学过程进行学习分析，但是在我国中小学开展的体育教育中，体育教学属于基础教育，是由国家教育决策部门按照国家开展体育教学的目标，统一制定的体育教学的课程标准，因此，中小学在进行教学设计的时候，就不需要到社会上进行需要分析。

在进行教学设计的时候，应该根据不同的情况和要求，根据对体育教学情况和特点的分析，灵活地决定在进行体育教学的过程中从何处着手教学工作。这样不仅可以保证体育教学设计的科学性和实用性，同时还能略去一些不必要开展的工作，提高体育教学的效率。

（三）体育教学设计的科学性

体育教学设计是保证体育教学顺利开展的前提条件，再加上目前人们尤为重视体育的终身化，而体育教学又是通过人体的肌肉群的运动，促进学生心理不断地成长和变化，最终实现教学目标。因此，体育教学设计是一门科学，其核心在于教学设计中相关步骤和内容的真实性和科学性。

体育教学设计的科学性的具体表现为：第一，体育教学设计是建立在人体生理学、运动学、保健学以及心理学等学科的基础上确立的，因此体育教学具有科学性；第二，体育教学设计遵循的是学生的兴趣特点和教学过程的基本规律；第三，体育教学设计以实际教学为依据，科学地选择体育教学的目标、内容，制定针对性的教学步骤；第四，体育教学设计科学地运用了系统的方法，对体育教学要素之间进行了分析和策划。

（四）体育教学设计的艺术性

教师在进行体育教学设计的过程中，需要根据体育教学内容的特点、学生身心发展特点、教学目标，并且依托不同的教学环境，将自己的教学经验和对体育教学的独特见解融入其中。这使得教学方案具有新颖性、创造性、层次性，并且能够促进教学目标的完成。这样的教学设计能够给人以美的享受，在教学的过程中能够激发学生的学习兴趣，充分调动学生的学习积极性，培养学生的审美价值、心理素质和身体素质，这是体育教学设计艺术性的根本表现。

综上所述，体育教学设计具有系统性、灵活性、科学性和艺术性等特点，以这些特点为设计目标能够保证在进行教学设计的同时，以科学的理论为指导，以系统性为教学设计的基础，不断提高体育教学设计的水平，充分发挥体育教学设计的灵活性和艺术性，不断地创造，最终成为一个完善的体育教学设计。

三、体育教学设计的基本理念

受传统体育教学方法的影响，很多体育教师已经习惯了"讲解—示范—模仿—练习"这一体育教学方法。但是这种教学方法主要是以教师为主体，忽视了学生的主体作用，因此知识的传授过程较为呆板，学生在学习的过程中容易产生枯燥乏味之感。这样机械式的教学过程，不仅会造成学生身体上的疲劳，同时还会使学生产生焦虑、烦躁、痛苦的情绪。随着教学改革的不断深入，体育教学也处在一个改革的时期，新的课程标准确立了新的体育教学理念，强调要尊重教师和学生对教学内容的选择，关注教学方式的选择，注重教学评价的多样性，促进学生体育锻炼习惯的养成。

现代教学理论表明，任何一种教育主要的表现形式都是教学活动，体育教学活动较其他教学活动而言，具有很大的特殊性，不经过亲身的参与和练习，仅仅依靠书本和别人的演示，是不可能达到很好的教学效果。我国《体育课程标准》中指出，体育教学的基本理念是："动手实践、自主探索与合作交流是学生学习体育教学的重要方式。"在体育教学活动中，教师应该对教学相关因素进行严密的分析，鼓励学生积极参与、思考和练习，从而培养全面发展的综合素质人才，促进学生整体素质的提高。

随着体育教学目标和要求的不断改善，教师在进行体育教学设计的时候，也应该以教学目标为前提，更新教学设计理念，保证教学设计符合现代教学目标的需要。我们通过对我国体育教学的分析和研究，将体育教学的设计理念整合如下：

(一) 创设游戏情境，激发学生的学习兴趣

任何阶段的学生都具备好奇、追求趣味的心理，在体育教学的过程中，教师如果根据教学的目标、学生特点、教学内容创设合适的体育情境，并且以游戏或比赛的形式呈现教学内容，就可以培养学生的学习兴趣，活跃学生的主观创造性，丰富学生的精神生活，从而促进学生主动学习。例如教师在向学生传授篮球知识和技能的时候，可以将学生按照篮球运动的规则分成两组，以比赛的形式让学生练习，这样不仅能够吸引学生的注意力，同时还能激发学生的兴趣，通过激烈的比赛，使学生处于兴奋的状态。在这样愉快的氛围中，学生便轻松地获取了知识。这不仅提高了学生的学习热情，还有利于教学效果的实现。这样的教学方式，为教学过程注入了很多新鲜元素，激发了学生的兴趣，使学生能够主动地参与到教学活动中去。因此，在教学设计的过程中，教师要注重创设游戏情境，激发学生的学习兴趣。

(二) 创设操作情境，培养学生的自主能力

学习是学生取得知识和技能的过程。在教学的过程中，要让学生学会学习，就要按照学生的思维和认知的发展规律组织教学。现代的教育理论强调：要让学生参与到教学中，而不是做一个学习的"目击者"。因此，在对学生进行体育教学时，必须提高学生的积极性，提高学生的参与性，这样才能将学生推到主体的地位上，在教学中充分地调动学生的积极性，培养学生的主观能动性，更有利于学生对相关教学知识和技能的掌握。例如在向学生介绍某一运动的规则时，如果用传统的教学方式，教师讲授学生记忆的方法，学生很难掌握所有的规则。但是如果在比赛的过程中让每一位参赛的队员记住比赛规则，场外的队员做裁判；或是通过一些视频向学生讲解此运动的规则，那么就会取得事半功倍的效果。因为在这种教学的过程中，学生会不由自主地置身其中，将每一种规则与运动的步骤紧密联系起来，这就增加了知识之间的紧密性，便于对相关教学内容的掌握。因此，在教学的过程中，教师要注重创设操作情境，培养学生的自主学习能力。

(三) 创设问题情境，培养学生的探索能力

教学的过程实际上就是师生之间合作展开探索活动、共同发现教学中的问题、创设问题的解决方案，最终得出解决问题的途径。因此，我们在教学的过程中，要

善于从教学中涉及的新知识中发现问题，并通过一系列问题情境的创设，将学习过程中新旧知识之间的矛盾展现在学生面前，让学生自主意识到问题的存在，从而激发学生解决问题的动力，促进他们积极主动地参与到问题的讨论和探索的行列，从而促使学生在探索的过程中不断地发现问题、解决问题，提高他们对体育学习的认识，从而增强他们学习的积极性。如在教授学生立定跳远的知识时，教师先向学生抛设一些问题：青蛙是怎样起跳的？青蛙落地式的姿势又是怎样的？让学生首先模仿青蛙的姿势立定跳远，然后选择部分学生发表自己尝试后的感想。这样通过层层的问题切入的教学方法，有利于激发学生探索的兴趣和欲望，增强学生的学习动机，促进学生对学习方法的探索。因此，创设问题情境，能够培养学生的探索能力。

(四) 创设交流情境，培养学生的合作精神

小组合作学习是活动教学中的一种有效的形式，它既能激发学生的参与热情，全面地照顾到每一个学生；又有利于加强学生之间的交流，使得学生能够学习别人的长处和优点。同时通过小组活动的开展，可以培养学生的合作精神和集体精神。因此在教学的过程中，为了保证教学的有效性，要按照教学的内容和特点，有计划地组织学生进行讨论，为他们提供交流的环境，培养他们独立思考的习惯，营造表现自己、发展个性的环境。比如，在教授学生跳远腾空的动作时，对学生进行分组，让学生自由讨论，由学生在合作的过程中互相启发，形成最佳的思路和方法。用这样的教学方法，不仅能促使个人的思维在集体智慧上得到发展，而且在活动的过程中，学生之间的交流和讨论形成了集体的凝聚力，提高了学生的人际交流能力；并且在活动的过程中，能够激发学生的集体荣誉感，使学生在合作的过程中积极地动手、动脑，促进学生的综合素质和教学效果的提高。因此，在进行体育教学设计的时候，要合理地创设交流情境，培养学生的合作精神。

(五) 创设生活情境，培养学生的实践能力

在前面关于体育教学的概述中，我们已经介绍体育起源于人们日常生活，是人们生活中的一部分。可以说体育情境源于生活，也可以说，生活中处处充满体育。因此教师在进行体育教学设计的过程中，也要秉承着促进两者之间相互融合的原则，让体育贴近生活，这样能使体育教学生活化，易于学生理解和接受，同时也有利于学生发现体育教学的价值，增强学生对体育知识和技能的认识，提高学生的实践能力。因此，在对体育进行教学设计的时候，要尽量创设生活的情境，让学生体验生活原型，再现生活的事实，激发学生的学习热情。如在向学生讲授投掷实心铅球的时候，教师首先可以让学生分别模仿在日常生活中如何将一个很重的物体扔出去，

然后由教师纠正学生投掷时的标准和规范，然后让学生按照纠正后的知识进行空手演练。通过这一生活情境的讲述，可以消除孩子们对新知识的紧张感，使学生们兴致勃勃地参加到投掷实心球的练习中来，并且通过练习形成正确的用力方法，形成正确的投掷姿势。同时让学生深刻认识到学习到的东西能在生活中发挥作用，培养学生对体育价值的认识，增强学生在生活中用体育知识解决实际问题的意识。因此，教师在进行教学设计的时候，要注重创设生活的情境，培养学生的生活实践能力。

第二节 体育教学设计的基本原则

在进行体育教学设计和各种计划撰写时，不仅要依据课程标准、学情、体育教材，还要根据教师水平、教学环境以及教育教学思想与理念变化等因素的影响，充分发挥出自己的主观能动性，并体现出教师的主导作用，突出"学生学习主体"的地位。按照体育新课程标准的基本理念，主要有以下体育教学设计和教学计划撰写原则。[①]

一、学生中心原则

明确"以学生发展为中心"观点，这对于教学设计有至关重要的指导意义。

因为从"以学生发展为中心"出发还是从"以教师为中心"出发将得出两种全然不同的设计结果。以学生发展为中心的教学设计必须从以下三个方面努力：

一是在学习过程中充分发挥学生的主动性，要能体现出学生的首创精神。

二是给学生多种机会，使得学生在不同情境中应用所学知识和技能（将知识"外化"）。

三是让学生根据自身行动的反馈信息，形成对客观事物的认识和解决实际问题的方案。

而在实施时，应考虑学生现有的知识和经验，考虑学生的生理和心理发展水平。了解学生，尊重学生，建立平等、民主、和谐的课堂氛围，做到忠于教材和忠于学生的一致性。一句话，教师所做的一切都应为促进学生的有效发展服务。

实施这一原则，要做到以下两点：第一，要"因人制宜"。这里包括两方面的含义：一方面是针对不同的学校和班级，设计的起点和步幅应该不同；另一方面，要

---

① 张天成，张福兰. 中学体育教学设计 [M]. 成都：西南交通大学出版社，2018：13-18.

把对学情的研究作为教学设计的一项基础性工作。虽然教师都知道将学生的课堂表现、作业和考试作为了解学情的信息源，但普遍存在的现实是这项工作历来是很表面、很粗疏的。事实上导致同一个错误的结果可能出于不同原因，这些从表面上往往是看不出来的，必须通过个案调查才能明白。第二，要注意因材制宜。不同内容的教材，学生接受的方式不同。全新内容的学习，由于缺乏必要的基础知识，教学设计应提供比较充分的直观背景材料，启发学生观察、比较、分析，师生共同归纳以使学生抓住要领。有一定实践基础的内容，学生已基本具备了自行认知这些新知识的能力，设计时可按自学或探究的方式构思。

二、全体发展原则

全体发展原则就是在体育教学设计中要"关注个体差异与不同需求，确保每个学生受益"。在撰写体育教学设计和计划时，教师无论从教材选择、方法使用、组织形式上都要照顾到全体学生，要在考虑多数学生的同时，兼顾到尖子生"吃不饱"的问题，为尖子生提出更高的目标和要求；更要考虑到后进生"吃不了"的问题，适当降低目标和要求，使他们也能获得超越自我的快乐感和成功感。所以，全体发展原则要求教师注意对学生进行分层教学，这样才更有利于不同水平的学生在学习中得到适合个体特点的学习效果。

三、快乐体育原则

快乐体育原则就是在体育教学设计中要注意"激发运动兴趣，培养学生终身体育的意识"。在体育教学设计和计划撰写时，教师所选择的教材、教法、学法和组织形式必须有利于激发学生的学习兴趣，使学生在练习中能体验到运动的快乐，并借此培养学生终身体育的意识。学生的体育运动兴趣决定着学生对体育运动的注意方向，并在很大程度上决定着学生的体育学习行为取向，从而成为学生决定体育学习的原动力。体育教学设计和计划撰写就要充分考虑学生的运动兴趣、需求和能力的实际，从学生实际出发，精选教学内容和教材、指导方法和学练方法，精心设置能达成快乐体育目标的教学情境。

四、健康第一原则

健康第一原则就是在体育教学设计中要"坚持健康第一的指导思想，促进学生健康成长"。健康第一的观点包含了身体健康和心理健康，而且要做到健康第一就必须讲究体育教学的实效性和德育性。

实效性就是体育教学的最终实施必须从实际出发，要考虑教学是否有利于教学任务的完成、学生是否适应、实际操作是否可行、不可行该如何应变等问题,并能通过综合评价反馈进行修正。富有实效性的体育教学必须适合学生的认知水平、技能基础、年龄特点和教学环境的特点,使学生能一听就懂、一看就会、一做就成。因为脱离学生实际和学校条件的体育教学必然导致体育教学效果的低下。

德育性就是体育教学必须考虑素质教育和学生心理健康教育的需要。素质教育要求学生的德、智、体、美全面发展,其中德育居首要地位。我们的理解是所谓德育即是"道德教育",而道德教育的主旨在于人道、品行、思想教育。在体育教学中有效渗透这些教育内容,才会真正潜移默化地把学生培养成为有人道思想的、品行端正的、富有正义的、热爱自然的、热爱社会的和对社会有所贡献的社会人。

在教学实践中,除了遵循以上原则以外,还应该考虑系统科学原则、教师主导原则、评价反馈原则等,只是这些原则或多或少地隐含在上述原则中或相比起来显得次要一些。

第三节 体育教学设计的内容和程序

了解了体育教学设计的基本原则,还需要掌握体育教学设计的内容和程序等相关知识,本节将对此进行详细的介绍。

一、内容分析与教学主题设计

这一步要解决的实际上是教师"教什么"以及学生"学什么"的问题。体育新课程中,教师的任务不仅是关心"如何教"的问题,而且应成为课程的创造者和主体,他们必须对给定的内容不断进行变革与创新。"教什么"与"学什么"也不能画上等号,学生对教师给出的学习内容可以有自己的理解和选择,从而转化为自己的课程,所以对教学内容的分析不仅仅是对教科书既定的学习内容的动作要点、重点难点进行分析,更重要的是教师必须根据本校的实际情况以及学生的经验对学习内容进行重新建构。教学主题设计则是在学习内容分析的基础上根据对技能本身的价值判断,设计出更具生活意义和生命价值的学习主题。例如,可以把跳高、跳远、跳山羊等技能结合在一起进行课堂教学设计,定名为"越过障碍"这一学习主题。

体育教学内容有一定的结构体系,有不同的层次。在体育教学设计领域,有时也将体育教学内容分为课程、单元和基础三个层次。课程就是一门独立的教学科目,它由若干个单元知识的组块构成,如篮球运动这门课程包括篮球运动概述、篮球基本技术、篮球基本战术、篮球规则等单元。每个单元又有若干知识点构成，如"篮球运动概述"这个单元包括篮球运动的起源、篮球运动发展历程、篮球运动特点、篮球运动的作用等内容。[①]

体育教学内容的各组成部分不是孤立存在的，相互之间具有一定的联系。体育教学内容内在联系的基本形式有：

一是序列联系，即体育教学内容各组成部分按某种次序排列，如篮球运动发展历程按年代先后排列，武术运动的基本手型和步型、基本功、基本动作与组合、套路则按学习顺序排列。

二是部分与整体联系，即体育教学内容的一个方面是另一方面的构成要素，如个人有球技术和个人无球技术是篮球个人技术的两方面内容，而个人有球技术又有运球、传接、投篮等技术。

实际上，许多体育教学内容的各组成部分之间的联系是综合性的。分析体育教学内容是对学生起始能力变化为终点所需要的知识和技能，及其上下、左右关系进行详细剖析的过程。

体育教学内容分析以通过学习需要分析所确定的教学目的为依据，包括两个基本方面的工作：

首先是选择体育教学内容，确定其广度与深度。体育教学内容的广度指学生必须达到的知识和技能的范围；深度指学生必须达到的知识深浅与技能水平。

其次是揭示体育教学内容各部分之间的联系，安排其呈现顺序。内容顺序指根据知识技能的内在逻辑和学生的心理活动特点而安排的体育教学内容序列。

二、学生情况分析

为了实现体育教学目的和满足学生需要，仅对体育教学内容的分析是不够的，还应该对体育教学对象即学生有个客观的、正确的分析。因为一切体育教学活动只有从学生的实际出发才能成功和优化。通过对学生情况的分析，了解学生的准备情况和学习风格，为体育教学内容的选择和组织、体育教学目标的编制、体育教学活动的设计、体育教学方法和媒体的选用提供可靠的依据。分析体育教学对象的目的是了解学生的学习准备状况及其特点，为后续体育教学设计步骤提供一个重要依据。

对学生的分析是建立以学生为主体的体育课堂教学的前提。对学生的分析，一是要分析学生的需求状况，解决教师"为何教"、学生"为何学"的问题；二是要分析学生的技能学习基础和学习能力，为"如何教"寻求共性的实践依据；三是要分

---

① 舒盛芳，高学民．体育教学设计[M]．上海：复旦大学出版社，2013：10-12.

析学生的差异状况，为可能采用的个性化教学指导提供设计依据。

（一）学生起点能力的分析

体育教学前必须明确体育教学目标，了解学生原来具有的学习准备状态。体育教学目标是目的地，学生的起点能力是体育教学的出发点。学生起点能力的分析就是要确定体育教学的出发点。起点能力一般是指学生对从事科学的学习已具备的有关知识、技能的基础，以及对有关学习内容的认识与态度。对体育教师而言，称作体育教学的起点。

准确地确定学生的学习起点，在一定程度上能提高体育教学效率，收到良好的体育教学效果。

1. 学生知识起点能力的分析

当学生把教学内容与自己的认知结构联系起来时，意义学习便发生了。所以，影响体育课堂教学中意义学习的最重要的因素是学生的认知结构。由于学习上的差异，每个学生绘制的概念图也各不相同。体育教学就是不断地完善这个概念图的过程。为了准确地把握学生现在具备了哪些知识，可让学生编制某一学科的概念图，然后据此判断学生掌握知识的水平，即原来具有认知结构的状态。绘制概念图的基本步骤如下：

步骤1：确定已学内容中的概念。让学生根据已学过的体育知识内容，利用关键概念，列出概念一览表。

步骤2：将概念符号排序。从最一般的、最广泛的概念开始排列，一直排列到最具体、最狭窄的概念。

步骤3：按金字塔结构，将所列的概念排列。一般的概念置于顶端，具体的概念按顺序放在较低的层次上。

步骤4：确定各概念之间的关系。在每一对概念间画一条线，并选定符号，表示两概念的关系。随着认识的深化，学生对概念之间的关系可能会有新的认识。所以，线条可改动。

步骤5：找出图中不同部分概念之间的关系。在图上标出交叉的连接线。

步骤6：经过一段时间的学习后，重新考虑和绘制概念图。

2. 学生技能起点能力的分析

加涅和布里格斯等人提出的"技能先决条件"的分析方法，是对学生技能起点能力进行分析判断的常用方法。这种方法是从终点能力着手，逐步分析达到终点能力所需要的从属知识和技能，一层一层分析下去，直到能够判断从属技能确实被学生所掌握。体育教学设计者可通过学生能否完成这些最简单的技能，来判断学生技能起点能力水平。

也可通过测试，了解学生的掌握程度，并据此确定学生的技能起点水平和体育教学的起点。"起点能力"具有动态性质。有时，它主要包括学习新知识所必须具备的旧知识；有时，它可能包括了体育教学目标中要求学生掌握的"新知识"。

3. 学生态度起点能力的分析

态度往往表现为趋向与回避、喜爱与厌恶、接受与排斥等。态度是特定情况下以特定方式反映的内部准备状态。态度并不决定特定的行为，态度在不同程度上决定个人的一定类型的行为。所以态度是习得的、影响个人对特定对象做出行为选择的有组织的内部准备状态或反应的倾向性。

一般说来，态度包括：认知成分（与表达情境和态度对象之间关系的概念或命题有关）；情感成分（与伴随于概念或命题的情绪或情感有关，被认为是态度的核心部分）；行为倾向成分（与行为的预先安排或准备有关）。同时态度受到情感、认知和行为倾向各成分之间关系的影响。

(二) 学生一般特点的分析

学生的起点能力是体育教学的起点，对体育教学将产生直接的影响。学生的一般特点将对体育教学产生间接的影响。皮亚杰的认知发展阶段学说对了解学生的一般特点具有重要的指导意义。他把儿童的心理发展分为四个阶段：

第一阶段：感觉运动阶段（0~2岁），这个阶段是婴幼儿感知觉相运动协调发展的阶段。

第二阶段：前运算阶段（2~7岁），在这一发展阶段中，儿童的头脑中有了事物的表象，而且能够用词代表头脑中的表象。他们能够进行初级的想象，能使用和理解初级概念及其相互之间的关系。初级概念是指儿童从具体经验中习得的概念。因此，他们能够设想过去和未来的事物。在他们的认知结构中，知觉成分占优势，能进行直觉思维和逻辑思维。

第二阶段：具体运算阶段（7~12岁），这个阶段儿童的思维有了质的变化，不像前运算阶段，单凭知觉表象考虑问题，而能够进行逻辑推理或逻辑转换。他们进行推理或转换的对象还只是具体的材料或客体，而不是抽象的命题。他们需要实际经验作为支柱，需要借助具体形象的支持，才能解决问题。

第四阶段：形式运算阶段（12~15岁），随着认知发展从具体向抽象过渡，日趋成熟的儿童逐渐摆脱了具体经验的支持，能够理解并使用相互关联的抽象概念。

体育教学设计中，必须将具体的事物作为认识抽象事物的基础，引导学生的思维逐渐向抽象的逻辑思维过渡。可见，了解学生的年龄特征有助于体育学习内容的确定，有助于体育教学策略、体育教学媒体的选用。各阶段出现的一般年龄特征，虽然因个人智慧程度、社会环境的不同，可能会有差异，但是各个阶段出现的先后顺序不会改变。而且各个阶段作为一个整体结构，它们之间的先后顺序不能彼此调换。

三、教学目标的设计

体育教学目标的设计是建立在充分认识技能的教育价值基础上的。因此，体育教学目标就不仅仅是指学生技能本身的学习结果，更要关注学习过程，能较准确地描述出学生在具体的学习行为后，在情感、态度、价值观以及能力与个性等方面的发展变化。明确具体的教学目标有利于教学策略的制定和教学媒体的选择，同时也为教学评价提供依据。因此，体育教学的目标在表述上至少应包括三个部分：一是说明在教学中确定的技能和行为；二是说明学生完成任务时所允许的条件；三是提出评价学生达成目标的标准，笼统含糊的目标是没有实际意义的。

（一）体育教学目标的分类

体育教学和其他学科一样是学校教育活动的一个重要组成部分。体育教学目标作为规定体育教学方向重要指标体系，已受到高度重视，形成了较为成熟和完善的理论体系，并将其进行教学目标分类，如表4-1所示：

表4–1　体育教学三领域

三领域水平及结果类型		含义
认知领域	记忆	能记忆、记住动作要领、轮廓和有关知识
	理解	能理解动作要领和有关知识 将有关知识从一种形式转化成另一种形式
	简单应用	将已知的有关多种知识应用到教材中去，解决简单问题
	复杂应用	运用已知的多种知识解决复杂问题
技能技术领域	体验	通过看、听、试、做感知某个动作
	模仿	能按照图片、示范等正确动作做练习
	组合	能将单个或分解的正确动作做练习
	协调	能正确熟练地完成动作
	自动化	能准确自如地做完整动作

续表

三领域水平及结果类型		含义
情感领域	接受	1. 被迫接受指令；2. 愿意接受指令；3. 愿意做出反应，给予配合
	兴趣	1. 感到欣慰；2. 产生好感，形成观点、立场
	自觉表现	由倾向、爱好、观点、立场内化为个性品格，经常自觉表现

（二）体育教学目标的表述

体育教学目标的表述如下：

1. 体育教学目标的表述要求

一是体育教学目标尽可能用明确的语言来表述，不仅教师能理解，学生也要理解，避免用含糊不清的语言陈述目标，以免不同人对目标产生不同的理解。

二是体育教学目标要陈述学生通过体育教学活动后的变化，如行为变化和情感变化，避免用"教师行为"代替"学生行为"，造成评价体育教学效果的依据不确定。

三是体育教学目标尽可能反映不同层次学生的需要，不要因目标的陈述而限制了体育教师教学的灵活性，限制了学生的发展。

2. 体育教学目标的表述

不同层级的体育教学目标，其表述方式也略有不同。一般来说，学段和学年体育教学目标的表述相对抽象，陈述也较为宽泛，它们是指定单元目标和课时目标的依据。单元教学目标要稍具体些，它要根据前一单元的学习领域和学生的发展状况，用行为目标的形式把宽泛的目标分解得更加具体。可是目标要分解到可操作的程度，需通常与具体的情境联系在一起，并对目标的行为结果给予明确界定。

如何清晰、准确、具体地表述课时体育教学目标，是体育教学目标设计中的一个关键问题。按照泰勒的观点，教学目标必须指明教学结束后学生身上所发生的变化。目标的表述也应有助于选择学习经验和指导教学。他指出，人们在实践中往往容易犯这样的错误：（1）把目标作为教师要做的事来陈述，却没有陈述期望学生发生什么变化；（2）列举教学所涉及的各个要素，却没有具体说明希望学生如何处理这些因素；（3）采用过于概括化的方式来陈述目标，却没有具体指出这种行为所能适应的领域。泰勒认为，陈述目标的最有效形式，是既指出要使学生养成的哪种行为，又言明这种行为能被运用的生活领域或内容。

体育教学目标的表述方式是可以选择的，教师可以根据教学的实际需要，选择相应的体育教学目标、内容以及不同的陈述方式。

四、教学策略的设计

设计教学策略就是解决教师"如何教"、学生"如何学"的问题，其中"学"是"教"的前提和依据，没有"学"的"教"是没有意义的。在新课程理念下，所设计的体育教学策略应实现下列三个方面的转变：一是学习方式上，应从以机械性的模仿练习为主要特征的接受式教学向以自主体验、互助交往和创新为主要特征的探究式学习转变；二是教学呈现方式上，要从以规范动作的讲解示范为主要形式的定论呈现向以学生体验、感悟为主要形式的间接呈现方式转变；三是师生互动方式上，由传统的教师教、学生学的单向传递活动转变为师生双方相互交流，相互沟通，教学相长，共同发展。

制定体育教学策略的依据：

（一）从体育教学目标出发

体育教学策略是完成特定体育教学目标的方式，就应当选择能实现这个体育教学目标的教学策略。

（二）依据学习和教学理论

体育教学策略是保证教学成功，促进学习发生的方法。作为方法，应遵循学习规律和体育教学规律。

（三）符合体育学习内容

内容决定方式，体育教学策略就是完成体育教学内容的方式。

（四）符合教学对象的特点

不同的学生具有不同的学习风格。我们要采用符合学生特点的体育教学策略。

（五）考虑体育教师本身的条件

要采用体育教师能够驾驭的体育教学策略。有的体育教学策略虽然有效，但体育教师驾驭不了，仍发挥不了作用。

（六）考虑当地教学客观条件的可能性

体育教学策略的实施要受到条件的制约，如体育教学设施条件等，所以，在制定体育教学策略时，要充分考虑现已具备的各种客观条件。

五、教学媒体的设计

体育教学中，最主要的教学媒体是场地器材，而对场地器材的合理布置与使用也是体育教师教学理念的具体体现之一。传统教学以规范的竞技技能学习为主要目标，场地器材往往以"规范"为基本原则。体育新课程以学生的发展为本，追求技能学习的育人价值，体现生活性、娱乐性的游戏和活动对场地器材的选择提出了新的要求，尤其是各种自制器材应得到有效开发，这些都是体育教学设计的基本组成部分。

体育教学媒体的特点：

(一)视觉媒体的特点

视觉媒体包括印刷媒体和电子视觉媒体(投影、幻灯等)。印刷媒体具有可大量复制，可反复阅读，造价低，携带方便，容易保存等特点。电子视觉媒体的特点是能使学生观察静止状态下扩大了的动作图像；能将某些动作放大显示；放映时间不受限制，可长可短。

(二)听觉媒体的特点

录音可以长时间保存；可以根据需要反复播放，操作方便、简单；能将声音放大，扩大教学效果；传播信息迅速，不受时空限制；录音磁带可以长期保存。

(三)视听媒体的特点

视听媒体能同时给学生以视觉和听觉两方面的信息，能以活动的图像，逼真地、系统地呈现运动动作的过程；能调节动作所包含的时间要素，将缓慢的动作与快速的动作清楚地表现出来；能将动作放大或缩小。

(四)综合媒体的特点

综合媒体不仅能提供视觉、听觉刺激，还要求学生的部分器官始终接触媒体，根据需要不断做出反馈性操作；能在短时间内放出大量信息，提高教学效率；能从不同距离、不同角度显示动作；能表现运动动作的全景、远景。

六、教学过程的设计

教学过程的设计就是把体现教学的流程通过某种方式表示出来，具体描述出课堂教学的基本结构以及各个部分、各部分中各要素之间的相互关系，并设计出直观而具有交流价值的教学设计方案，一般的形式是教案。根据体育教学的不确定性特征，教学过程的个性化和多样化将取代传统体育教学的"三段式"课堂结构，以主题教学为主要形式的生活化的体育教学活动将在体育新课程教学中展现出独特的魅力。

对体育教学过程设计必须遵循一定的原则，才能起到良好的效果，否则不仅不能取得预期的效果，还有可能起到诸如打乱教学计划这样的负面作用。

体育教学过程的设计一般遵循以下几个基本原则：

（一）发挥教师主导作用原则

体育教师是教学信息的传递者。在传统的体育教学过程中，体育教师的主要任务是讲解，将知识传授给学生。随着现代科学技术在课堂教学上的应用，课堂教学改革的不断深入，教师的作用除了进行信息编码、讲解内容之外，最关键的是要在课堂教学中起主导作用，从单纯的知识讲解转变为引导学生掌握知识内容。事实上，体育教师的主导作用应体现为引导学生自行获取知识和培养能力，而不是灌输知识。

（二）学生为学习主体原则

学生是教学信息的接受者，是体育课堂教学活动的主体。在体育教学过程中，学生的主体作用体现在能充分发挥学生的学习积极性，让他们有更多的参与机会，并使体育教师与学生之间沟通交流，活跃师生之间的双边活动，真正做到动脑、动口、动手，使他们不仅"学会"，更重要的是"会学"，从被动接受知识变为主动获取知识。

（三）媒体优化原则

在设想如何运用体育教学媒体的时候，要考虑各种媒体的优化组合。就好比人体的各部分器官虽然分工明确，各司其职，但它们的功能是通过优化组合才得以充分发挥的。教学媒体系统功能的充分发挥也是通过多种媒体组合后形成的优化结构来实现的。各种体育教学媒体应"各施所长，互为补充，相辅相成"，形成优化的媒体组合系统。

（四）遵循学生认知规律原则

学生的认知规律和特点，取决于他们的年龄心理特征。年龄较小的学生，知识、经验少，感知能力差，依赖性比较强，无意注意占主导地位，以具体形象思维为主。随着年龄的不断增大，知识、经验增加了，感知能力提高了，能通过一定的意志努力，集中注意力参与学习活动，其思维也由具体思维过渡到抽象思维。在设计体育教学过程中，必须遵循这些认知规律，只有符合学生特有的认知要求，才能获得满意的效果。

(五) 体现体育教学方法原则

体育教学方法是体育教师和学生为共同实现体育教学目标而采取的方式。它包括体育教师教的行为和学生学的行为，两者相辅相成。具体来说，应该结合体育学科特点和学习内容、教学目标、学生的特点及选用媒体的特点选择相应体育教学方法。

七、教学评价的设计

教学评价的设计就是对教学活动中评价方案的设计。体育新课程注重发挥评价的激励和促进作用，评价重心从终结性评价逐渐转向更多关注学生学习活动的过程。体育教学设计应把教学过程中的教师评价、学生自评以及学生间的相互评价作为重要的设计内容，从而使教师在教学过程中更有效的把握评价环节，及时发现学生的进步，有效激励学生的学习，并对改进教学活动及时提供有效的信息。

(一) 体育教学评价分类

按评价分析方法的不同，体育教学评价划分为定性评价和定量评价。

1. 定性评价

定性评价是指以达到指标体系的基础上要求的程度或各种规范化行为的优劣程度来表达的标准，一般用评语或符号来表达。如在体育教学评价中，常用评语描述评价对象达到什么程度为好，什么程度为较好等。定性评价侧重于用分析和综合、比较和分类、归纳和演绎等方法对评价作"质"的分析。

2. 定量评价

定量评价是对评价资料做"量"的分析，是运用统计分析、多元分析等方法，对所获得的数据和资料做出定量结论的评价。如《学生体质健康标准》中，大学女生 1 分钟仰卧起坐的标准是 41 个以上为优秀，28～40 个为良好，20～27 个为及格，19 个以下为不及格。定量标准有利于提高评价结果的精确性和客观性。

（二）体育教学评价标准的表达方式

体育教学评价标准通常用评语式标准和期望行为式标准两种。

1. 评语式标准

常用的评语式标准是将末级指标按内涵分解成若干因素，每个因素都以评语式的语言叙述标准。它有多种形式，可归纳为分等评语式、期望评语式和积分评语式三种：

（1）分等评语式标准。采用分等评语式标准是指对每个末级指标列出各等级标准。如下面是某体育教师体育教学质量评价指标体系中的分等评语式标准。

优：内容准确，适量适度，重点突出，难点分散。

良：知识准确，适量，体现重点、难点。

一般：知识比较准确，有重点，有详细。

差：传授有误，重点、难点模糊，内容组织不合理。

（2）期望评语式标准。期望评语式标准是对体育教学评价指标体系的每项末级指标都以期望的最理想的要求拟定相应的标准，因此这种标准只给出最高等级的标准，其他等级的标准只能根据最高等级的标准推及，其分寸较难把握。

（3）积分评语式标准。积分评语式标准是把末级指标分解成若干要素（以评语的形式编写），赋值，每个评价对象在各要素上得分之和便是其总分。

2. 期望行为式标准

期望行为式标准是指将每个末级指标分解为若干行为因素，对每个行为因素选择一个具体的关键行为作为评价该行为因素的标准。

第四节　体育教学计划

体育教学计划是依据课程标准各学段学习领域目标和水平目标规定的活动或内容要求，结合学生身心特点和学校场地设备等实际情况制订的体育教学指导方案和体育教学过程实施方案，也是体育教学设计的具体表现形式，能够保证体育教学目标的完成，保证体育教学工作有序地进行，克服教学盲目性、片面性和随意性，提高教学质量。根据体育教学过程的五个层次，即学段体育教学过程、学年体育教学过程、学期体育教学过程、单元体育教学过程和课堂体育教学过程，将体育教学计划分成学段体育教学计划、学年体育教学计划、学期体育教学计划、单元体育教学计划和课时体育教学计划这五个层次的教学计划。[①]

这五个层次的体育教学计划互相联系、互相依托，构成了整个体育教学的教学计划体系。计划的制订是按学段体育教学计划、学年体育教学计划、学期体育教学计划、单元体育教学计划和课时体育教学计划的顺序制订的，每个上位计划都是下位计划制订的依据，计划逐步详细，直至具体的教学情景与场面。因此，每一个体育教师都应该掌控制订体育教学计划的技能和方法。

一、制订学段体育教学计划

学段体育教学计划是指以小学、初中、高中阶段或水平标准为单位，根据超学段体育教学计划，参考所选用的体育教科书，结合本学校体育的实际情况，将选定的体育教学内容根据教学时数合理地分配到各个学段的年级中，并进行相应的体育教学指导的方案。学段教学计划一般由各个学校具体制订。

（一）学段体育教学计划的特点

学段体育教学计划具有如下的特点：

1. 不同的单位划分特点

现在学段体育教学计划的划分有两种：一种是按年级分，如高中和大学；一种是按水平划分，如现在的九年义务教育（"水平一"相当于小学一、二年级，"水平二"相当于小学三、四年级等）。

2. 身心发育规律为主的特点

因为学段本身就是按身心发展阶段来划分的，因此学段的体育教学计划要更多地依据学生的身心发展特点来制订。

3. 关注学段衔接性特点

学段体育教学计划必须服从整个体育教学的目标，因此学段体育教学计划要注意上、下相衔接。

---

① 蔡金明.体育教学技能训练[M].哈尔滨：哈尔滨工业大学出版社，2017：75-58.

(二) 学段体育教学计划制订的基本方法与步骤

具体的方法与步骤如下:

1. 制定学段体育教学目标

根据《课程标准》提出的教学目标, 制订出各个方面的学段教学目标, 如制订技能的学段目标为: "精学 1 项运动技能" "粗略掌握 3 ~ 4 项较常见运动技能" "学习体育锻炼的原则和运动处方的方法" 等。

2. 选择和编排教学内容

学段的教学内容可根据学校的实际条件 (包括场地器材、体育传统项目等)、教师的实际情况、学生的兴趣等来选择, 然后将整个学段的体育教学内容, 按照大项 (如 "精学类" 或田径类) 并按照一定的排列理论分配到各个年级 (或水平) 当中。

3. 分配各个教学内容的教学课时数

体育教学课时数是国家确定的, 但分配体育教课时数则是各个学校根据某个教材的排列理论来确定的, 一般以多少周来表示, 但是分配时要留有余地。同时, 要确定各项教学内容在每个学年应安排多少周、占多少百分比, 从而弄清教学内容的主次。

二、制订学年体育教学计划

学年教学工作计划也称年度教学工作计划, 它是以年级为单位, 依据国家课程标准, 结合学校实际和学生年龄特点, 对全年教学内容和考核项目的规划, 是制订学期教学计划和其他教学计划的依据。

(一) 制订学年教学工作计划的思路

学年教学计划是依据课程标准各水平、各领域规定的活动和内容, 选定具体的教学内容, 并把这些教学内容合理地分配到两个学年中去。然后, 再根据学年授课周数、每周授课时数, 以及每年级的各项教材及其设定的课时比例, 合理地分配到两个学期中去, 并根据教材的性质、特点确定测试体能和动作技能的项目。

(二) 制订学年教学工作计划的主要任务

制订学年体育教学计划的主要任务是根据体育课程标准, 合理确定全年体育教学的主要内容、教学时数、考核方法及内容。

（三）制订学年教学工作计划的方法和步骤

具体的方法和步骤如下：

1. 根据教学计划，确定本学年每个学期实际上课时数

全年和学期的授课时数，主要根据学校教育计划的规定（按校历的周数）来确定。一般全年授课的周数以 32 周为宜，一学期实际上课定为 16 周，共 32 课时（每周以 2 学时计）或 48 学时（每周以 3 学时计）。

（1）确定全年教学时数

首先从该校教学计划中了解全年的教学时间为多少周，每周多少学时；按留有余地的精神，计算出全年的体育课时数：

全年体育课时数＝全年教学周数（留有余地）× 体育课的周学时数

（2）确定各项教材的时数比例

某项教材的时数比例＝全年教学时数 × 该项教材的时数比例。

2. 依据体育课程标准各级目标的含义和要求选定教学内容

课程标准的各级目标，是统领和选编各学段教学活动或内容的依据。因此在制订教学计划时，首先要悉心研究领会课程标准的总目标、领域目标和水平目标的指导思想、理念含义及目标之间的相互关系，并依据本学段各级目标要求选定相应的教学内容。

3. 确定每学期的重点教材和考核教材，制订计划时要优先考虑

每学期考核项目一般 3～5 项为宜。考核教材可与《学生体质健康标准》的测验项目相结合。

4. 根据学年、每周授课时数和季节规律，分配好两个学年的教学内容

学段各领域中的教学内容不是教师主观随意安排的，而是依据本学段各领域和水平目标的规定选定的。因此，教师在制订学年教学计划时，应先对所确定的教材进行深入研究，如根据教材的难易程度和目标的特定要求，考虑哪些内容适于安排哪个年级；根据教材的性质、特点，分清哪些教材分别属于哪个目标统领下的内容等。掌握好教材的性质、特点及目标属性，有助于合理地把本学段的教学内容在分配到两个学期中时，做到目标明确，分量适宜，难易度符合相应年级学生的接受能力。

分配具体的教材内容应注意：（1）有利于学生身体的全面发展，防止同类教材过

于集中在某一个学期;(2)注意教材间的联系,正确处理好两个学期教材的先后顺序;(3)根据气候特点,合理安排两个学期的教材;(4)要使教材的分量和该项教材的时数大致相符;(5)确定全年和两个学期的考核项目与标准,考试项目上学期3~4项为宜。

确定每个教材内容的时数——从完成任务和要求的角度,应考虑三个问题:(1)是主要教材,还是一般或辅助性教材;(2)学生的原有基础和接受能力;(3)教材本身的难易程度。

5.检查和调整两个学期各项教材的时效和比重

根据两个学期各项具体教材的时数安排,检查总时数和比重是否一致,安排是否合理,发现有不当之处,可进行适当调整。

(四)制订学年教学工作计划的要求

具体的制订要求如下:

1.分析研究学生的基本情况,加强计划的针对性

从了解和研究学生入手,制订学年教学计划,有助于教师根据教材的性质、特点和难易程度,将本学段教材内容合理地分配到两个年级中去,对于提高教学计划的针对性,克服盲目性和提高教学质量,都具有实际意义。要对年级内的班级和学生情况进行调查,了解和分析学生的体育兴趣、特长特色、活动能力、技能基础、体能状况、心理水平、社会交往等情况。如小学二年级的学生,经过一年体育课的体验,对体育课的活动过程、学习与练习方式等逐步了解和熟悉,初步建立起课堂常规意识和习惯,体能、心理适应能力及同伴关系、群体观念等都有明显提高,但也存在某些需要进一步加强和改进的问题等。这些情况都是制订学年教学计划的有效资源和依据。

2.以学生的发展需要为中心制订

课程标准构建了课程的学习目标体系和评价原则,教材也提供了完成课程学习目标的大部分学习内容。因此,教师在制订学年教学计划时,不应以运动项目或教师为中心,而是从学校的实际出发,以学生的发展需要为中心进行设计,从"运动技术、技能为中心"向"以学生发展为本"转移,将教的内容转化为学的内容,强调设计内容的健身性、实用性、科学性,以培养学生自主学习能力和终身体育的意识,这样才能全面贯彻《课程标准》的精神与要求。

3.遵循实践性、灵活性、综合性原则

由于课程标准没有规定各年级的具体学习内容，所以在制订全年教学计划时，可以根据实践性(保证绝大多数时间用于体育活动实践，避免用过多时间在课堂上讲授体育理论知识)、灵活性(根据教材的性质和学生达成学习目标的状况等，对教学内容的课时数进行调整)、综合性(不仅重视学生运动技能和知识的掌握，更要关注学生的心理发展和社会适应能力的提高)的原则确定教学内容和课时比例。

4.有针对性地确定教学内容

由于部分基本内容和拓展内容都具有选择性(各校可以根据课程标准以及学校的实际情况来选择具体的教学内容)，因此，确定的教学内容应具备的基本特征是：适合学生身心发展水平；激发学习兴趣，运动形式活泼；具有健身性、知识性和科学性；对增强体能、增进健康有较强的实效性；简单易行等。

5.要注重课程资源的开发

在制订学年教学工作计划时要注意为学生提供一个思辨和探究学习、练习、运用的平台，培养学生的实践能力和创新精神，因此要注重课程资源的开发，如将民族民间体育或新兴体育项目进行创造性的改编等等。

三、学期体育教学计划(教学进度)

学期教学工作计划也称教学进度。它是把全年教学工作计划中规定的每个学期的各项教材和时数，按照一定的要求，合理地分配到每次课中去，并提出考核项目和考核时间。学期教学工作计划是体育教师进行教学工作和编写教案的根据。

(一)制订学期教学工作计划的方法和步骤

具体的方法步骤如下：

第一，在着手制订进度前，先对本学期教材排列的先后顺序和教材之间的搭配(即教材的纵横关系)大体有个考虑，对一学期的教材做出一个初步的安排。

第二，根据各项教材在本学期的时数，计算出在该学期出现的次数。若按每次课上两个主要教材计算，则该教材的出现次数为该教材的时数乘以2。如跨越式跳高为3学时，则$3 \times 2 = 6$，应出现6次。

第三，在分配每次课的教材时，优先安排考核项目(即主要教材)，然后再搭配其他教材。身体素质的搭配应考虑到主教材对身体的影响，如耐久跑和篮球教材，主要是发展下肢耐力和协调能力性质的，因而可搭配上肢和腰腹肌力量练习，以利

于全面影响学生身体。

第四，在排列每项教材时，一定要根据教材的难易程度，学生的基础和场地器材等情况而定。

第五，教学进度排定后，还应该进行检查与调整，使制订的教学进度能更切合实际，以便执行。

(二) 制订学期教学工作计划的注意事项

制订学期教学工作计划时，应注意以下几点：

其一，安排每次课的教材内容时，要注意把不同性质的教材搭配好，既要有掌握技术的教材，又要有发展身体素质的教材；既要有发展上肢的，也要有发展下肢的或全身的。

其二，每次课的教材安排要考虑学生的学习负担和身体的承受能力。要注意新旧教材、难易度，以及不同程度的教材的相互搭配。一般应避免一堂课同时出现两个新教材，应有新授、有复习，有主有次。考核课一般搭配小负荷的复习教材。

其三，安排进度时，各项教材的教学时数和总学时数，都不能超出学期教学计划的规定数。要留有余地，一般最好隔5～6周留有一个机动时间，以便对各种原因的停课或薄弱环节等进行适当弥补和调整。

其四，学期教材的安排应注意其系统性与连贯性，处理好教材的先后顺序。

其五，每次课教材安排的数量不是绝对的。可多可少，既要考虑主要教材的难易程度和学生的心理特点及可接受能力，也要考虑场地器材等条件。一般来说，技术较复杂的教材每次课安排一项，再搭配难度不大的教材或身体素质教材1～2项。

其六，制订教学进度时，还要考虑到季节气候的特点和同时上课的班级，以免影响教学的顺利进行。

其七，正确地确定各项教材的排列方法。

其八，检查和调整进度时，应从以下几个方面着手：首先看进度安排的教材与计划的教材是否一致，有无遗漏；其次，检查每次课教材搭配是否合理，有无过多、过少或冲突现象，避免学生局部负担过重；最后，坚持各项教材安排是否符合季节、气候特点等，如发现问题应及时调整过来。

第五章 体育教学评价

第一节 回顾体育教学评价研究

纵观体育教学评价的历史，人们比较偏重于对学生体育学习的评价。新世纪体育课程改革以来，教师的地位与作用逐渐凸显，对教师的教学评价日益受到了重视。因此，体育教学评价的内容应包含学生体育学习的评价与教师教学评价两个方面。

一、回顾学生体育学习评价

我国体育教学评价的发展经历了一个实践、探索、改革、充实和提高的过程，学校体育成绩的考核是学校体育教学评价的重要内容。1949 年以前，学校体育由于不被重视，大多数学校没有系统和正规的体育成绩考评。有的体育教材中虽然有一些评价内容和方法，但并未在各级学校得到执行。1956 年，我国编订了第一套中学体育教学大纲，其中学生体育成绩考核统一的项目和标准称为教学标准。1961 年，在总结第一套教学大纲的基础上，出版了新的大纲教材，强调对学生应进行必要的体育成绩考核。由于存在地区差别，没有规定统一的项目和目标 (考核)，只选择了一部分作为参考标准。从 20 世纪 50 年代中期到 60 年代初期，体育成绩采用以 5 分制的技术技能项目为主的考评。1978 年编写的《全日制十年制学校中学体育教学大纲 (试行草案)》中，首次在考核上设置了素质项目，规定了考核标准，采用四级制评分标准和方法，但评价内容范围较单一狭窄，且多限于考核技术、技能项目。1987 年，《全日制中学体育教学大纲 (修订本)》出版，体育课成绩作为一部分出现在大纲中。1992 年制定了《九年义务教育全日制初级中等体育教学大纲》，明确了体育考核项目和标准，考核采用结构考核、综合评定的方法，各部分考核内容及权重为：体育课出勤及课堂表现占 10%，体育课基础知识占 20%，体育素质和活动能力占 40%，运动技能、技术项目占 30%。2001 年以来，随着新课程标准的实施，体育课程标准围绕"运动参与，身体健康、心理健康与社会适应、运动技能"目标展开，其评价的标准也发生了较大的变化。评价的比例如何，具体的可操作指标有哪些，正是目前研究的重点与热点。①

（一）学生体育学习评价理论的研究综述

过去，对中学生体育学习的评价主要集中于学期期末运动技能考核与运动素质测试，评价内容死板，评价形式与方法单一。由于新课程标准的颁布与实施，体育教学理念发生了较大的变化，其中"以学生为主体、以学生为中心"的教学理念影响较为深刻，体育学习中学生的评价问题自然成为体育教学的重点。吕力在《多维体育学习评价法构想》一文中提出了多维体育学习评价法，其特点是：

其一，评价的全面性。既要重视身体素质方面的评价，又要重视学生心理过程、心理健康、能力发展方面的评价。

其二，评价的人文性。强调以学生为中心，评价的目的在于有效地激发学生学习的积极性。

其三，评价的修正性。采用持续性多次考核办法，对学生进行观察、测试，以了解学生的学习态度、情意表现、合作精神、掌握技能的情况等。对未完成学习目标的学生，找出影响学习目标达成的因素，分析原因，再组织重新学习或练习；对完成较好的学生，将制订新目标或学习内容；还要经常和学生交流或通过问卷了解学生的要求，及时发现问题，修改纠正教学进度，然后制订新的切实可行的计划。

其四，重视评价的民主性。采用自评、互评、师评相结合的方法评价学生的学习成绩。

其五，重视评价的激励性。调动体育差生的学习热情，消除心理障碍，只要他们认真学习，积极锻炼，就能得到同学和老师的认可，从而弥补某些不足。

邱硕立在《论学生体育学习评价的"人文化"趋向》一文中提出了学生体育学习评价"人文化"趋向的主要特征：

一是强调对过程的评价。通过对过程的评价来说明结果的原因，即时反馈，即时有效地解决学习过程中出现的问题；即时矫正或鼓励学生的体育学习行为；即时进步，不断发展。

二是重视评价过程中人与人的交流与沟通。体育就是生活，是人生存的权利，评价的所有者都享有平等的地位，必须重视学生自评、互评、师生互评，以协商、对话的方式消除分歧，得出结论。同时，评价应取得学生的认同，利用参与观察、行为研究的方法收集信息资料，以便使得出的结论易于由被评价者所接受。

三是注意方法的灵活性与针对性。充分考虑学生对运动的兴趣和爱好、运动素

---

① 安基华，李博士.体育教学理论与实证研究[M].长春：吉林人民出版社，2019：191-201.

质的个体差异，评价一般不硬性规定项目，而以学生擅长的项目为主。在具体评价中，使用方法有较强的灵活性，问题的针对性较强，一般采用鼓励、引导等积极的方法，以保护学生的信心，促进评价的行为调节功能。

四是关照全面与重视"两极"相结合。不仅研究学生运动成绩的表面现象，还要从学生的遗传素质、个体发育、环境影响等因素出发分析现象存在的原因，从而帮助每一个被评价者客观认识自己，树立信心，促进自我发展。

石振国等在《体育教学评价研究中问题及其发展趋势》一文中提出了体育教学评价研究的发展趋势：(1)由重视结果向重视过程转变。(2)由重视甄别向重视发展转变。(3)由单一评价向多元评价转变。

张细谦、曾怀光在《中日美体育学习评价的比较》一文中介绍了日本体育学习评价的种类：

第一，诊断性评价。诊断性评价可以使学生在体育教学开始前了解他们的体育基础，根据评价结果学生确定自己的体育学习目标。诊断性评价的主要内容包括：是否有对运动的愉快体验；是否有能够体验运动乐趣的学习方式；技术的学习和掌握情况——技能水平等。

第二，过程性评价。日本学习指导纲要明确指出，今后的学习评价不仅仅是终结性评价，对学生追求各种运动深层的乐趣而展开的学习进行过程评价是不可缺少的。

第三，终结性评价。终结性评价的目的是检查学生的学习目标是否达到，学到了哪些知识，掌握了哪些学习方法，培养了哪些体育能力。

第四，进步度评价和达成度评价。进步度评价是指根据学生的进步程度进行的评价；而达成度评价则是指对学生一定学习阶段结束时所取得的结果的评价。在日本，进步度评价在体育学习评价中越来越受到重视。

姚蕾、闻勇在《中小学体育教学评价的基本理论与实际》一书中，提出了我国体育教学评价研究的发展特点：

其一，诊断性评价、形成性评价和终结性评价相结合。诊断性评价主要解决学生在学习某一教材时的准备状态，以确定教学起点和采取恰当的方法。形成性评价即在体育教学工作中及时发现和诊断问题，及时获取反馈信息，改进体育教学工作。终结性评价指对某一阶段的教学工作进行的综合全面评价，以确定教学的最终水平。对上一阶段所进行的终结性评价又可作为对下一阶段进行诊断性评价的依据。这样，三种评价相互渗透，使整个评价活动始终处于不断上升的动态之中。

其二，定性评价与定量评价相结合。

其三，自评与他评相结合。

其四，科学评价，重在激励。实施个体化评价，改变评价内容和方式，充分运用评价结果来激励学生，使学生看到自己的进步。

在体育教学中学生学习评价的内容、形式方面，屈东华、周艳丽、周珂介绍了日本的体育学习评价采用"四方面""三等级"的标准评分记录评价的内容，这四个方面是：关心、意欲、态度，思考、判断，技能、表现，知识、理解。三个等级标准是：充分满足、大致满足、经过努力可以满足。评价包括"评定"和"所见"两个方面："评定"是对学生学习成绩的评定，小学低年级的评分被取消，小学高年级采用三级评定，中学阶段采取五级评定，但是对必修项目采取三级评定。"所见"主要记录学生的良好表现和优点。在评价的四方面内容里，"关心、意欲、态度"最受重视，主观评价占有重要地位。

席连正、王建军在《课外体育活动改革的研究》一书中提出了既应包括对学生体能和技能的评价，更应注重对学生的态度、心理和行为的评价，努力使评价内容与课程目标相一致；评价目的可以是诊断性评价、形成性评价、总结性评价等；评价的主体可以是教师、自己、同伴、家长；在评价方式方法上，既注重终结性评价，又注重过程性评价，既有教师对学生的评价，又有学生自评和互评，还可以运用测试法、调查法、档案袋法、文件夹法、统计法等。

张建华、杨铁黎在《当代美国体育教学评价的改革》一文中分析了美国体育教学中列举的几种不同的评价方法。其中在美国体育教学中，替代性评价的内容与方法主要有以下几种：

其一，学习档案。档案是记录学生在一段时期内体育学习进步情况的非常有效的工具，学习档案的建立主要由学生完成，为完成任务，学生需要独立工作，并对自己的学习负责。大部分学生对他们的档案感到自豪，因为它记录并展示了自己的成长过程。

其二，日志。日志为体育课程实施真实评价提供了一种有效方法。学生可以把他们在体育课上的情感体验或日常活动记在日志上，供教师参考。

其三，角色扮演。角色扮演是评估学生学习的一种非正式方法。该方法主要用于对学生的情感进行评估，但也能很好地展现学生的认知理解程度、对知识的运用能力以及社会交往能力等。

其四，健康测验。主要涉及一些与健康有关的体适能，而不是与竞技运动成绩提高有关的体适能，并根据学生获得的分数来设定具体学习目标，评价是否有所进步。过去的测验主要强调与技能或运动有关的体适能，如百米跑的速度等。而且测试常常促使学生把自己与别人相比较，导致许多实际上健康的儿童认为自己是不健康的。相反，一些实际上不健康的学生，由于先天的优势，即便不积极锻炼或学习，也很有可能在一些测验上取得较高的分数。因此，一些美国学者呼吁：不要把健康测验的结果作为等级评定的唯一标准，作为衡量计划是否有效的唯一根据，不要张贴测验成绩，不要根据成绩的高低实施奖励，而要根据个人的进步情况进行奖励。

其五，书面表达。要求学生具有分析、综合和批判的思维技能。如在强调体适能、心脏健康和剧烈有氧运动的体育课上，要求学生记录所学知识和与健康有关的数据，使用所获得的信息以及通过文献收集到的其他资料撰写文章、健身计划或报告等，展示学生组织和呈现所学知识的能力，不仅可以锻炼学生的写作能力，也有助于培养对所学知识的运用能力。

其六，口头陈述。口头陈述是另一种替代性的评价形式，通过给予学生机会让他们展示自己的能力和知识。

其七，展示。它要求学生在课堂上或其他观众面前表现自己的技能和运用知识的能力。体育教学中展示的方法有多种，如制订各种体育活动和学习计划、参加各种课内外竞赛活动、体育课上的实际操作表现等。由于在公众面前展示自己的能力和成就，学生的自我责任感会大大增强。

综合分析以上国内外对中学生体育评价的理论研究，主要的成绩在于打破了传统的以运动技能与素质测试为主的评价体系，提出了以学生为主体、为中心的思想，注重了对学生评价的全面性、人文性，强调了体育学习评价的过程性、激励性、发展性、多元性等；评价的内容从运动技能的评价扩展到学生的态度、情感、参与、合作等各个方面；在评价的方法与形式上，重视了定量评价与定性评价相结合，自我评价与他人评价相结合，诊断性评价、形成性评价与终结性评价相结合等。这些理论研究的发展对于推动新的体育课程标准中体育教学科学评价体系的构建具有一定的价值与意义。

但另一方面，从体育教学中学生学习评价理论研究现状来看，也暴露出不少的问题，主要集中在以下几个方面：

一是从具体的研究内容来看，重复性研究较多，而且大多数研究主要是借鉴其他学科的理论，因此造成了研究内容的深度不够。

二是大多数理论体系主要参照教育学中有关评价的一些理论，这些理论对于促进体育教学学科发展固然有一定的意义，但是如能结合体育学科中学生评价的特殊性，则更能符合体育学科的特点，也更具操作性。

三是理论研究需要一定的实践研究来支撑与检验，但从研究的现状来看，理论与实践相结合的研究很少，几乎没有。

四是没能形成较为科学的理论体系。

（二）学生体育学习评价实践的研究综述

从实践研究的内容来看，体育教学中学生学习评价实践研究很少。宋超美在《初中（水平四）学生体育学习评价的实验研究》一文中提出了根据新课程标准设计的评价方法与形式，对于实际教学具有一定的参考意义，主要内容包括以下几个方面：

其一，学生自评。在教师的指导下，每位学生根据自己体能、运动技能与知识的成绩，并结合平时体育课中的学习态度、情意表现与合作精神等内容，按优、良、及格和不及格四级评定自己的等级。

其二，小组互评。由小组长组织。每位学生根据组内各个成员的体能、知识和运动技能成绩，并结合平时体育课中观察到的学习态度、情意表现与合作精神等情况进行逐个互评，最后确定等级。

其三，教师评定。依据学生学习目标的达成度、行为表现和进步幅度等，结合学生自评与小组互评的情况，最后确定等级。评价时比例情况：学习态度占20%，根据平时上体育课的出勤和学练是否积极参与的情况评定；情意表现占10%，根据体育活动中表现出来的自信心和意志力评定；合作精神占10%，根据体育活动中表现出来的相互尊重和互帮互学的精神评定。

金永明在《我国中小学体育课考核与评价体系比较研究》一文中提出的评价内容与方法是：运动技能（分值2.0），内容：特长、技能、基础知识，形式：以定量为主的测试；运动参与（分值1.0），内容：积极态度、爱好、出勤率，形式：定量与定性相结合；身体健康（分值1.0），内容：学生体质健康标准，形式：以定量为主的测试；心理健康和社会适应（分值1.0），内容：开朗的性格、和谐的人际关系，形式：以定性为主的自评与互评。

钟恒炳在《"星级评价法"在体育学习评价中的应用》一文中提出了在体育学习评价中运用"星级评价法"，学生在整个学生过程中以"摘卡"为目标，摘取的"卡"分类为"绿卡""铜卡""银卡""金卡"。这四类卡分别代表四个不同的梯度，分别为三张绿卡换一张铜卡，三张铜卡换一张银卡，三张银卡换一张金卡。获得金卡的学生最终被评为校级体育星。

陈志山在《学生期末体育成绩的评价初探》一文中提出了比较详细的学生成绩评价方案：

第一，过程性评价（占50%）。（1）教师评价占20%。包括出勤率；基本知识、技术、技能；运动参与：如篮球比赛，有的小个子学生，技术不是很好，但他能积极地参与，相比之下，教师应给该项高分；心理健康：学生能通过参加体育活动有效地调控由学习、生活带来的不愉快情绪，在体育活动中形成高尚的思想品质，如在接力赛中有的同学跑累了，但他坚持完成任务，在完成任务的同时，自己吃苦耐劳的优良品质已经得到了升华；团结合作：学生在体育课上能否与大家一起进行体育锻炼、愉快合作、互帮互助，共同完成预期的目标；运动安全：在体育课上无危险事故发生，不做有害于自己与同学的危险动作，并提醒其他同学注意安全，在活动中表现出较高的安全意识；课堂纪律：在课堂上能听从教师与体育班长、组长的安排，遵守课堂纪律，使体育课正常有序进行；班级管理：体育班干部是否具有较强的责任心，能否协助教师组织本组或该班的学生活动。(2)互相评价占20%。主要参与成员是本班体育班长和体育课小组长，一般由3～5人组成，针对学生的情况对全班每一位学生进行打分，几位成员分数相加后再求出平均数，便得出该同学的互评分数。(3)自我评价占10%。在学生进行自我评价时，往往对自己的评价具有偏袒倾向，教师要及时对他们进行思想品德教育，要求学生实事求是地打分。最后教师根据学生打分的具体情况进行评审，对偏差较大的评价可以进行适当的调整。

第二，终结性评价（占50%）。(1)运动效果占40%。评价时可参照《中国学生体质健康测试》标准进行测试，期末运动技能的测试可分为必修项目和选修项目两项内容，这两项分值由体育教师测试和技评，参照评分标准和技评标准打分，然后乘以相应的百分比，把所得分值相加得出学习效果分。必修项目占20%：每个学生必须要参加测试的内容，教师根据课程标准规定的内容选择两项，选择时要考虑到大多数学生的实际情况，如可选择一项上肢内容和一项下肢内容或选择一项田径项目和一项体操项目等；选修项目占20%：由学生根据自己的兴趣、爱好、特长，在课程标准规定的内容内任意选择两项作为自己的考核内容。(2)理论知识占10%。这项工作主要由教师来操作。评价的方法以不加重学生负担为原则，测试除了书面形式外，还可以采用口头表述、问答的方法。这部分评价结果也作为对学生进行综合评价的重要内容之一。

姚玉良在《对小学主题教学中的运动技能教学的几点思考》一文中提出了评价的分值：运动技能与体质健康占50%（运动技能30分、体质健康标准20分）；学习情况评价占50%（自评10分、互评20分、教师评20分）。

从以上的分析来看，在评价实践研究中主要存在的问题有：(1)评价的指标比例比较混乱。(2)参数评价的指标内涵比较含糊，在具体的实践中无法操作。(3)文章中所涉及的指标与课程标准中所涉及的指标出入较大，主要表现在把课程标准中的领域目标、水平目标和应具体达到的目标相混淆，或者拿出其中几个，或者交叉来使用等，造成了比较混乱的状况。(4)评价的指标含糊不清，且操作性不强，如责任感、进取心如何评价在研究中没有具体说明。(5)评价的内容与方法随意性较大，有的过于简单，流于形式；有的过于复杂，体育教师的工作量很大。(6)虽然提出了自评、互评与教师评定等多种形式，但评价方法还是缺乏实践操作性，缺少具体的评价方案。

二、回顾体育教师教学评价

从理论逻辑视角分析，严格地说，体育教师教学评价应该单指教师教的评价，体育课堂教学评价应该包含教师的"教"与学生"学"的评价两个方面。但是，在教学实践中，体育课堂教学评价比较倾向于对教师方面的评价，而体育教师教学评价也基本倾向于体育课堂教学评价，这是一个比较混淆的问题。我们在本书中所指的体育教师教学评价直接指向体育教师"教授"方面的评价。

北京市教育局教研部提出的中小学体育课堂教学评价指标共6项、24个要点，较有借鉴意义。内容包括：

其一，教学任务：(1)增强学生体质；(2)基础知识、基本技术与技能；(3)思想品德教育。

其二，教学内容：(1)教学内容与学生实际；(2)教材的处理；(3)教材的重点与难点。

其三，教学过程：(1)教学步骤；(2)一般与专门性准备活动；(3)组织教学；(4)教、学、练结合；(5)场地、器材的布置与使用。

其四，教学方法：(1)讲解；(2)示范；(3)保护与帮助；(4)预防与纠正错误动作；(5)全面与重点指导。

其五，教学效果：(1)教学任务；(2)学生的平均心率及心率曲线；(3)课的练习密度。

丁兆雄在《体育课堂教学评价法》一书中认为，体育课堂教学评价的内容有："设置的课堂教学目标；撰写的教案；课堂教学组织形式；了解学生的体能、运动知识和技能程度；学生的学习情绪；学生的学习态度；学生自主学习的机会；师生互动情况；学生达成学习目标情况；多种教学方法的运用情况；利用与开发体育与健康课程资源的情况；课堂教学的创新程度。"

殷志江在《体育课堂教学评价之我见》一文中认为，体育课堂教学评价的内容是：(1)课前准备(10分)。(2)教学过程(30分)。(3)教学效果(30分)。(4)教师素质(20分)。(5)教学特色(10分)。

杨永微在《论新课标下体育课堂教学评价体系的转变》一文中认为，体育课堂教学评价内容是：

第一，课前准备。提前到场，器材准备充分，场地安排合理，利用率高。

第二，教案质量。规范，条理分明，任务明确，重点突出，练习次数安排适宜，负荷预计准确，时间分配合理。

第三，教学态度。仪表庄重，表现积极，耐心热情，勇于创新，精神饱满，富有感染力。

第四，教学组织。组织严密，安全有序，调配合理，注意创造和治理教学环境，体现教师的主导作用和学生的主体作用。

第五，教学方法。讲解清楚，示范准确，重点突出，方法灵活多样，敢于创新，善于因材施教，重视能力培养。

第六，练习密度。全体学生都能得到充分的活动，测定值符合课的类型和教材特点。

第工整，生理负荷。安排合理，量和强度适宜，且符合情感、意志和心理过程的客观规律，全课平均心率为 135 次 / 分左右。

第八，心理负荷。气氛活跃，张弛得当，注意力集中，关系融洽，自觉性及兴趣充分调动，全课有节奏、有高潮、有竞争合作。

第九，教学效果。掌握基本技术、技能，合格率、新授内容在 70% 左右，复习内容在 30% 左右。

第十，锻炼效果。全体学生自觉锻炼，主动参与，团结进取，互帮互学，能动性、主体性充分发挥，时间利用率高，健身效果好。

裘松杰在《有效体育课堂教学评价指标的思考与设计》一文中认为，体育课堂教学评价内容包括：

其一，教学准备。教学目标、教学内容。

其二，教师的教。教学过程、教学方法、教学组织、教学态度、教学技能、教学评价。

其三，学生的学。参与学习的态度、参与学习的广度、参与学习的深度、参与学习的氛围。

其四，教学效果。师生参与教学活动的效果。

其五，学生对教师及本课的感受。师生互动、教学基本功、教学亲和力、教学态度、课后心情、课中收获。

张兴奇在《中学体育课堂教学评价指标体系研究》一文中指出，教师教学评价包括：教学态度、教师仪表、语言表达能力、教案、教学计划、讲解示范、专业素质、教学目标的实现、教学方法。

以上研究主要存在的问题有：一是对体育教师教的评价与体育课堂教学评价相互重叠；二是对体育教师教的评价与体育教学评价相互交叉；三是各类指标不统一；

四是教师教学评价的研究数量很少。这些问题意味着我们应深入探讨体育教师有关教的评价指标与方法。

第二节　体育教学评价的概念与功能

回顾体育教学评价的研究之后，接下来介绍的是体育教学评价的概念与功能。

一、体育教学评价的概念

《辞海》中对评价的解释是"衡量人或事物的价值"。平常我们对人或事物做出主观的"是好是差"的判断，实际上就是一种评价行为，而"好"与"差"就是进行价值判断所获得的结果。教学评价是依据教学目标对教学过程及结果进行价值判断并为教学决策服务的活动。

教学评价是研究教师的教和学生的学的价值的过程。教学评价一般包括两个核心环节：

一是对教师教学工作（教学设计、组织，实施等）的评价——教师教学评估（课堂、课外）。

二是对学生学习效果的评价——考试与测验。

从评价与教学评价的概念出发，体育教学评价应是指把体育教学系统作为客观存在的认识对象，在教学分析的基础上，依据一定的标准对其进行相应的价值判断。它主要包括对体育教师教的评价和对学生体育学习的评价两个方面。这里我们需要注意几个基本的观点：一是体育教师的教学不仅是体育课堂教学，还包括单元教学、学期教学、学年教学等，当然学期教学等也是由每一节课所组成的。因此，对体育教师的教学评价不能仅仅局限于体育课堂教学评价。要对体育教师的教学做出一个比较客观的评价，必须在以课堂教学为重点的基础上，结合教师的相关前期教学准备工作与后期教学反思和总结工作，这样才比较全面与客观。二是对学生的评价，既要关注体育课堂学生学习效果的评价，还要结合学生体育学业的评价，即学期评价、学年评价与学段评价等，同时还要结合每年的国家学生体质健康标准测试的结果，这样的评价才比较全面与科学。[①]

---

① 王丹.体育教学的理论与实践探索[M].北京：北京理工大学出版社，2019：160-176.

二、体育教学评价的功能

体育教学评价具有如下的功能：

（一）导向与激励功能

各科教学所规定的教学目标与内容是进行教学评价的基本依据，通过教师的教和学生的学两个双边活动实现预期的目标。针对体育学科而言，新课程标准中设置了四个基本的目标：运动参与、体能、运动技能、心理健康与社会适应。体育教学的目标要根据课程目标加以具体化，因此，这个具体化目标的达成程度是体育教学评价的主要根据。如果顺利达成，那么体育教学效果就可以获得一个很高的评价，因此也具有了评价的激励功能；如果没有达成，那么就需要深挖影响效果的各个因素，分析原因与对策。因此，教学评价有利于各级各类学校端正教学指导思想和办学方向。此外，对于学生而言，评价也能起到激发学生学习动机与动力的作用。研究表明，对学生进行目标设置与成绩测验，可有效地激发并调动学生的学习兴趣，推动课堂学习。

（二）鉴别和诊断功能

体育教学评价有助于了解教师教学的效果和水平、优点和缺点、矛盾和问题，这就是对教师的考察、诊断和鉴别。目前，国家大力提倡教学质量工程，其目的就是希望广大的体育教师要切实抓好体育教学的各个环节，在提升教师自身水平、能力的基础上，提高体育教学效果。在这个过程中如果没有一个标准，好坏一个样，教师就会丧失教学的积极性与动力。同时，体育教学质量也是考核教师工作业绩的一个重要指标，因此体育教学评价对于教师而言，是学校和教育行政领导进行教师聘用和晋升的主要依据，有助于在了解教师情况的基础上，安排教师的进修与提高。从学生角度而言，体育教学评价能对学生的知识掌握、体质健康状况、运动能力发展程度做出区分，从而在给出体育学习成绩的同时，为学生的考核评定、升留级、选择课程提供依据。

（三）反馈和指导功能

体育教学评价的结果可以使体育教师和学生了解教学过程的效果，并根据结果进行有效指导。心理学表明，只有通过反馈信息来调节自身的行为，才有可能达到预期的目标。体育教师如果能够及时获得教的方面评价的反馈信息，就能及时地反思自己的教学准备与教学实施，发现在教学目标设置、教学方法、教学手段、教学策略、教学智慧、运动负荷、练习密度、教学组织与管理等方面的优点与存在的问题，为下一步的教学调整做准备，从而为改进教学提供依据。学生如果能够及时获得学的方面评价的反馈信息，就能加深促进学生对自己体育学习状况的了解，明确学生自己在体育学习方面的优势与问题，为调整自身的学习目标、学习动机、学习策略、学习方法提供依据。

(四) 评估与决策功能

科学的教学评价是教学工作决策的基础。例如，1981年美国教育部组织了一次历经18个月的教育评价活动。在教学评价之后明确指出，由于学校课程平淡，学生学习时间短，鼓励学生学习的措施减少，教学质量下降，培养出越来越多的庸才。对教学工作的这个评价结果，在美国引起了强烈反响，有50个州对学校教学进行了改革，采取了以下措施：提高教学要求，延长学生学习时间，改革课程设置、教学内容和方法，有计划地培训教师，提高教师水平。

体育课堂教学的质量不能凭空想象，只有对教学工作有全面和准确的了解，选择明确的、比较客观与科学的指标，对教师的教与学生的学两个方面做出一个比较全面的评估，如对教师的教案编写、教学目标的设定、教学手段与方法的使用、教学组织与管理策略等进行综合的判断，才能对教师的教的情况做出客观公正的评估，教师的教学工作改进与改革才有据可依。对学生而言，要对课堂学习与练习体育的积极性、态度、意志力表现、思维反应、情绪控制、学习效率、学习效果等进行综合的判断，才能对学生的学习情况做出客观公正的评估，教师对学习成绩评定以及学生制订改进自己学习情况的决策才有据可依。

(五) 榜样与竞争功能

教学评价可以调动教师与学生的积极性，这是众所周知的事实。对于教师而言，适时地、客观地对体育教师的教学工作做出评价，可以挑选出一些优秀教师，如通过各种教研活动、评课活动挑选出一批教坛新秀、教学能手等，这就形成了一个良性循环的榜样机制，促进体育教师可以加速成才。同时，这一机制还可以使体育教师明确自身的教学薄弱环节和今后努力的方向，以便进一步地进行教学反思，提高自己的教学水平。而对于学生而言，教师对于学生的即时评价，特别是良性的评价，可以树立学生榜样，起到榜样示范的作用。因此，教师经常表扬、反馈、评价、激励、测试学生的学习结果是非常重要的，可以极大地提高学生学习的积极性增强学习效果。

体育教学评价是对教师的教与学生的学给出的一个最终结果，这个结果虽然不要求排名次，但需要给出一个定量等级与定性的建议。这样就会形成同行教师之间、同班学生之间等各个层面的横向比较，客观上能起到促进各类教学主体之间的竞争作用，有利于发挥师生的潜能与智慧，产生更好的教学效果。

第三节　体育教学评价的划分与形式

依据不同的标准，体育教学评价的分类与形式也不尽相同，本节将对体育教学评价的划分与形式进行详细的介绍。

一、体育教学评价的划分

在对体育教学评价进行划分之前，首先需要理清体育教学评价的划分依据以及相应的思路，具体体现在：

（一）体育教学评价体系内容应包含体育教师教的评价与学生学的评价

要使体育教学评价做到全面系统，就需要从体育教师教的评价与学生学的评价两个方面进行，缺少任何一个方面都是不客观的。过去，我们比较侧重于对教师课堂教学方面的评价，对学生的评价也仅仅局限于给学生在期末打上一个体育成绩，而这个体育成绩也是在缺乏评价指标的全面性与科学性的情况下给出的，这样的结果会使体育教学评价流于形式，降低体育教学的科学性与地位。因此，要做好体育教学的合理评价，就要对体育教师教的评价与学生学的评价两个方面进行全面、系统的分析，研制相对科学的评价指标。[1]

（二）体育教学学生学习评价方法应体现简易性、科学性、可操作性

有的评价体系与方法很复杂、评价指标很多，从表面上看，似乎很全面，但一个致命的问题是，在具体的教学实践中无法操作，特别是对有一定规模的教学班级中学生的思想表现、情感意志、心理发展指标无法观测，造成了理论与实践的脱节。因此，在研究评价体系、方法、指标方面，应更多地考虑简易性、科学性与可操作性，构建一个比较科学的评价体系，让更多的体育教师在实践中可以贯彻与运用，既不增加体育教师的工作量，又能激发学生学习的主动性与积极性。

---

① 陈炜，黄芸. 体育教学与模式创新 [M]. 北京：光明日报出版社，2016：91-95.

（三）学生体育学习评价指标需与体育与健康课程目标相对应

目标是制定评价的依据，评价的标准也只有与目标统一起来才能使目标更有指向性、科学性、有效性。新课程标准中只规定了课程的目标，并没有具体说明评价的指标。评价指标虽应与课程目标相统一，但应有所区别，评价指标应在课程目标的基础上更为具体、更简便、更具操作性。

新课程标准目标与评价指标具有一定的统一性是研制学生学习评价指标的理论依据。如在课程标准中有关心理健康的指标有三个层面：认识层面、调控情绪层面、培养意志品质层面。这三个层面是一个人参与活动的完整心理过程（包括感知、记忆、思维、情绪与意志）中的几个部分，因此能否根据简单性原则用一个或几个适当的词汇来表述与评价同一过程的三个层面内容呢？有些学者做过这样的尝试，如金永明运用"开朗的性格"来评价学生的心理健康，虽然很简便，但"性格"一词属于人的心理活动的人性特征内容，并不是心理过程，另外性格是一个人相对稳定的特征，其变化的幅度比较小，难以在体育阶段性教学后观测与评价它。再如许月云运用"求知欲、自信心、意志力、责任感、进取心"评价心理健康，但我们认为这些指标非但不简便，有些内容甚至超越了新课程标准中的心理学内容，如"责任感"涉及社会学范畴，反而更为复杂。因此，评价指标的确定既要与课程标准的内容相一致，又不能翻版造旧；既要完整，又要科学；既要简便，又要好操作。

（四）学生学习评价中的心理健康、社会适应指标应体现"定性评价"

从学科理论角度而言，把模糊的事物精确化、清晰化是科学追求的目标，但并非所有的事物都可以定量化，人的心理问题尤其是如此。目前，在体育教学实践中难以把心理健康定量化的障碍主要有以下几个方面：其一，心理健康、社会适应评价指标虽能在课程目标的基础上进一步细化，但是这些细化的指标的操作性还存在着比较大的问题，如"自信心强""人际关系好"等词汇的操作性就存在着一定的问题。首先，应把自信心、人际关系的概念界定清楚；其次要了解自信心、人际关系从强到弱的几个分值等。其二，在班级授课制度下，学生很多，体育教师如何观察与测量每个学生在运动实践中表现的实际情况是一个难点。其三，体育教师对学生的测评是一节课一次，还是一周一次、一月一次、一个单元一次、一个学期一次、一年一次，不同的实施情况导致体育教师不同的工作量，体育教师很可能由于工作量的增加而使测评流于形式。

（五）根据不同内容单元情况来确定学生体育学习评价指标的比例

由于运动项目的特点不同，运动项目在发展学生的心理品质与社会适应能力的侧重点也是不同的。如个人项目比较注重的是发展学生个人竞争的能力、自信心、勇敢顽强的精神等，集体性运动项目则比较重视学生的合作、互帮互助的精神、团队意识等，而耐力性运动项目则比较注重学生坚持性、忍耐性等品质的发展。因此，应根据单元教材的性质来制定不同的评价指标及其权重。但由于对教学内容与发展学生心理、社会适应能力的对应关系的研究还不十分成熟，因此尚需要在理论和实践中进一步探索。

（六）学生体育学习评价的指标应做到全面、简单、实用、可操作

由于体育教师的工作量很大，既要进行大量的体力活动，又要进行很多的脑力劳动，因此，体育教师在对学生进行评价时使用的指标要简单实用、有很好的操作性，这样才能调动教师的积极性。新课程改革以来，在学生体育学习评价方面有很多新的研究与成果，但是某些成果由于过于烦琐，工作量极大而得不到普及。如对学生学习心理的评价，光是问卷表就有好几张。设想一下，一个班级有 50 人，一个高中体育教师上课 16 节，那么到学期结束，他要批阅 400 份问卷，再加上健康卫生问卷、社会适应问卷、学习态度问卷、家长问卷，等等，一个体育教师要增加很多额外的工作量，其评价效果可想而知。

（七）学生体育学习的评价应以体育教师为主

随着新世纪新课程改革的出台，对学生评价开始实施多元化评价的方法，这是一个进步，但另一方面也暴露出一些问题。如家长若想参与评价，那么他们对教学的了解程度、判断的合理性等问题将变得很复杂；若让学校校长参与评价，那么校长评价的权重是多少？对哪些指标进行评价呢？近些年来，评价多元化的实践导致了评价的复杂化，模糊了体育教师在评价中的地位，极大地增加了体育教师的评价工作量。因此，要对学生体育学习行为与结果进行有效评价，就要发挥体育教师的主体作用，因为最了解学生的是任课教师，最有资格进行评价、反馈与指导的也应该是任课教师。

（八）体育教师的即时评价将成为教师课堂教学过程评价的一个重要内容

体育教学活动本身是一个教与学的双边活动，教师与学生时刻处于不断的交流之中，学生在活动过程中的真实展现是体育教学活动的又一个特征。因此，体育教

师在教学活动中的即时指导、学生的即时反馈、体育教师的再次指导本身就是一种评价方法，一次次鼓励性的、激发性的、良性的评价就是对学生最好的评价，这种评价是贯彻于教学过程之中的，它可能是不经意的、没有功利性的、不能定量化的、没有一定范式的，但它却是最真实、最有效、最直接的评价方式。这种方式是不可以教授的，它源于体育教师对体育教育事业的热爱与对学生真挚的爱心，因此提高体育教师的基本职业素养是实施体育教学即时评价的关键所在。

(九) 体育教师教的评价内容

从理论视角分析，体育教师教的评价应包括课堂教学评价、课前教学准备评价与课后教学反思评价等，而课后教学反思评价又包括课后教研活动、研究活动业绩等方面。但实际情况是我们忽视了课前教学准备的评价工作，分离了课后教研活动、研究活动业绩等方面的评价，导致对体育教师教的评价仅仅局限于对体育课堂教学评价层面，而体育课堂教学评价又包含了体育教师与学生两个方面的评价，形成教学评价多层面交叉与重复的现象。

体育教学评价的具体划分如图 5-1 所示：

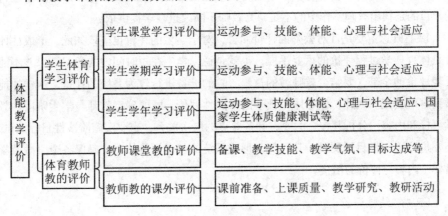

图 5-1 体育教学评价的划分

二、体育教学评价的形式

体育教学评价的形式包含以下几种：

(一) 诊断性评价

诊断性评价也称"教学性评价"，一般是指在某项教学活动开始之前对学生的知识、技能以及情感等状况进行的预测。通过这种预测可以了解学生的知识基础和准备状况，以判断他们是否具备实现当前教学目标所要求的条件，为实现因材施教提供依据。

诊断性评价在体育教学中具有很重要的意义，它既是了解学生的学习基础、身体运动条件的途径，又是制定教学目标、教学手段与方法、分析教学重难点、安排教学步骤、进行分层教学的重要依据，同时也是了解特殊学生，特别是了解身体有严重痼疾、学习体育困难的学生的重要途径。因此，在体育教学过程中应开展必要的诊断性评价，这样才能有的放矢，未雨绸缪，防止学生伤害事故的出现，改革教学方法与手段，实现体育教学为人人的全面性目标。

诊断性评价一般在课程、学期、学年开始的时候进行，特别是分班、分组之前，要对新收学生进行诊断性评价，才能使教师了解每个学生对于体育学习的准备程度，从而合理地开展分层教学，实施区别对待教学原则。

（二）形成性评价

形成性评价是指在教师教育教学过程之中，为使教师的专业水平继续提高、不断获取反馈信息，以便改进教学而进行的系统性评价。它是在教育教学活动中进行的，目的是找出教师工作中的不足，为教师不断改进教学提供依据。

以上概念主要是针对教师的评价而言，对于学生的评价也应该如此。形成性评价是体育教学过程评价的重要手段，也就是说，学生在短时间内的学习结果并不能代表评价的全部，要结合教师教的过程、教的准备进行较为系统的评价，这样才能做到客观公正。因此，做好体育教学的形成性评价，既要确定教师与学生阶段性教学目标和内容，分析其包含的要点和各要点的层次关系，也要实施阶段性目标测试，还要进行平行性目标测试。其目的是形成系统的教学评价体系，确保各个阶段教学目标、内容与评价的衔接。

（三）终结性评价

终结性评价就是对课堂教学的达成结果进行恰当的评价，指的是在教学活动结束后为判断其效果而进行的评价。一个单元，一个模块，或一个学期的教学结束后对最终结果所进行的评价，都可以说是终结性评价。

终结性评价是以预先设定的教学目标为基准，对评价主体达成目标的程度即教学效果做出一个最终的评价。对于教师而言，它是对教师单元教学、学期教学、学年教学的总结性评价，这个评价对于综合考评教师的教学业绩是一个重要的参考指标；对于学生而言，它是判定学生学习体育的结果的重要信息，这个评价是确定学生学习体育成绩的一个重要方面。因此，无论是教师还是学生，终结性评价都是必需的，也是必要的。

第四节　体育教学评价的原则和方法

在对体育教学进行评价时，还要遵循一定的原则，使用相应的方法才能实现，本节就重点介绍体育教学评价的原则和方法。

一、体育教学评价的原则

体育教学评价的原则如下：

(一) 全面系统性原则

全面系统性原则是指在进行体育教学评价时，首先要对教师教的方面进行评价，还要对学生学习方面进行评价，确保师生双边教学评价的全面性。其次，要对师生进行各方面、多角度、全方位的评价。而要使评价做到全面、科学，必须把定性评价和定量评价综合起来，相互参照，同时要把握评价指标的主次，区分评价指标的轻重，抓住主要评价指标的矛盾等。如在对体育教师教的评价中，要做好对教师的课外工作、课堂教学工作、课后教研工作等与教学活动相关的评价；在对学生的评价中，要力求做好对学生学习态度、学习动机、学习表现、运动行为、运动情绪、意志力等的评价，同时将运动参与的积极性、运动技能的发展等作为关键评价指标。①

(二) 客观科学性原则

客观科学性原则是指在对体育教学评价时，从测量标准到测量方法、测量手段、测量形式、测量态度、测量工具、测量结果等，都应该符合客观实际的要求，确定合理、统一的评价标准，尽量从教师与学生两个方面做到教学指标体系的科学性与客观性，认真研究、编制、预试、修订评价指标，既要采用定性评价，又要结合定量评价，在评价过程中不能主观臆断或掺入个人情感。体育教学评价的目的在于给学生的学和教师的教以客观的价值判断，如果缺乏客观性与科学性，那么体育教学评价就会失去了本体的意义与价值，从而可能导致体育教学决策的失误。

---

① 关北光，毛加宁.体育教学设计 [M].成都：西南交通大学出版社，2016：103-113.

（三）公正公开性原则

公正公开性原则是指在评价之前确定好各项评价指标、内容、方法，并使评价者与被评价者充分了解评价体系，引导师生努力遵循教学评价标准，有导向性地做好评价前的各项工作；在评价之后要公开教学评价的各项成绩，有一段时间的公示期，在公示期内接受群众的来访与举报，以杜绝评价过程中的不正当行为。只有公开才有公正，公开是公正的基础，公正还涉及评价的其他方面，如评价指标的客观性与科学性、评价者的态度与秉持的理念等。

（四）指导督促性原则

指导督促性原则是指在进行体育教学评价时，要把评价工作和指导督促教学实际工作结合起来。教学评价不是目的，而是一个过程，最终的目的是指导具体的教学实践工作。要很好地利用体育教学评价的结果，并对体育教学评价的结果进行认真思考与理论分析，采用各种不同的方法横向比较同行教师的体育课教授水平、同年级与班级学生学习水平与能力等，纵向比较师生体育教学的成绩与结果，从不同的角度找出原因，并通过及时的、具体的、启发性的信息反馈，使被体育教学评价者明确今后的努力方向。

二、体育教学评价的方法

体育教学评价的方法如下：

（一）体育教学评价的基本方法

1. 绝对评价法

绝对评价法是指在被评价对象的集合以外确定一个客观标准，将评价对象与这一客观标准相比较，以判断其达到程度的评价方法。绝对评价法在运动竞赛中普遍得到使用，特别是以定量成绩为主的运动竞赛，更需要绝对评价法来支撑。所谓"优胜劣汰"是竞技运动的法则，这是不变的规律，在进行绝对评价时，只能考虑同一个层次与级别进行比赛，不能考虑同一水平内部不同人群的特点，例如少年组是一个年龄水平组，要赛出成绩，就要进行绝对评价，不能考虑少年组内的个体差异。在教学评价方面，有关定量的评价需要运用绝对评价法，如百米跑、投掷远度、跳高高度、长跑计时、教师运动成绩、达标成绩等。这种评价方法有助于教师与学生根据评价结果及时发现差距，调整自我。

2. 相对评价法

相对评价法是指从评价对象集合中选取一个或若干个对象作为基准，将余者与基准做比较，排出名次、比较优劣的评价法。相对评价法便于学生在一个相对标准的条件下判断自己的位置，激发参与和竞争意识。一般情况下，相对评价法适合于教学过程性评价、形成性与阶段性评价。课堂教学过程中常常可采用相对评价法，如让位评价、不同条件的评价、降低要求的评价等，这些评价方法有助于使相对落后的学生也能同样激发出学习的热情与信心，体验与享受运动的乐趣，而不是把体育学习困难的学生拒于千里之外。

3. 个体内差异评价法

个体内差异评价法是指以评价对象自身状况为基准，对评价对象进行价值判断的评价方法。在这种方法中，评价对象只与自身状况进行比较，包括自身现在成绩与过去成绩的比较，以及自身不同侧面的比较等。因为有的学生在某些方面具备一定的特长，但在另一些方面则表现平平，特别是在运动方面，很少有学生表现出运动的天赋，表现平平是一个较为普遍的现象。为了能让水平一般的学生同样体验到运动的乐趣，个体内差异评价法是一个很好的弥补措施。个体内差异评价法可以充分地照顾到学生的个性差异，减轻评价对象的压力。对教师教的评价的作用也一样，采用个体内差异评价法有助于调动教师的积极性。

(二) 体育教学评价方法的结合

体育教学评价方法的结合表现在以下几个方面：

1. 定性评价与定量评价相结合

对体育教师的评价可以采用定性评价与定量评价相结合的方法。有的内容可以采用定量评价，如运动技术的测试、发表教学研究文章的数量、参与教研活动的次数等；有的内容则可以采用定性评价，如课堂教学中教师的态度、教学思想、对学生的指导情况等。

对学生的体能、知识和技能指标主要采用定量评价的方法（如分数评价、等级制评价等），对态度与参与、情意与合作等指标可采用定性评价的方法（如评语式评价等）。对水平一（小学1~2年级）的学生应主要采用评语式评价；对水平二和水平三（小学3~6年级）的学生可以采用评语式和等级制评定相结合的方式；对水平四和水平五（初中阶段、高中阶段）的学生则应以等级制评价为主，结合分数评价、评语式评价等进行综合评价。

2. 过程评价与终结评价相结合

对体育教师的评价可以采用过程评价与终结评价相结合的方法。有的内容可以采用过程评价，如教案准备、教学计划制订、每一节课前场地布置等等；有的内容则可以采用终结评价，如学生对教师的打分评价、教师年度考核评价等。

在体育教学各项活动中，教师应注意观察与记录学生的行为表现，用口头评价的方式，及时向学生反馈评价信息，帮助学生了解自己的学习情况并改进学习方法，不断提高学习能力。在每个学期或学年的学习结束时，教师应综合学生在体能、知识与技能、态度与参与、情意与合作等方面的学习情况和发展变化，学生个人和小组评价的结果，以及期末测试成绩，进行终结评定，给出综合成绩，写出评语，并将评定结果反馈给学生或放入学生的"成长记录袋"中。最后，对各个水平阶段学生的体育学业进行评定，给出相应的评价结果。

3. 相对评价与绝对评价相结合

对体育教师的评价可以采用相对评价与绝对评价相结合的方法。要鼓励能力较弱的教师，就要以相对评价为主，才能有效促进体育教师的不断成长；对于能力较强的教师可采用以绝对评价为主的方式进行，但两者必须根据不同的比例有效结合起来。

新课程标准非常重视学生的个体差异和进步幅度，建议教师将每学期结束时的测试结果与学生在该学期体育学习各方面的进步幅度结合起来，对相应的评价指标（如体能、知识与技能指标等）的情况进行综合评定，使每个学生都能感受到通过努力获得进步所带来的成功体验，有效提高学生的自尊和自信。

第五节　体育教学评价的内容与指标

了解了体育教学评价的原则、方法，那么究竟什么样的评价才算是体育教学评价？它有什么特定的指标？通过本节的介绍，将一一找到答案。

一、学生体育学习评价

学生体育学习评价包含学生学年体育学习评价、学生学期体育学习评价和学生课堂体育学习评价三项内容。

(一) 学生学年体育学习评价

1. 学生学年体育学习评价的基本要求

重视每一位学生的全面发展是新课程标准的基本理念，因此，对学生学年体育学习评价的目的应是促进学生不断发展，而不仅仅是选拔和甄别。在进行学生学年体育学习评价时，应关注以下几个方面：

其一，可根据年内两个不同学期累加的方法对学生学年体育学习做出评价，两个学期应具有一定的差异性，如一个学期处于春夏季节，另一个学期处于秋冬季节。学生在不同季节所进行体育活动的情况是不同的，因此，应对学生整个学年的体育学习情况进行评价。

其二，在进行学生学年体育学习评价时要结合每个学年必测的《国家学生体质健康标准》，这一评价可以很好地反映学生在一年里体育学习的成果。

其三，学生学习体育是一个过程，从每一节课，到单元教学、学期教学，再到学年教学，无不体现了学生对于体育学习与锻炼的坚持性，是学生意志与恒心的体现，我们可以从学生自我成长的档案袋中发现学生的这种优良品质。

2. 学生学年体育学习评价的内容

结合《课程标准》与《国家学生体质健康标准》的基本精神，可以把学生学年体育学习评价的主要内容归纳为以下四个方面，如表5-1所示。

表5-1 以学年为单位的学生个体体育学习评价内容

一级指标	二级指标	三级指标	评价手段
学生自我成长的评价	自我成长档案袋	学年内每节课的自我成长记录卡对体育教师、体育教学方法、自我收获与体会等的评价	自我评价
学年体育	学习态度	学年内每节课的课堂学习态度：到课率、迟到早退等课堂常规	教师评价
	运动参与	学年内每节课的运动参与态度与积极性	教师评价与学生评价相结合
学习评价	运动技能	对已学项目进行技术评定	教师评价
	体能	根据所学项目进行测试	教师评价
	心理健康与社会适应	根据所学项目进行心理健康与社会适应方面的定性评价，社会适应发展中包含个人对每节课课堂学习氛围的贡献	教师评价与学生评价相结合

一级指标	二级指标	三级指标	评价手段
国家学生体质健康标准测试结果	各水平所规定的各项指标		教师评价

（二）学生学期体育学习评价

1. 学生学期体育学习评价的基本要求

学期教学由单元教学与体育课教学构成，在进行学生学期体育学习评价时应关注以下几个方面。[1]

其一，学生学期体育学习评价内容应与《国家学生体质健康标准》测试分开。因为学期内没有《国家学生体质健康标准》测试，《国家学生体质健康标准》结果只在年度出现，因此，学生学期体育学习评价内容应与《国家学生体质健康标准》测试结果分开。

其二，学生学期体育学习评价指标应与课程目标基本一致。体育课程标准的目标影响着体育课堂学生学习目标，也影响着学生学期体育学习目标，因此，学生学期体育学习评价目标应与体育课程目标保持一致。

其三，要关注对学生自我成长的评价。由于以往过于注重学生外显行为的评价，即使有一些学生内在思想的变化评价，如不同的调查问卷表等，学生也是或比较马虎地对待或都打高分，失去了参考价值。外显行为与内在的思想变化并不是一致的，如遇到同样一件高兴的事，有的人会喜形于色、手舞足蹈，有的人只是心中暗喜，却面无表情，因此"看到的并不一定是真实的"。为了弥补这一不足，我们增设了"自我成长档案袋"的评价内容，它记录了每个学生每次课程学习的情况，从另一方面真实地反映了学生的思想。这方面的内容可以为体育教师深入了解学生、评价学生提供可靠的依据，同时也是一种很好的教学反馈信息，有利于体育教师进行教学改革，这种思想也体现了以学生为本位、为中心的理念。

其四，结合各类运动项目的特点进行运动技能评价。运动技能测评的应是本学期学过的运动技术内容，包括运动技术的理论部分与实践部分，对于一些纯粹的体育理论知识，如有关各种运动项目的知识、奥运会知识、裁判知识等可以不作为考评的内容，因为它们只是教学内容的扩充，并不是学习内容的核心；另外，它们基本是在教室里完成教学的，且每学期只有 2 ~ 3 次课，因此可以认为它们并不是教学

① 谷茂恒，姜武成. 高校体育教学评价体系的构建 [M]. 北京：航空工业出版社，2019：29-50.

的主体，把它们考虑在评价内容之外是在情理之中的。有关运动技术的理论部分可以由体育老师先定几个题目，再选择一定的时机让学生当场抽签问答来定成绩。对于运动技能实践部分内容的考评则可以进行现场打分。由于学生的身体基础不同，体育基础各异，按照绝对成绩来评价技能是不公正的、不科学的、不合理的，因此在操作层面上可以选择中等难度来测量学生对于运动技术、运动技能的掌握情况，如跳高高度由学生自己选择。选择的依据就是最能发挥你自己技术特点的高度，考核的成绩也不是跳高的绝对高度，而是根据对学生学习后的技能情况来评定成绩。

其五，结合运动项目的特点进行体能评价。众所周知，每个运动项目所要求的体能是不同的，每一种体能在每一个项目中的要求也是不同的。如耐力在田径长跑中表现为长跑耐力，而在足球中则表现为足球耐力，在排球中又表现为排球耐力。因此，撇开每学期所学的具体运动项目来测试诸如耐力等的体质测试，可能直接导致一个严重后果——考什么、练什么，从而可能打击学生对体育活动的兴趣。因此，体育课程学习评价应立足于学什么、练什么则考什么。运动技能考核如此，体能考核也应如此，根据学生所学过的项目进行项目体能测试。

2. 学生学期体育学习评价的内容

根据新课程标准和学期体育教学的特点，我们以学期和个体为单位，把学生学期体育学习评价内容基本规划如表5-2所示：

表5-2 以学期为单位的学生个体体育学习评价内容

一级指标	二级指标	三级指标	评价手段
学生自我成长的评价	自我成长档案袋	学期内每节课的自我成长记录卡：对体育教师、体育教学方法、自我收获与体会等的评价	自我评价
学期体育	学习态度	学期内每节课的课堂学习态度：到课率、迟到早退等课堂常规	教师评价
	运动参与	学期内每节课的运动参与态度与积极性	教师评价与学生评价相结合
学习评价	运动技能	对已学项目进行技术评定	教师评价
	体能	根据所学项目进行测试	教师评价
	心理健康与社会适应	依据所学项目，进行心理健康与社会适应方面的定性评价，社会适应发展中包含个人对每节课课堂学习氛围的贡献	教师评价与学生评价相结合

(三)学生课堂体育学习评价

1. 学生课堂体育学习评价的基本要求

体育课堂教学是体育教学的最小单位,体育课堂教学评价是最为重要的评价。在进行学生课堂体育学习评价时应关注以下几个方面:

第一,大部分体育课堂教学评价是教师的即时评价,这些评价可能不会列入对学生学习总评价的范畴,也不能进行定量的评价,但这是非常重要的评价,它对学生体育学习起到了非常重要的作用。学生运动过程中的一举一动是否有效、是否正当,都需要教师进行判别,这种反馈的信息不仅对言行的引导产生作用,而且也是对学生思想品德的一种教育。

第二,学生课堂体育学习评价目标也要与体育课程目标相一致,可以包含体能发展、运动技术提高、心理与社会适应发展、运动参与的态度与积极性等内容。

第三,除了评价目标,还要关注学生课堂学习氛围的评价。因为课堂教学除了个人努力之外,还有集体力量的作用,因此,要把课堂氛围也作为一个重要的评价指标。

第四,不能仅仅考察某一节课的学生体育学习情况,而是要关注每一节课的学生学习表现。因为只有每一节课都能努力表现,这样的表现才是真实的、可靠的。

2. 学生课堂体育学习评价的内容

根据新课程标准和体育课的教学特点,我们以课和个体为单位,把学生课堂体育学习评价内容基本规划如表5-3所示。

表5-3 以课为单位的学生个体体育学习评价内容

一级指标	二级指标	三级指标	评价手段
课堂体育	态度	一节课的学习态度:到课率、迟到早退等课堂常规	组内评价
	行为	一节课的运动参与态度与积极性	教师评价
学习评价	运动技术	已学项目技术的掌握情况	教师评价
	体能	结合所学运动项目体能促进情况	教师评价
	心理健康与社会适应	结合所学运动项目进行心理健康与社会适应方面的定性评价,社会适应发展中包含个人对一节课课堂学习氛目的贡献	教师评价

二、体育教师教的评价

体育教师教的评价包含体育教师课堂教的评价和体育教师教的课外评价两项内容。

(一)体育教师课堂教的评价

1. 体育教师课堂教的评价指标

有关体育课堂教的评价方案很多,一般情况下,有关文献中的"体育课堂教学评价"所指的就是本书中的体育教师课堂教的评价,为了更加清晰地反映体育教师教的水平与效果,本书采用"体育教师课堂教的评价"这种说法。这里我们有代表性地选择了有关体育课堂教学评价的几个量表,作为实例并加以分析,如表5-4、5-5和5-6所示。

表5-4 体育教师课堂教学评价指标

一级指标	二级指标	权重	赋分
教学目标(10分)	① 预设的符合程度 ② 可操作性 ③ 教学准备 ④ 课堂结构	6 4 6 6	
教学过程(30分)	⑤ 学习资源的处理 ⑥ 过程调控的有效性 ⑦ 运动参与的程度 ⑧ 学练环境的创设 ⑨ 对知识、技术的理解运用	6 6 6 6 6	
教学方法(30分)	⑩ 因材施教 ⑪ 互动对话 ⑫ 学习指导的范围和有效性	6 6 6	
教学效果(12分)	⑬ 目标达成度 ⑭ 学生的情感体验 ⑮ 教育思想与理念	6 6 6	
教师素质(18分)	⑯ 教学语言 ⑰ 教学情感	6 6	
教学特色		5	

表5-5 体育课堂教学评价指标(同行、专家、领导)

序号	评价项目	评价标准	权重	评定等级				得分
				A	B	C	D	
1	场地器材准备	课前认真检查场地器材，符合安全要求，器材准备有条不紊，便于教学顺利进行	7	7	6	5	3	
2	教案课堂	教学任务明确，符合实际，符合体育教学原则，重点、难点突出	8	8	6	4	2	
3	教学纪律与准备活动	课堂遵守教学纪律，无迟到、早退、接听手机、脱岗等现象；上课时不进行与教学无关的任何活动	6	6	5	4	2	
		准备活动充分，并与教学内容很好结合，形式活泼，适合学生生理、心理状况	10	10	8	6	4	
4	讲解示范	语言精练，通俗易懂，内容正确，寓于启发性，示范正确、熟练、完美	15	15	13	10	7	
5	组织教法	组织严密、合理，教学手段、方法符合体育教学原则，教法具有新意	15	15	13	10	7	
6	课的密度负荷	合理运用各种活动时间，密度及运动负荷符合人体生理机能活动变化规律，符合学生实际情况	10	10	8	6	4	
7	掌握"三基"情况	发挥体育教育作用，学生能学到体育知识、技术及技能，能增进学生对体育的爱好，提高对体育教学的认识	8	8	6	4	2	
8	运动效果	利于学生身心健康，利于体质增强和身体素质的提高	8	8	6	4	2	
9	整理活动	具有实效，活泼轻快，有利于学生疲劳的恢复	8	8	6	4	2	
10	总评	能及时指出课中的优点和不足，并提出改进意见，课外活动有布置，并有针对性	5	5	4	3	2	
	合计							

表5-6　体育课堂教学评价项目参考

一级指标	二级指标	三级指标（参考点）
教学预设	目标定位明确	① 符合课程标准要求和学生年龄身心特征、认知基础 ② 着眼学生知识、技能、体能、情感、态度和习惯养成 ③ 符合生活实际，拓展学习视野 ④ 定位准确，表述具体，易测量
	内容设定科学	① 内容选择与开发符合课程性质，符合学生实际和需要，有利于激发学生运动兴趣和增强体能，有利于形成终身体育意识 ② 内容安排得当、分量适中 ③ 教学重点与难点定位得当 ④ 教学环节布局合理，衔接自然 ⑤ 注重学练方法的适时渗透和价值观的形成
	资源准备充分	① 每项活动有切实组织策略与安全准备 ② 教师穿运动服、运动鞋；学生穿运动鞋，着装轻便 ③ 场地、器材布置实用、合理，调试安全到位
教学过程	课堂结构合理	① 教学结构合理、完整，教学活动始终围绕 ② 教学目标展开教学环节有序，节奏张弛有度，内容逐层深入 ③ 师、生双向互动，有自主、合作、探究性学习方式渗透 ④ 有行之有效的课堂常规，教学组织、管理严密 ⑤ 练习容量适度，时间分配合理
	教学方法恰当	① 教学方法科学、合理，注重启发引导、直观形象 ② 手段灵活多样、有效，课堂气氛生动活泼 ③ 注重精讲多练原则，设置有价值的练习，建立每节课学生慢跑5分钟制度（病残学生除外） ④ 教学反馈真实、明确，及时纠正学生错误 ⑤ 配合教学的现代教育技术手段运用恰当
	教学特色鲜明	① 课程资源开发和教材整合运用有创新 ② 教学模式、教学方法和场地器材运用有创意 ③ 教学过程处理有艺术 ④ 教学情境营造有风格
教学素养	知识储备丰厚	① 掌握运动基本技能和运动基础知识 ② 掌握教育理论基础和体育专业理论，了解教育规律 ③ 掌握学生身心发展规律和课堂教学组织规律
	教学观念先进	① 尊重和关爱学生，作风民主，教态端庄，师生融洽 ② 面向全体，关注差异 ③ 鼓励学生运动参与、表现自我和创新 ④ 评价学生善于激励

一级指标	二级指标	三级指标（参考点）
	教学技能娴熟	① 语言表达准确、生动、形象，口令清晰、洪亮 ② 动作示范正确、优美、适时 ③ 驾驭课堂能力强，善于调控学生持续注意和情绪 ④ 善于应对课堂生成，调节教学预设及教学节奏，恰当处理偶发事件 ⑤ 熟练操作体育设施及现代化教学设备 ⑥ 善于运用保护与帮助，安全保护有效
教学效果	学习水平达标	① 能完成基本学习任务，掌握所学知识和技能 ② 运动负荷适宜，能有效地促进体能增强（练习密度不低于30%，平均心率达 120～140 次／分） ③ 掌握基本方法，积极参与运动
	学习心理健康	① 精神饱满，思维活跃，情绪放松 ② 乐意展现自我，乐意合作学习，自信迎接挑战 ③ 有积极的情感体验，有成功快乐感，有继续学习的愿望

以上评价表的优点主要有以下几个方面：其一，评价指标分等级，至少有一级、二级指标。其二，二级指标比较具体，可供评价者参考。其三，评价的内容比较全面，基本涉及了课堂教学的各个层面。但与此同时，也存在着一定的不足，主要体现在以下几个方面：(1)一级指标不统一，缺乏划分依据。如有的评价表把课堂教学评价指标划分为：教学目标、教学过程、教学方法、教学效果、教师素质、教学特色；还有的评价表把课堂教学评价划分为：教学预设、教学过程、教学素养、教学效果。(2)二级指标更为细致，但也更加没有依据。如把教学方法划分为对知识和技术的理解运用、因材施教、互动对话、学习指导的范围和有效性，其根据是什么？再如把教师的素质划分为教育思想与理念、教学语言、教学情感，而没有把教师的运动技能包含在内，在逻辑上存在一定的混乱。

2.体育教师课堂教的评价体系内容设计

一个合理的、相对科学的教学目标，并不是凭空捏造的，而是经过深思熟虑分析的，这与一个教师的实践经验密切相关，但仅有经验也是徒劳的，必须学会分析教材（包含单元教学的课次，本课的教学重难点等）、学生的学习基础、本校的场地器材条件等情况。同时，由于教学目标具有多元化，有三分法的三维目标，有四分法的四大课程目标，在体育教学实践中，体育教师就是通过这两种方法来制定目标的。按常规分析，"三分法"（认知目标、技能目标、情感目标）是按教育学原理来套用的，而"四分法"（运动技能目标、运动参与目标、身体健康目标、心理健康目标与社会适应目标)是按体育课程标准目标来套用的。若从逻辑学角度分析,这两种制定目标的方法都存在着一定的问题,"三分法"适用于任何学科,但体育学科具有很大的特殊性,不能翻版。当然也存在着一定的共性,如上述提到的认知、技能与情感(这里的技能并非运动技能,因为运动技能只是一种特殊的技能,其他还有操作技能、书写技能、打字技能等),但是身体处于教学活动中是其他学科所不具备的,因此,至少身体练习方面的目标应列为课堂教学目标之一。这样"三分法"就改为了"四分法"——认知目标、运动技能目标、情感目标、身体发展目标。为什么又说"四分法"也有问题呢?因为"四大目标"是课程目标,它不能等同于课堂教学目标,要把课程目标与课堂教学目标联系起来需要经过几个环节:体育课程目标——学段教学目标——学年教学目标——学期教学目标——单元教学目标——课堂教学目标,因此直接用体育课程目标来套用课堂教学目标,从逻辑上说是错误的,这是在理论上存在的纰漏。

根据以上思路,综合前人研究的成果,我们构建了学生情况分析、教材处理状况、教学目标设置、教学方法选择、教学手段实施、教师课堂评价、密度负荷安排、教学技能展示8个一级指标、23个二级指标作为体育教师课堂教的评价指标体系,仅供参考,如表5-7所示:

表5-7 中小学体育教师课堂教的评价指标参考

一级指标	二级指标	权重	赋分
学生情况分析(5分)	特殊学生处理	2	
	教学内容适应学生情况	3	
教材处理状况(10分)	单元教学课次分析	3	
	重难点把握	7	
教学目标设置(10分)	目标预设合理性	3	
	目标可操作性	3	
	目标达成程度	4	
教学方法选择(15分)	教学方法的合理性	6	
	教学方法的有效性	9	
	教学手段的有效性	4	
教学手段实施(10分)	教学手段的实用性	3	
	教学手段的创新性	3	
教师课堂评价(10分)	课堂过程评价	8	
	课后小结	2	
密度负荷安排(10分)	预计合理性	4	
	实际效果	6	

续表

一级指标	二级指标	权重	赋分
教学技能展示（30分）	普通话、语言表达	4	
	动作示范	5	
	口令、队伍调动	5	
	预防与纠正错误动作	4	
	场地器材布置	4	
	保护与帮助，安全措施	4	
	师生沟通	4	
评价结果			

（二）体育教师教的课外评价

1.体育教师教的课外评价研究回顾

英国对中小学体育教师工作绩效评价的内容是：有效地计划教学，制定可理解的清晰目标、具备良好的学科知识和理解、使用的教学方法能够促使所有学生进行有效的学习、有效组织学生、维持高行为水准、全面评价学生的学业、有效利用时间和资源、有效利用家庭作业来强化和扩充学习。

美国对中小学体育教师工作绩效评价的内容是：工作激情与感召力、工作方法创新、获得经费资助、发表研究成果、学生学业成绩提升、学生学业竞赛获奖。

《中华人民共和国教师法》对中小学体育教师工作绩效评价的内容是：教师的政治思想、业务水平、工作态度和工作成绩。

《关于积极推进中小学评价与考试制度改革的通知》对中小学体育教师工作绩效评价的内容是：职业道德、了解和尊重学生、教学方案的设计与实施、交流与反思。

吴健等在《发展性体育教师评价方法研究》一文中提出的指标是：专业素质——职业道德、教学能力、教育科研能力；课堂教学——教师的教、学生的学定量评价。

马先英在《体育新课程下的中小学体育教师工作绩效管理研究》一文中提出的指标是：工作质量、工作数量、教学能力、科研能力、工作态度。

王鑫在《西安市中学体育教师发展性评价指标体系研究》一文中提出的指标是：教师方面，课堂教学的组织与实施能力强，教学设计和方法得当，示范能力强，技术动作规范，课堂教学气氛融洽、和谐；能够对学生进行正确、公正的评价；教书育人。

曾庆涛在《我国体育教师发展性评价指标体系研究》一文中提出的指标是：基本素质——思想道德素质、知识结构、能力素质、身心素质；工作过程——教学、科研工作、课余体育活动、训练、竞赛社会服务；工作绩效——教学绩效、科研绩效、课外体育活动、训练竞赛。社会服务专业发展——终身学习、继续教育、交流反思。

覃大勇在《中小学体育教师考评的研究——基于中山市南区的探索》一文中提出的指标是：基本素质——个人素质、专业素质、职业道德；能力指标——课堂教学能力、课外体育辅导能力、体育教育与管理能力、体育科研能力；职责指标——课堂考勤情况、听课、评课的数量和质量；绩效指标——学生绩效、教师绩效。

俞福丽在《中小学体育教师评价现状研究》一文中提出的指标是：科学的理论知识、体能和技能基础、计划与实施、教学与管理、对学生学习的影响、职业作风和专业意识。

李亮在《中小学体育教师评价体系的构建》一文中构建了教师评价体系：能力指标——对各有关教学信息加工、获取、传导的能力、体育教学的管理能力、体育教学的应变能力、体育教学中的教育能力；职责指标——听课和评课数量和质量、参与教学年会的情况、参与教学教改的情况、课堂考勤情况、学生国家体育锻炼标准的达标率等。绩效指标——学生绩效指标（群体活动效果、运动竞赛成绩、体育生升学情况、体育升学考试成绩）、教师绩效指标（教师自学和进修情况、教师基本功比赛成绩、优质课评比成绩）等。

从以上部分研究成果来看，较多采用的是问卷调查方式，方法比较单一，研究内容大同小异，重复研究比较多，对实践的指导作用并不明显。

2. 体育教师教的课外评价具体内容设计

根据新课程标准、体育教学的特点与前人的研究，我们把中小学体育教师有关"教"的课外评价表构建如表5-8所示：

表5-8 中小学体育教师"教"的课外评价参考量

评价指标	评价内容	评价等级与得分（分）	总得分
"教"的职业道德（10分）	严格遵守学校规章制度，不迟到早退 工作认真负责，乐于承担工作 尊重学生，无体罚或变相体罚学生 一视同仁，不歧视学生 团结协作，尊重他人		

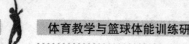

续表

评价指标	评价内容	评价等级与得分（分）	总得分
"教"的专业水平 （20分）	基础扎实、基本功好 教学计划齐全 教法多样、手段灵活 善于启发学生积极思考 重视学法指导练考落实、评讲及时		
"教"的效果 （20分）	学生学有兴趣，学习积极性高 学生学有所获，各层次学生的学习都有提高 学生学习主动、思维能力活跃		
"教"的育人成效 （10分）	学生得到身心全面发展 体育学习班风、学风正 学生体育锻炼习惯良好 学生具有良好的体育道德风尚		
有关"教"的教研 教改（20分）	积极参与各种教研活动，培训进修活动 积极进行长期的教学反思 勇于承担公开课、评议课 听课严肃认真，评课水平较高 积极参与承担教改课题 积极撰写与发表论文		
学生对教师"教" 的评价（20分）			
总评			

第六章　篮球体能训练

第一节　篮球体能训练基本知识

一、体能训练的概念

体能，是指人体在形态结构、功能调节、物质能量贮存和转移等方面所具有的潜在能力以及与外部环境相结合所表现出来的各种运动能力的综合，体能可以通过先天遗传和后天训练两种途径获得。体能素质一般包括身体形态、身体机能与运动素质能力，其中运动素质能力起决定性因素，而身体形态、身体机能是一个运动员形成良好运动素质的基础。

体能训练是指采用特定的方法和手段来提高人体生理各系统的机能与代谢水平，使之适应竞技运动需要而进行的专门性身体训练。随着各体育运动项目比赛水平的不断提高，运动员需要在日常生活中表现出良好的训练水平才能适应比赛的要求，而若想保持训练的高水平，基本的体能训练是必不可少的。由此可见，体能训练是运动训练的重要内容，它是发展人体运动能力的重要途径。通过科学而合理的体能训练，运动员可以有效地改善机体机能、促进身体健康、发展运动素质，为自己参加比赛提供必要的体力贮备和技术贮备，从而取得优异的运动成绩。[①]

一般来说，现代运动训练主要包括身体训练、技术训练、战术训练、心理训练、智力训练等几项内容，而体能训练是顺利完成其他各项训练的基础。没有良好的体能素质作为保证，技战术训练就无从谈起；没有高效的体能训练，运动员竞技能力的提高就难以得到保证。因此，体能训练在现代运动训练中占据着极其重要的地位，其他运动素质的训练都要建立在体能训练的基础。

二、篮球体能训练的基本含义

篮球体能训练，是篮球运动训练的重要内容，是指在篮球运动训练中，运动员科学、合理地运用各种练习手段，为提高自身身体素质和活动能力，改善体质状况

---

① 胡磊，张超．篮球运动技战术与体能营养研究 [M]．成都：西南交通大学出版社，2018：104-113．

所进行的有目的、有组织的系统发展过程。篮球运动员进行体能训练不仅可改善和提高体质健康水平，而且对于个人技战术水平和运用能力的提高，乃至整个运动队比赛成绩的提高都具有非常重要的意义和作用。

篮球运动属于一项以投篮得分为目的，攻防快速转换的速度力量型对抗项目。从本质上来说，篮球运动属于一项技能类运动项目，但对体能素质的要求也很高，没有良好的体能素质作保证，运动员的技战术能力就难以有效发挥。在篮球运动中，速度是篮球进攻与防守、攻防转换有效性的关键因素，有速度才有可能抢占进攻的有利时机，占据比赛的主动，从而攻击得分。因此，篮球体能训练要以速度素质训练为中心，而且速度素质训练要以速度耐力为主，因为一场篮球比赛的时间较长，如果没有必要的耐力作为保障，球员是不可能顺利地完成比赛的。由于篮球属于对抗性项目，而力量就是对抗的物质保证，强手之间的对抗，需要优秀的力量素质。力量素质中，篮球运动员的上、下肢和腰腹的力量往往能使其在激烈的对抗中处于稳定的状态，而不受对手的冲撞等影响，可使运动员在合理有利的时机发挥出应有的优势，从而夺取比赛的主动。

另外，由于篮球运动不仅仅是在平面上的争夺，也是在空间上的争夺。在平面上，速度决定一切，而在空间上，高度就显得极为重要了，因此弹跳素质也是篮球运动员必须具备的基本素质。

随着现代篮球竞赛规则的不断改变，现代篮球比赛中的身体对抗也越来越趋向多元化，因此篮球运动就成为运动员力量、速度、耐力、柔韧、灵敏、弹跳等素质的全面对抗，这些都对篮球运动员的体能训练提出了更为苛刻的要求。

第二节　篮球体能训练的原则及要求

一、训练适应的原则及其要求

（一）原则

训练适应，是指运动员机体在训练负荷和外部环境的长期刺激的作用下，人体器官和系统所产生的结构与机能改善。这种机能改善能满足激烈比赛所需要的体力，并按照刺激反应→适应→提高→再刺激→再反应达到新的适应和提高的规律变化。要想实现这一适应，运动员就必须进行长期专门的训练。

训练适应的形成主要包括以下几个阶段。

1. 施加刺激阶段

这一阶段的刺激主要包括训练、比赛和生活（饮食、作息制度、时差、气候等）所受到的各种刺激。

2. 应答性反应阶段

应答性反应是指运动员在外部刺激的作用下，其机体内外感受器官产生兴奋，将兴奋传输到各内脏机能器官和运动器官，使之尽快进入工作状态。该阶段是不适应所引起的暂时性反应阶段。

3. 对刺激产生局部或整体适应阶段

机体器官和系统在接受刺激后，机能状况由开始的急剧上升逐渐趋于平衡，此时，机体的某项应答指标虽不再上升，但也能承受住外部刺激时，则表示机体已对刺激产生了训练适应。此阶段为开始形成适应阶段。

4. 改造和完成阶段

该阶段称为长期适应形成阶段，是指运动员在全面增加和系统重复各种外部训练刺激的基础上，使各相应的机能系统和组织器官产生明显的结构和机能改造。在这一阶段中，运动员运动器官和机能系统的结构相继出现一定的完善和协调。

5. 训练适应的衰退阶段

当运动员训练安排不合理时，如负荷的量或强度过大，长期训练适应的某些机能就会出现衰竭的情况，导致训练适应能力出现一定程度的衰退。

（二）要求

根据训练适应原则，在体能训练中，运动员应通过各项身体练习的手段和方法，刺激自身机体，使之产生有效的训练适应，达到提高机体能力的目的和要求。运动训练适应的主要任务就是运用训练负荷，打破运动员机体原有的生物适应与平衡，使机体产生新的适应与平衡。运动员体能水平越高，需要克服的生理和心理上的困难程度就越大，神经肌肉和其他各系统产生机能适应所需要的训练负荷就越大，时间就越长。一般情况下，在体能训练过程中，运动员需要克服以下两种情况：一是要避免适应的消退和再适应过程的重复出现；二是要避免盲目的、长时间的、高强度的刺激来单纯地追求训练适应。[①]

① 代坤，丁红娜，张扬.篮球运动员体能训练取得突破的关键技术研究[M].北京：九州出版社，2018：4-7.

二、科学安排运动负荷的原则与要求

(一) 原则

科学安排运动训练负荷，是指运动员在体能训练的过程中根据训练的任务与目的，科学安排训练的量与负荷，以保证训练的针对性和有效性。过去的传统训练理论认为，在安排运动训练的量与负荷时，应把"量"和"强度"对立起来，当注重训练强度时，要降低训练的量；当需要增大训练的量时，就要降低训练的强度。经过科学的研究发现，这不利于运动员体能水平产生突破性的提高。现代篮球运动员体能训练应该是"量"和"强度"得到同步的提高，这是因为运动训练与比赛要求运动员既能承受长时间大运动量的刺激，又要承受长时间大强度的刺激，二者是缺一不可的。

(二) 要求

在篮球运动训练中，运动员必须要根据训练任务和目的，科学地规划和安排训练负荷，按照人体机能的适应规律逐步加大运动负荷，直至最大限度地适应；要按照"加大—适应—再加大—再适应"的增量方式，逐步加大训练的量和强度，有效地促进机体形态发展和机能改善，进而促进运动水平的发展和提高。在运动训练的过程中，要实现负荷量和强度的同步提高，要做到以下几点：第一，在认识上要确信"量"和"强度"能够同步提高，这是发展体能、提高竞技能力的有效方法。第二，要选择适当的训练手段和方法，使运动员逐步适应大强度、长时间持续训练的方式。第三，在参加运动训练时可根据实际情况改变准备活动的任务，为实现"量"和"强度"的同步提高做出合理的安排。

除此之外，还需要注意的是，体能训练时负荷的量和强度一定不要同时达到最大程度，否则就会很容易造成过度训练，引起功能失调，造成成绩和训练水平的下降，有时甚至还会出现不必要的运动损伤。

三、体能训练与专项技战术训练相结合的原则与要求

(一) 原则

在篮球运动训练中，体能训练是为技战术的运用与发挥服务的。体能训练是手段，实施攻击和防守的技战术方案是目的。通过个人技术和整体战术，捕捉和创造战机达到攻击得分是最终目的。所以，体能训练具有鲜明的专项特点。体能训练只有与专项技战术有机结合，才能真正达到体能训练的目的，实现在体能训练中完善

和检验技术、战术，在技战术训练中发展和巩固体能。为此，要根据运动项目特点、运动员的水平和不同训练阶段的任务，合理安排二者的训练比重。

（二）要求

体能训练与技战术训练相结合的问题，要视训练对象、训练任务灵活安排。一般来说，对于高水平运动员，应以体能训练促技战术水平提高；对于青少年运动员，应以技战术为主要手段，发展体能训练水平。

四、系统不间断性的原则与要求

（一）原则

系统不间断性原则，是指从开始训练到创造优异成绩，直至运动寿命终结的全过程中，都应按照体能发展的内在规律，做出相应的合理规划，持续不断、始终如一地进行训练。这一训练原则是依据训练适应的产生、发展与消退规律以及体能发展的连续性和阶段性等提出来的。

（二）要求

运动员身体素质和运动能力，是在长期的反复练习中逐渐形成和发展起来的，因此，在运动训练过程中，为了提高运动员的体能水平，必须制订运动训练的计划，按计划系统地进行全年和多年的体能训练，要以年周期训练为基本结构，合理安排各阶段的训练任务、内容和运动负荷。此外，对整个训练过程的体能训练不仅要系统规划，对多年训练不同发展阶段的体能训练，从内容、比重、手段、负荷等方面也应做出系统安排，尤其是在青少年时期以及达到高水平以后，更应该周密考虑，探索进一步发展的可能性。

五、从实际出发的原则与要求

（一）原则

从实际出发，即运动员体能训练的安排要从其自身的特点、训练阶段、比赛要求及训练条件等实际情况出发。

（二）要求

从实际出发原则有以下几点要求：第一，训练要有针对性，要以提高专项成绩和技术水平为基本的和最终的目标；第二，要根据运动员的具体实际和专项的需要，合理地安排训练内容和运动负荷；第三，运动员的各项素质要均衡发展，以适应提高运动技术水平的要求。

六、区别对待的原则与要求

（一）原则

区别对待原则，是指在训练过程中，按照训练的目的和目标，并结合运动员的个人实际，有针对性地确定训练任务、内容，选择方法、手段和安排运动负荷。

（二）要求

区别对待原则要求篮球运动体能训练要因人而异，要根据运动员身体机能和运动能力的高低来合理地安排训练内容和运动负荷。针对体能水平较低的运动员应加大一般体能训练的比重，使其机体各项运动能力得到全面而均衡的发展；对于高水平运动员来说，则应合理地增加专项体能训练的比例，以促进体能素质和运动能力的更大提高。

随着现代篮球训练水平的不断提高和发展，训练理论与训练的内涵也不断地向前、向更高水平发展着。因此，篮球运动员体能训练的内容要适应这种要求与发展，必须不断赋予其新的内涵。

第三节　篮球体能素质训练测评

一、篮球体能素质训练测评的体系

篮球体能素质训练的测评要有一定的体系，该体系要根据评价的目的、评价要求、评价对象及训练水平等来确定，首先确定一级指标，然后再确定二级指标。一级指标为：速度能力、跳跃能力、一般耐力、机能恢复能力、专项技能、身体各部肌肉力量等6类指标，然后确定每类一级指标的二级指标。如速度能力的二级指标选定为三角折返跑、变距折返跑；跳跃能力的二级指标选定为立定10级跳、助跑摸高、连续纵跳等；一般耐力的二级指标选定为3200米跑；机能恢复能力的二级指标选定为定量负荷后的心率恢复速度；专项技能的二级指标选定为大负荷练习后不同位置接球急停跳投、大负荷练习后定点投篮；身体各部肌肉力量的二级指标选定为上肢力量、下肢力量及躯干力量。

二、篮球体能素质训练测评的指标

篮球运动员的体能素质训练测评的指标应由一级指标和二级指标组成。一级指标主要包括：形态类指标、机能类指标、运动素质类指标、技能体能类指标。其基本内容主要有以下几个方面。[①]

(一) 形态类指标

形态类指标主要包括：(1) 身高；(2) 体重；(3) 胸围；(4) 体型：指距、足长、骨盆、踝围、下肢长、跟腱长等。

(二) 机能类指标

机能类指标主要包括：(1) 心率；(2) 肺活量；(3) 最大通气量；(4) 机能恢复能力：定量负荷后的心率恢复速度等。

测评方法主要包括以下几种。

1. 最大通气量的测量方法

使用仪器：肺功量计，秒表。

测量方法：受测者取立位，夹上鼻夹，口含与肺量计相通的橡皮口嘴，开动记录装置，做数次平静呼吸后，测量人手持秒表，令受测者做最深最快的动作呼吸，记录15秒，将所得数值乘以4就是1分钟的最大通气量。

2. 30秒钟20次蹲起测量方法

使用仪器：秒表、节拍器。

测试方法：受测量者一人或若干人，先静坐15~20分钟，测量其安静时15秒钟脉搏次数并换算成1分钟脉搏次数。令受测者按节拍器在30秒内做20次蹲起。负荷后受测者坐在椅子上，测即刻15秒钟脉搏，换算成1分钟脉搏数。然后测休息1分钟后的15秒钟的脉搏数，并换算成1分钟脉搏数。再测休息第2分钟后15秒的脉搏数，再换算成1分钟的脉搏数。要求受测者按节拍做蹲起，下蹲时必须成深蹲，起立后要站直。

---

① 黄德星．篮球训练执教方略 [M]．昆明：云南大学出版社，2014：127-167．

（三）运动素质类指标

运动素质类指标主要包括：（1）速度能力：三角折返跑、变距折返跑；（2）跳跃能力：立定多级跳、助跑摸高、连续纵跳；（3）一般耐力：3200米或1500米。

下面主要介绍一下篮球速度素质指标的测试方法。

1. 三角折返跑测试方法

测试仪器：秒表。

测试方法：跑动路线如图6-1所示。运动员从场角起动开始计时，沿半场对角线—边线—端线跑回起点停表。

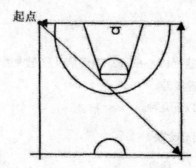

图6-1　三角折返跑示意图

2. 变距折返跑

测试仪器：秒表。

测试方法：跑动路线如图6-2所示。运动员从端线起动开始计时，按端线—罚球—端线—中线—端线—另一端罚球线—端线—另一端线—起点顺序连续折返跑，回到起点停表。

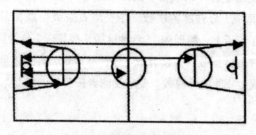

图6-2　变距折返跑示意图

（四）技能类指标

篮球技能类指标主要包括：基础技术水平和专项技能。

基础技术水平：(1) 防守脚步移动；(2) 综合运球；(3) 对墙快速传球；(4)10点20次跳投。

专项技能：(1) 不同位置的大强度接球急停跳投；(2) 大负荷突破运球上篮；(3) 内线大强度连续投篮。

技能类指标的测评方法主要包括以下几种。

1. 梯形滑步

测试仪器：秒表。

测试方法：(1)、(2)、(3) 分别为3个标志桶，滑动路线如图6-3所示。队员从位置 (1) 开始沿端线滑动同时开始计时，然后沿限制区边线向上滑至位置 (2) (手触标志桶即可)，后撤至罚球线，再向上滑至位置 (3)；然后向下滑至位置 (1)，再以同样方式和路线滑回起点停表。

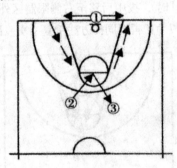

图6-3　梯形滑步示意图

2. 外线接球突破

测试仪器：秒表。

测试方法：移动及突破路线如图6-4所示，(1) 为突破队员，(2) 为传球队员，(3) 为捡球队员。队员 (1) 在右侧45°的3分线外接 (2) 的传球做交叉步突破上篮 (接球同时开始计时)，投中后跑至左侧45°的3分线外接 (2) 的传球做交叉步突破上篮；投中后再跑至右侧45°的3分线外接 (2) 的传球做同侧步突破上篮，投中后跑至左侧45°的3分线外接 (2) 的传球做同侧步突破上篮，投中后停表。

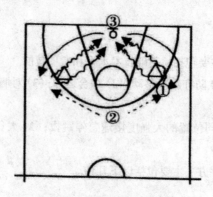

图 6-4　外线接球突破示意图

3. 内线接球突破

测试仪器：秒表。

测试方法：移动及突破路线如图 6-5 所示。（1）为突破队员，（2）为传球队员，（3）为捡球队员。队员（1）从左侧限制区外摆脱跑至罚球线接（2）的传球做交叉步突破上篮（起动的同时开始计时），投中后移至右侧限制区外摆脱跑至罚球线接（2）的传球做交叉步突破上篮；投中后再以同样方法重复一次，最后一次投中后停表。

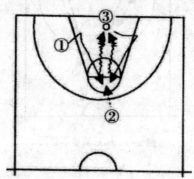

图 6-5　内线接球突破示意图

4. 外线接球投篮（2 分钟）

测试仪器：秒表。

测试方法：投篮点及投篮范围如图 6-6 所示，（1）为投篮队员，（2）、（3）为传球队员。投篮队员（1）从位置 1 开始，首先在 3 分线外投篮，然后在同一位置接球后运球至虚线外急停跳投。以同样方法依次在位置 2、3、4、5、5、4、3、2、1 投篮，计 2 分钟内投中次数。

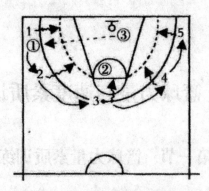

图6-6 外线接球投篮示意图

第七章　篮球力量与速度素质训练实践

第一节　篮球力量素质训练

一、篮球力量训练的重要性

力量是指人体肌肉系统工作时克服或对抗阻力的能力，肌肉力量是运动员完成各种动作的原动力。篮球运动员力量水平的高低对速度、弹跳、灵活性及耐力的水平都有着重要的影响，也是发挥技术水平的重要基础。另外，通过系统的力量训练可以提高运动员肌肉和韧带组织的力量，加大了关节活动范围，同时也会明显降低运动员受伤的概率。

我国篮球运动员在与欧美强队运动员的身体对抗中，明显表现出体能方面的差距，其中最突出的问题是力量水平较低，反映出我们的力量训练存在诸多问题。如力量训练方法单一，主要以杠铃为主；力量训练缺乏计划性、系统性和针对性。其主要现象有：(1) 下肢力量强，躯干和上肢力量弱；(2) 伸肌力量强，屈肌力量弱；(3) 大肌群力量强，协同肌、稳定肌及小肌群力量弱。

运动员的力量发展不协调和不均衡，将造成场上身体对抗能力差，而且会导致运动损伤的比例明显上升。从这几年国家队集训的情况可发现，国家队运动员的损伤尤其是膝关节损伤 (劳损) 的比例是比较高的，运动员长期受伤病困扰，常出现阵容不齐的情况。这也反映出我们过多注重运动环节的功能力量训练，忽视运动环节的保健防伤训练。以姚明为例，姚明 2002 年进入 NBA 时的卧推力量为 90 公斤，通过 NBA 专门的体能教练几年的系统训练，卧推力量达到了 150 公斤。姚明在 NBA 联赛期间的体能训练的安排主要以力量训练为主，在长达 6 个多月的联赛期间，只要没有背靠背比赛，比赛结束后还要去健身房练 40 分钟的力量。由此可见篮球运动员力量训练的重要性。

二、篮球力量素质的表现形式

篮球运动中力的表现形式主要包括最大力量、中等力量、爆发力、爆发力耐力、肌肉体积和肌肉耐力等六个要素。[①]

篮球运动员的力量在这六个方面都需要发展，但所占比例是有所不同的，其中爆发力耐力的要求最高，其次是爆发力、肌肉耐力、中等力量、肌肉体积和最大力量。这里提到的爆发力耐力是一个新的概念，它实际上就是指连续起跳、连续运动和连续加速跑的一种综合能力，是篮球专项力量要求发展比例最高的。作为篮球体能教练员，需要根据篮球专项力量的需求比例分析，为篮球运动员设计全面系统的力量训练方案来提高运动员的专项力量水平。那么，如何才能设计合理有效的力量训练方案呢？体能教练员首先要了解清楚力量训练的刺激对机体的反应，也就是力量训练的适应性，这样才能明白"练什么"和"怎么练"。

三、力量训练的适应性

力量训练（或称抗阻训练）实际上也是一种无氧形式的运动。当一个训练计划开始进行时，会引起肌肉力量、爆发力和训练肌肉体积等变量的改变，而神经系统的适应作用是使力量提高的主要生理系统，内分泌系统对于适应作用的初期过程也有帮助。因此，了解这些相关因素的适应性变化有助于设计有效且合理的力量训练计划。

（一）神经的适应

神经肌肉的适应作用包含了多种生理系统间的复杂交互作用，这些交互作用与训练计划中力量训练的刺激强度和储备紧密相关。例如，对于受过训练的运动员采用 5RM 的高强度负荷且重复次数和组数少的杠铃挺举训练时，可能产生的影响主要是神经方面的因素（如神经的募集、活化和抑制等）。相反，当运动员进行一个 10RM 的强度负荷且重复次数和组数较多的训练计划时，则适应作用的焦点可能会转移到肌肉质量的生长。有研究显示，这种训练计划可以提高体内同化性荷尔蒙对训练的反应，在这种情况下，肌肉肥大增加的程度可能远大于肌力和爆发力，而神经方面的因素在适应作用上所扮演的角色减少。

在渐增超负荷抗阻练习期间的前几周，肌力的增加和肌肉质量增加间的相关性比较小，除了肌肉质量帮助肌肉力量产生的因素外，其他因素还包括对拮抗肌抑制的增加、更好地协同收缩、增加动用协同肌、神经保护机制的抑制和增加运动神经元的可激发性。肌力增加程度可远大于肌肉肥大可解释的范围，这现象在训练的早期（2~8 周）和训练后期肌肉蛋白到达它最大的尺寸时最为明显。

---

① 郭岩，余锋，左昌斌. 实用体能训练指南 [M]. 北京：中国书籍出版社，2018：80-105.

在超过 90%1RM 的极高强度且运动量低（重复次数少）的力量训练计划中，神经方面的因素对于肌肉力量的增加特别重要，而该训练计划可能无法对肌肉组织的生长提供足够的刺激。但如果一个训练计划可以促进肌肉组织的生长，就可能降低初期的神经适应作用对于肌力和爆发力增加的帮助，然而肌纤维的肥大已经被证实了至少需要超过 16 次训练课才会产生显著的增加。按照周来推算，如果每周进行三次力量训练课，那么就需要 5 周以上的力量训练才能产生肌肉肥大的效果。

力量训练研究显示，神经的适应作用会随着力量训练周期延长的 6~10 周而急剧地增加。而当力量训练周期超过 10 周后，会发生肌肉肥大的现象，而且肌肉肥大对于肌力和爆发力增加的帮助要比神经的适应作用大。肌肉肥大最终会到达最大限度而停止，在大部分的训练研究中，值得注意的是，肌纤维横断面积的增加范围大约是 20%~40%。

（二）肌肉的适应

抗阻训练的效果是增加肌肉的体积，而且主要是肌纤维的肥大。各种抗阻训练所产生的生理适应作用已经被广泛研究。在设计抗阻训练计划时有 5 种变量需要考虑：(1) 动作的选择；(2) 动作的顺序；(3) 阻力或强度的使用；(4) 组数；(5) 组间和动作练习之间休息时间的长度。在抗阻练习中，生理和心理的立即反应差异与这些计划变量的不同有关，利用特殊形式的抗阻训练计划来产生特殊形式的生理适应是设计和发展力量训练计划的基本原理之一。因为抗阻训练计划可以有不同的安排来满足各种特殊运动的需求，所以训练的适应作用会因训练计划中所使用的运动形式而特殊化，动用特定模式的神经肌肉，同时又会动用其他的系统，如内分泌系统。而内分泌系统又开始发挥作用去支持神经肌肉系统适应的改变。随着抗阻练习计划开始，在初期几次训练后的肌肉蛋白形式（例如快肌的凝蛋白重链）则开始发生变化，当训练持续进行且肌纤维增加肌肉横截面积，收缩蛋白的数量开始增加。因此，要想达到肌肉肥大的效果就需要超过 16 次的力量训练课，才能充分地增加肌肉细胞内可收缩蛋白的含量。

（三）肌纤维类型的改变

随着训练和高阈值运动单位的动用，Ⅱb 型肌纤维会转变为Ⅱa 型，换句话说，Ⅱb 型肌纤维会改变肌凝蛋白 ATP 酶上的异构物而逐渐地变为Ⅱa 型肌纤维。因此，一些人称Ⅱb 型纤维为最大力量和爆发力的纤维，但如果Ⅱb 型纤维充分地被动用，它们便会变成Ⅱa 型肌纤维，在抗阻练习的早期，肌纤维形式和相关肌凝蛋白重链的变化开始变得明显。在肌肉中纤维形式的转变似乎是肯定的，因为Ⅰ型不太可能转变为Ⅱ型。无论是从Ⅰ型转变为Ⅱ型或其他的转换是否可能，该论点仍然被高度怀疑，因为使用新技术所得到的证据均无法证实这是正确的，在斯塔龙等人的研究中，对男性和女性进行每周2次、持续8个星期的高强度抗阻练习计划。这是第一个证实在男性和女性抗阻练习计划早期特殊肌肉适应作用的研究，该训练计划着重在腿部的肌肉组织且包括剧烈的、多组不同的动作（下蹲、仰卧蹬腿和伸膝），每个动作一天6~8RM而另一天则为10~12RM。在运动训练计划中，间歇时间为2分钟，使每一组和每一动作之间能得到足够的休息且同时也引起荷尔蒙的增加。在经过8周的训练期后最大肌力增加，男性和女性的肌纤维大小和去脂体重都没有显著变化，但肌肉蛋白的性质发生变化。在两周（即4次训练）的训练后，观察到女性受试者的Ⅱb型肌纤维百分比显著减少，而男性受试者在4周（即8次训练）的训练后也有类似的减少。在经过8周的训练（即16次训练）后，男性和女性的Ⅱb型肌纤维都减少了约全部纤维的7%。分析肌肉中肌凝蛋白重链证实，在训练的早期，Ⅱb型肌凝蛋白重链被Ⅱa型肌凝蛋白重链所取代，虽然肌纤维的重组可以促进肌肉肌力的程度并不清楚，但肌原纤维的大小和数量逐渐增加，以及快缩形式的纤维由Ⅱb型转换成Ⅱa型都可能促进力量的产生。此外，这个研究证实激素的变化（睾酮和皮质醇的交互作用）和肌纤维的变化有关（例如Ⅱa型纤维的转变），且可能会帮助调节肌肉的适应作用。这个研究证实，神经系统的调节可能是训练计划早期肌力和爆发力变化最大的影响，而在训练早期有许多其他变化也发生在肌纤维的重组上，当肌肉肥大到达关键阈值时，这些变化可能会产生影响，从而产生各种形式的蛋白质（例如，肌凝蛋白ATP酶和肌凝蛋白重链），因此抗阻练习是肌肉生长的重要层面。

四、力量训练的规范技术

为什么要强调力量训练技术动作的规范呢？在我们进行力量训练时常常会见到许多动作细节不规范的现象。作为体能教练，首先应该清楚并指导运动员掌握正确的力量训练标准和要求，如训练器材的正确使用方法，负重训练时的安全保护方法、正确的身体姿势或体态等。做到这些有两方面的益处：一是保证训练的质量和效果，二是预防负重训练时意外损伤的发生。下面将使用力量训练器材时经常出现的细节错误、动作问题以图示的方式列举出来，以引起教练员重视。

（一）力量训练器材的使用规范

使用力量器材时采用规范技术，才能保证训练安全和训练效果。下面将常用的一些力量负重器材使用的规范技术及常见错误方法列举出来，以便在训练中引起重视。

杠铃杆的正确握法，拇指采用闭环式握法，主要有 3 种：① 正握；② 反握；③ 交叉握。

负重杠铃时的正确身体姿势要领：挺胸、收腹、别腰、头平视。

哑铃的正确握法：拇指采用闭环式握法。

提杠铃起始位时的技术动作要领：挺胸、收腹、别腰、头平视，双肩应处于杠铃前面。

（二）常见力量训练器材使用时出现的错误动作

主要有：（1）屈体提杠铃时常出现的错误动作。（2）后蹲时的膝关节与髌尖起始位：要求髌尖不应超过脚尖。（3）杠铃上举姿势：臀、肩、杠铃应呈直线，与地面垂直。（4）负重上举时的上臂内侧应向耳部靠近。（5）负重时的呼吸方法：杠铃或哑铃上推时应呼气，减少憋气，有利于心脏血液回流。（6）杠铃卧推的正确保护技术。（7）杠铃弓步跨和上台阶的正确保护方法。（8）卧推的正确保护技术：保护者的双手呈交叉位护杠。（9）平板仰卧负重训练时正确的身体五点（头、肩、臀和双脚）支撑要求。（10）仰卧伸肘的正确保护技术。（11）哑铃仰卧推举的正确保护技术。（12）杠铃片的正确排列方法：大重量杠铃片到小杠铃片的安放应由里向外。（13）其他不安全的情况。这些细节错误是我们在进行负重力量训练时经常出现的问题，也是最容易被忽略的细节。

五、核心力量训练

（一）名词解释

"核心力量训练"是近年来体能训练中提及较多的一个名词概念，同时在力量训练中还有一个名词概念是"核心练习"。因此，这里首先需要将"核心力量训练"和"核心练习"两个概念加以区别，以防在应用中混淆。

一是核心力量训练。这里的"核心"实际上就是指人体双肩和双髋关节之间的躯干和骨盆区域，通常也称为躯干部位。因此，该区域的力量训练就称为"核心力量训练"或"核心部位力量训练"也就是指加强该区域肌肉群力的训练方法。从生物力学角度看，人体重心位于该区域，是人体运动链的最基本环节，也是各种肢体动作的支撑和附着点，直接影响各种技能动作的质量。人体核心部位的解剖结构和功能，与四肢相比有显著差别，大部分都起到支持、保护和稳定作用。因此，核心力量训练是力量训练中必不可少的重要辅助练习。

二是核心练习。按照力量训练中所动用的肌肉横切面积的大小以及与专项运动的相关性，可将力量训练方法分为核心训练和辅助训练两部分。这里，核心练习是指动用一组或多组大块肌肉（如胸、肩、背、髋和大腿），并涉及两个以上关节的力量训练方法。

那么，核心练习和核心力量训练究竟如何区分呢？简而言之，核心练习是根据力量训练中所参与运动的大肌群和关节多少来定义的；而核心力量训练则是按照身体部位（躯干）来定义的。

(二) 核心力量训练技术

这里所涉及的核心力量训练就是指人体躯干部位的力量训练。该类练习动作主要以静力性练习为主，但也可以进行动力性练习，可以根据力量训练的目的不同进行设计。下面分别从核心力量的徒手练习、身体平衡控制练习介绍。

1. 徒手练习

(1) 仰卧直臂屈膝抬髋

目的：加固腰、髋、腹部深层肌群，提高腰部和骨盆的控制能力。

方法：运动员仰卧、屈膝，双脚平放地面。然后髋与背向上挺离开地板，同时两臂向上伸直，身体固定。静力动作保持 20 ~ 30 分钟。

(2) 单腿俯姿腿臂平伸

目的：加固腹部深层肌群，提高腰部和骨盆的控制能力。

方法：单腿站立呈俯姿，单臂前伸（或触支架），收腹，同时水平前伸右臂和后伸右腿。水平前伸的右臂和后伸的右腿与躯干成为一线，平行于地面。静力动作保持 20 ~ 30 秒，双腿交替练习。

(3) 俯撑腿臂平伸

目的：加固腹部深层肌群，提高腰部和骨盆的控制能力。

方法：运动员呈俯姿，双臂伸直撑地，双腿跪撑地，固定腹部。开始练习时同时水平前伸右臂和后伸左腿。水平前伸的右臂和后伸的左腿与躯干成为一线，平行于地面。静力动作保持 30 ~ 60 秒，双腿交替练习。

(4) 俯姿平撑

目的：加固躯干深层肌群，提高腹、背部和臀部肌群的控制能力。

方法：运动员呈双臂屈肘撑地的俯卧姿势，要求双腿伸直并拢用脚尖撑地，直体固定腹背部，静力动作保持 30 ~ 60 秒。

(5) 仰姿桥撑

目的：加固躯干深层肌群，提高腹、背部和大腿后部肌群的控制能力。

方法：仰卧，双臂在体侧伸直，双手掌心向下支撑身体，双腿屈膝、并拢，用脚撑地提起髋部离地，身体成桥形姿势固定，要求静力姿势保持30~60秒。

(6) 俯姿后抬腿

目的：加固躯干深层肌群，提高腹、背部和大腿后部肌群的控制能力。

方法：运动员俯卧，双臂屈肘平放地板，双腿伸直、并拢。双腿抬起，提起髋部离地。静力姿势保持20~30秒。

(7) 侧姿肘撑

目的：加固躯干两侧深层肌群，提高骨盆、髋部和大腿外则肌群的控制能力。

方法：运动员侧卧，单臂屈肘支撑身体，另一只臂屈肘叉腰，双腿伸直、并拢，用一只脚外侧撑地。提起髋部离地，身体成直体姿势，膝关节伸直固定。身体两侧交替练习，每侧静力姿势保持20~30秒。

(8) 仰卧直膝抬腿

目的：加固躯干深层肌群，提高腹、背部和大腿后部肌群的控制能力。

方法：运动员仰卧，双手抱头，双腿直膝并拢。收腹向上举腿，提起髋部离地，身体成屈体姿势固定，静力姿势保持20~30秒。

(9) 直膝（屈膝）仰卧起坐

目的：加固躯干深层肌群，提高腹肌力量。

方法：运动员仰卧，双手抱头，双腿直膝并拢。收腹向上屈体，双肘碰膝。然后回到起始位，重复进行练习。

(10) 蹬自行车式转体仰卧起坐

目的：加固躯干深层肌群，提高腹肌与腹斜肌力量。

方法：运动员仰卧，双手抱头，双腿直膝。开始练习时收腹向上屈体加转体，同时对侧腿屈膝收腹，动作近似蹬自行车，然后收腹转体进行另一侧的练习。

(11) 屈膝盘腿转体仰卧起坐

目的：加固躯干深层肌群，提高腹肌与腹斜肌力量。

方法：运动员仰卧，双手抱头，双腿屈膝交叉，单腿撑地。收腹向上屈体同时加转体，肘碰对侧膝。然后回到起始位，重复进行练习。

(12) 侧卧肘撑摆髋

目的：加固躯干两侧深层肌群，提高骨盆、髋部和大腿外侧肌群的控制能力。

方法：运动员侧卧，单臂屈肘撑地，另一只臂屈肘叉腰，双腿伸直、并拢，用一只脚外侧撑地；开始练习时侧向摆髋至身体成直体姿势，膝关节保持伸直。身体两侧交替进行练习。

(13) 坐位斜向摆实心球

目的：加固躯干深层肌群，提高腹肌与腹斜肌力量。

方法：运动员坐在地板上，双腿屈膝，双手持实心球放于体侧。开始练习时向另一侧转体，同时双手持实心球向该侧上方摆动。然后回到起始位，换方向重复进行练习。

(14) 俯卧直膝交叉后摆

目的：加固躯干深层肌群，提高腹、背部和大腿后部肌群的控制能力。

方法：运动员俯卧，双臂屈肘平放地板上，双腿伸直、并拢。动作开始时双腿后抬腿，提起髋部离地，然后一腿放下，另一腿仍然保持悬空。要求每个动作的静力姿势保持 20～30 秒。

2. 身体平衡控制能力训练

身体平衡控制能力训练是使人体的神经肌肉系统在下意识的情况下学会控制和调节动作方式，对于提高力量练习的专项运动针对性，并通过各种补偿性反射活动来预防受伤具有重要的积极意义。常见平衡练习使用的器材有单向圆底踏板和圆底踏板。利用这些器材可以设计进行许多平衡训练，以下是几种常用的平衡练习方法。

(1) 单向圆底踏板双脚站立

目的：提高身体平衡控制和神经肌肉反射调节能力。

方法：双脚踩在圆底踏板上，控制踏板不发生前后滚动。要求身体尽量保持不晃动，并维持姿势 2～3 分钟。

(2) 圆底踏板单脚站立

目的：提高身体平衡控制和神经肌肉反射调节能力。

方法：单腿直腿支撑身体，将脚踩在圆底踏板上，另一只腿屈膝上提，然后纵向踏在圆底踏板上，控制踏板不发生左右滚动，再斜向踏在圆底踏板上，控制踏板不发生斜向滚动。要求身体尽量不晃动，保持 2～3 分钟，双腿交替练习。

(3) 单脚上圆底踏板支撑移重心

目的：提高身体移动中的平衡控制和神经肌肉反射调节能力。

方法：面对圆底踏板站立，一只脚踏上圆底踏板逐渐转移并支撑身体重心，要求身体尽量稳定，动作连贯。双腿交替练习。

(4) 双手持哑铃多向交叉步上球面踏板

目的：提高身体平衡、动作控制和调节能力。

方法：面对踏板站立，双臂下垂且双手握哑铃放于体侧。动作开始时单脚跨步踏上球面踏板，并单脚屈膝支撑保持平衡 20 秒后，再向前跨出形成弓箭步，然后后腿前收回到站立姿势结束动作。双腿交替练习。要求踏上球面踏板单脚支撑时应尽量身体保持平衡。

综上所述，核心力量训练主要涉及人体躯干部位的力量训练。核心力量训练的方法也是围绕躯干部位进行设计的，其常用方法有徒手练习、瑞士球以及平衡能力的训练，是力量训练中必不可少的辅助练习。

六、篮球运动员常用负重力量训练

为了有效提高运动员的各种力量水平，需要采用各种专门的力量训练器材进行全面、系统的训练。过去，许多地方篮球队的力量训练存在诸多问题，比较突出的表现主要有：一是负重训练单一，主要采用杠铃训练，难免导致运动员全身各肌肉群的力量发展不均衡，往往造成下肢力量发达，而躯干和上肢相对薄弱的结果。二是负重训练时的技术动作不规范，影响训练效果并容易导致受伤。三是由于力量训练器材配置不全而导致许多训练方法无法进行。

随着科学技术的不断发展，各种现代力量训练器械不断出现，如何科学运用各种现代训练器械及设备进行训练，需要我们不断地学习和实践。NBA 运动员几乎每天都要利用综合力量练习器发展各部位特别是薄弱部位肌群的力量。欧美篮球运动员发达的肩带、上肢与躯干肌群不是打篮球打出来的，而是依靠各种专门力量练习进行长期系统训练获得的。因此，本节首先介绍篮球运动员常用的力量训练方法以及技术动作规范，为后面的力量训练方案的设计做准备。

负重（抗阻）力量训练主要采用杠铃、哑铃、实心球以及众多的专门力量训练器械，充分利用这些力量训练器材可以针对运动员的腰、腹、背、胸、肩、上肢、下肢等部位的肌肉进行全面的力量训练。由于力量训练方法众多，下面对篮球运动员采用较多的一些力量训练方法进行详细介绍，要注意各个练习的技术细节要求和动作规范。

1. 后蹲

（1）运动员

①起始姿势：闭合式正握，握距依杠铃的位置而定，两脚平行；将杠铃放在肩上，两边要平衡；杠铃在三角肌后部的上方，在颈下端，两手握距比肩稍宽；肘关节向后抬高，利用背上方的肌肉和肩部肌肉形成对杠铃的保护；挺胸，两肩胛相互靠拢，头向斜上方倾，双脚开立与肩同宽（或略比肩宽），两脚受力均匀，呈轻微外八字。

②向下运动时相：保持躯干与地面的相对角度不变，躯干微屈，缓慢屈膝、屈

髋；保持背部平直，高肘位，挺胸；不要屈躯干，不要驼背；继续屈膝、屈髋，直到大腿与地面平行。在运动的最后阶段，不要加速，不要放松躯干。

③向上运动时相：以同样速率伸膝、伸散，保持躯干与地面的角度固定；保持平背，高肘，挺胸姿势；保持脚跟不离地面，膝关节在脚的正上方；不要屈躯干或驼背；继续伸髋、伸膝，直到起始位置。一组练习结束后，向前走向支架，下蹲，将杠铃放稳在支架上。

(2) 保护者

①起始姿势：在杠铃两端站直，两脚与肩同宽，膝微屈；两手掌心向上，相叠成杯状握住杠端；接到运动员信号后，抬起杠铃，离开支撑，并将杠铃平衡地放在运动员肩、背上；平稳地松开手，并保持双手在杠端下 5～8 厘米。

②向下运动时相：保持两手的杯状重叠，在下降过程中靠近杠铃，但不要触及杠铃；在跟随杠铃下降的过程中，缓慢屈膝、屈髋，保持腰背平直。

③向上运动时相：保持两手的杯状重叠，靠近杠铃，但不触及杠铃，跟随杠铃上移；跟随着杠铃的上升，伸髋，伸膝，保持腰背平直。一组练习完成后，两位监护者同步侧移，伴随运动员回到支架。两位保护者同时抓握杠铃，帮助放稳杠铃。

训练肌肉：臀大肌、半膜肌、半腱肌、股二头肌、股外侧肌、股内侧肌、股中肌、股直肌。

2. 前蹲

(1) 运动员

①起始姿势：身体移至杠铃下方，两脚平行站立；闭合式正握杠铃，握距比肩略宽，将杠铃杆置于前部三角肌和锁骨上面；充分屈肘，使上臂与地板平行；挺胸，两肩向外展；头微微后仰；就位后示意保护者将杠铃由架上抬下；伸髋、伸膝，抬起杠铃；向后退一步。两脚分立，与肩同宽（或略宽于肩），两腿受力均衡，脚轻微外八字。每次重复练习时都由此位置开始。

②向下运动时相：保持躯干与地面角度的相对固定；保持高肘、平背、挺胸的姿势；保持脚跟着地，膝关节在脚的正上方；不要前屈躯干或驼背；继续屈髋、屈膝，直到大腿于地面平行；在下降过程的最后阶段不要加速，也不要放松躯干。

③向上运动时相：同步伸髋、伸膝，保持躯干与地面角度的相对固定；保持高肘、腰背平直、挺胸的姿势；保持脚跟着地、膝关节在脚的正上方；不要前屈躯干或驼背；继续伸髋、伸膝，直到起始位置。一组练习完成后，向前移动到支架；将杠铃在架上放好后下蹲退出。

（2）保护者

①起始姿势（两名保护者）：两脚开立与肩同宽，膝微屈，在杠铃端站好；两手掌心向上，重叠形成杯状，抓住杠铃端；收到运动员示意后，协助运动员平衡杠铃并将杠铃由架上取下；平稳地松开杠铃；将手置于杠铃杆端下方5~8厘米处；运动员后退时，侧移并跟随；运动员就位后，两脚开立与髋同宽，膝微屈站好，躯干直立。

②向下运动时相：在下降过程中两手保持与杠铃杆的接近，但不触及杠铃杆；在跟随杠铃杆下降的过程中，缓慢屈膝、髋和躯干，保持背的平直。

③向上运动时相：在杠铃上升的过程中，仍保持两手重叠形成杯状，掌心向上，接近杠铃杆，但不触及杠铃杆；在跟随杠铃向上移动的过程中，缓慢伸膝、髋和躯干，保持背部平直。一组练习完成后，两保护者同步侧移，跟随运动员移向支架；两人同时握住杠铃杆，辅助运动员保持杠铃杆平衡并将杠铃放回支架；平稳地松手。

训练肌肉：臀大肌、半膜肌、半腱肌、股二头肌、股外侧肌、股内侧肌、股中肌、股直肌。

3. 高翻

这个练习是通过快速有力的提拉将杠铃由地面快速移至肩前。这个动作包含四个时相，但却是一个完整的、连贯的、不间断的整体动作。

（1）起始姿势

两脚开立，宽度介于肩宽与髋宽之间，轻微外八字；下蹲，髋低于肩，两手闭合式正握杠铃；握距略宽于肩，置于两膝外侧，肘伸直；脚平稳站立，杠铃杆在脚上方，距胫骨约3厘米。身体姿势符合下列要求：（1）背部平直或微屈；（2）斜方肌放松，有轻微拉伸感；（3）挺胸；（4）两肩胛骨后缩；（5）头与躯干成一线，或略微后仰；（6）肩在杠铃上方或略前一点；（7）两眼直视前方。

（2）向上运动时相（第一次提拉）

应符合下列要求：（1）用力伸髋、伸膝，将杠铃提离地面；（2）保持躯干与地面相对角度不变；（3）不要在抬肩之前抬臂；（4）保持背部平直；（5）保持肘关节伸直，头居中，肩在杠铃杆上方或略前；（6）杠铃拉起后，尽量贴近胫骨。

（3）向上运动时相（过渡）

当杠铃高过膝关节后，向前挺髋，轻微屈膝，膝向前顶，置于杠铃杆下方；保持背部平直或微弓，肘向外侧伸直，头与躯干成一线。

（4）向上运动时相（第二次提拉）

快速有力地伸髋、伸膝和提踵；保持杠铃杆尽量靠近身体；保持背部平直，肘关节指向外侧，头与躯干呈一线；保持肩在杠铃杆上方，肘关节保持伸直的时间越长越好；当下肢关节充分伸展之时，快速向上耸肩，仍保持肘伸直；当肩向上耸达到最高点后，屈肘，开始将身体移向杠铃杆下方；举杠越高、时间越长越好。由于这个阶段动作的爆发性，躯干直立或微向后仰，头微向后倾，脚可能短暂离开地面。

（5）向上运动时相（抓杠）

当下肢关节完全伸展，杠铃达到最高点时，身体移入杠铃下方，胳膊移至杠铃下面；同时屈膝、屈髋，达到下蹲四分之一的位置；一旦上肢转至杠铃下面，抬肘，使上臂与地面平行，将杠铃横架在锁骨和三角肌前部之上；抓杠要做到以下要求：(1) 躯干直立，紧张；(2) 头的位置正中；(3) 脚平稳；(4) 伸髋、伸膝，充分站直。

（6）向下运动时相

逐步减小胳膊肌肉张力，有控制地将杠铃下降到大腿处；同时屈髋、屈膝，缓冲在大腿上的冲击力；肘关节伸直，下蹲，直至杠铃触地。

训练肌肉：臀大肌、半膜肌、半腱肌、肱二头肌、股外侧肌、股直肌、比目鱼肌、腓肠肌、斜方肌。

4. 膝上高翻

（1）起始姿势

运动员直立，两臂伸直，两手握杠，杠铃杆放在大腿前部；保持背部平直或微拱，肘伸直指向外侧，头与躯干呈一线。

（2）向下运动时相

缓慢屈膝、屈髋，两臂伸直，两手握杠，杠铃沿大腿下移至膝盖上方；保持背部平直，肘关节指向外侧，头与躯干呈一线。

（3）向上运动时相（提拉）

快速有力地伸髋、伸膝和提踵；保持杠铃杆尽量靠近身体；保持背部平直，肘关节指向外侧，头与躯干呈一线；保持肩在杠铃杆上方，肘关节保持伸直的时间越长越好。当下肢关节充分伸展之时铃杆上方，肘关节保持伸直的时间越长越好。当下肢关节充分伸展之时，快速向上耸肩，仍保持肘伸直；当肩向上耸达到最高点后，屈肘，开始将身体移向杠铃杆下方。举杠越高、时间越长越好。由于这个阶段的爆发性质，躯干直立或微向后仰，头微向后倾，脚尖可能短暂离开地面。

（4）向上运动时相（抓杠）

当下肢关节完全伸展，杠铃达到最高点时，身体移入杠铃下方，上肢移至杠铃下面；同时屈膝、屈髋，达到下蹲四分之一的位置；一旦上肢转至杠铃下面，抬肘，使上臂与地面平行，将杠铃横架在锁骨和三角肌前部之上。抓杠要做到：躯干直立，紧张；头的位置正中；脚平稳。最后伸髋、伸膝，充分站直。

（5）向下运动时相

逐步减小胳膊肌肉张力，有控制地将杠铃下降到大腿处，回到起始姿势。

训练肌肉：臀大肌、半膜肌、半腱肌、肱二头肌、股外侧肌、股直肌、比目鱼肌、腓肠肌、斜方肌。

5. 快速上挺

快速上挺是快速有力地将杠铃由肩部推至头顶上方的动作。

（1）起始位置

闭合式正握杠铃；握距较肩略宽；身体移到杠铃杆下方，两脚开立与肩同宽；向上移动到杠铃杆位置，将杠铃杆放在三角肌前部和锁骨上；伸髋、伸膝，将杠铃抬离支架；向后退一步；两脚与肩同宽，两脚受力均衡，脚微微外八字。每一次重复动作都由此位置开始。

（2）向上运动时相

下蹲之后，快速有力地伸髋、伸膝和提踵，接着利用推肘之力将杠铃举至头顶上方；杠铃举至头顶上方后，身体姿势要符合如下要求：（1）肘关节充分伸直；（2）躯干直立，绷紧；（3）头部居中；（4）脚要平稳；（5）杠铃较头部略微靠后。

（3）向下运动时相

逐步减少臂部肌肉的紧张度，使杠铃有控制地下移至肩部；同时屈髋、膝，以缓冲杠铃对肩部的冲击力。

训练肌肉：臀大肌、半膜肌、半腱肌、肱二头肌、股外侧肌、股直肌、比目鱼肌、腓肠肌。

6. 仰卧蹬腿

（1）起始姿势

腰、髋、臀紧贴靠在练习器座位上；两脚开立与肩同宽置于脚蹬平台上，略微外八字；两腿相互平行；手握把手，移动髋和膝，使之尽量靠近背垫；用手移去支撑装置并再次抓紧把手。每一次重复动作都由这个姿势开始。

（2）向下运动时相

髋、膝缓慢屈，使脚蹬平台下移；不要让平台下得太快；保持髋、臀在座位上，背平直地靠在背垫上；不要使髋或臀部离开座位；保持腿的相互平行；下降过程中，手不要松开把手；髋、膝屈，直至大腿与脚蹬平台平行为止。

（3）向上运动时相

伸髋、伸膝用力向上推动平台；上推到充分伸展的位置，但不要锁死膝关节；散、背位置保持不变，不要抬起臀部；不要内外晃动膝关节。完成一组练习后，将杠铃放回支撑装置，抬脚离开练习器。

训练肌肉：臀大肌、半膜肌、半腱肌、股二头肌、股外侧肌、股中肌、股内侧肌、股直肌。

7. 练习器俯卧后屈膝

（1）起始姿势

俯卧在练习器械的垫子上，贴紧垫子；踝关节放在踝滚下并与之贴紧；两腿相互平行；膝关节超出大腿垫的下缘；膝关节要与器械转动轴同心，否则调整踝滚，摆正腿位；抓紧胸垫两侧的把手。

（2）向上运动时相

充分屈膝，抬起踝滚；保持躯干固定，髋和躯干贴紧垫子；双手要一直握紧胸垫两侧的把手；不要让髋或大腿离开垫子。

（3）向下运动时相

缓慢伸膝，回到起始部位；保持躯干固定，散、躯干紧贴垫子；两手抓紧两侧的把手；不要用力锁死膝关节（过度用力伸膝）。

训练肌肉：半膜肌、半腱肌、股二头肌。

8. 负重蹬台阶（哑铃，杠铃）

（1）运动员

①起始姿势：采用闭合式正握杠铃；两脚平行站立，杠铃平衡地置于背部上方、颈根部三角肌上方，两手握距略宽于肩；抬肘，利用背部上方和肩部肌肉，形成对杠铃的保护；挺胸，两肩胛相互靠拢；头微向上倾斜；在举重架上撑起杠铃；走向台阶，距台阶 30～46 厘米时停下。

②向上运动时相：一只脚跨上台阶，全脚掌踏在台面上；保持躯干直立，不要前倾身体；后腿位置不动，但身体重心移至前腿；前腿用力伸髋、伸膝，整个身体站立在台阶上；后腿不要发力蹬地；到达最高点时站直，稍停顿后开始向下运动时相。

③向下运动时相：将身体重心移至刚才的前腿，刚才的后腿迈下台阶；躯干保持直立，将后脚落在距台阶 30～46 厘米的地方；当后腿站稳后，将身体重心移到后腿；前腿迈下台阶回到后腿旁；在起始位置站直，稍停顿后换另一腿练习。一组练

习结束后，走向架子，下蹲直到杠铃两端安放在架子上。

注意：台阶高度应为 30~46 厘米，以保证踏上台阶时大腿可与地面平行。

（2）保护者

①靠近运动员站直，但不要靠得太近，以免影响运动员。两脚开立与肩同宽，膝微屈；接到运动员的示意后，协助其抬起杠铃，保持杠铃的平衡，与运动员同步移动至起始位置。运动员就位后，两脚靠近与肩同宽，膝微屈，躯干直立，将手置于运动员的髋、腰或躯干附近。

②向上运动时相：在运动员跨上台阶时身体前倾，向着运动员伸出手，但不要向前跨步，双手尽量靠近运动员的腰、髋或躯干，只有当运动员失去平衡时才出手相助。

③向下运动时相：当运动员下台阶时，双手跟随运动员；保持双手靠近运动员的腰、髋或躯干；在起始位置站直，等待运动员；只有当运动员失去平衡时才出手相助。一组练习结束后，协助运动员将杠铃放回架上。

训练肌肉：臀大肌、半膜肌、半腱肌、股二头肌、股外侧肌、股内侧肌、股中肌、股直肌。

9. 直腿（屈膝）硬拉

（1）起始姿势

闭合式正握抓杠；握距与肩同宽；两脚开立与肩同宽，膝微屈，脚尖朝前；站直，肘伸直，杠铃杆贴着大腿。

（2）向下运动时相

躯干缓慢向前屈，杠铃朝地面下降；保持膝关节微屈状态，背要平直；杠铃下降直到铃片触到地板。

（3）向上运动时相

伸髋、伸躯干；保持膝关节微屈，背部平直；不要晃动躯干或屈肘加以辅助。

10. 负重前弓步

本练习也可用哑铃进行，利用哑铃练习时，运动员采用闭合式中间型抓握法，在整个练习中运动员直臂提铃，将哑铃保持在体侧。保护方式基本同杠铃练习，只是没有将杠铃放同架上这步。

（1）运动员

①起始姿势：闭合式正握杠铃，身体移至杠铃下，两脚平行站立，将杠铃平衡地放在颈根部和后部三角肌的上面，双手握杠略宽于肩，利用背部上方和肩部肌肉，

抬肘形成对杠铃的保护；挺胸；肩胛骨相互靠拢；头部微微向上倾斜；就位后向保护者示意，请其协助将杠铃由支架上拿下；伸髋、伸膝撑起杠铃；向后退 2～3 步。每一次重复练习都由此位置开始。

②向前运动时相：运动员一只脚向前跨出大步；当前脚向前移动并踏着地板时，躯干保持直立；后腿保持留在原位，膝可以微屈；前腿在地面站稳，脚尖向前或微内八字；前腿髋关节和膝关节缓慢屈，保持前腿膝关节在脚的正上方；降低后退膝关节，膝关节要缓慢屈，直至距地面 3～5 厘米为止；重量均衡地分布在后脚的前掌和前脚之间；通过身体后坐，保持躯干与地面的垂直。

③向后运动时相：前腿通过伸髋、伸膝动作，用力蹬踏地板；躯干位置保持不变，不要晃动上体；前腿收回与后腿平行，前腿收回时要一步到位；回到起始位置，暂停一下，换另一腿为前腿再做。一组练习结束后，走向支架，下蹲，直到杠铃两端安放在支架上为止。

训练肌肉：臀大肌、半膜肌、半腱肌、股二头肌、股外侧肌、股内侧肌、股中肌、股直肌。

（2）保护者

①起始姿势：保护者靠近运动员站直，但不要太近以免影响运动员；两脚开立与肩同宽，膝微屈；接到运动员示意后，协助运动员抬起杠铃并在移动杠铃的过程中保持杠铃的平衡；运动员后退时，与运动员同步移动至起始位置；运动员就位后，两脚开立与髋同宽，膝微屈，躯干直立；将手置于运动员的髋、腰或躯干附近。

②向前运动时相：用同侧腿与运动员同时向前跨一大步；前腿的膝和脚与运动员的前脚在一直线上；前脚落地位置为距运动员的前脚后 30～45 厘米处；在运动员的前腿屈髋动作同时屈前膝；保持躯干直立；手要在运动员腰、髋或躯干附近；只有当运动员失去平衡时才出手相助。

③向后运动时相：与运动员同步撤回前腿；前腿撤回后落在后腿旁边，撤回时要一步到位；双手始终保持在运动员腰、髋、躯干的附近；回到起始位置后站好，等运动员换腿重复练习时也跟着换腿；只有当运动员失去平衡时才出手相助。

一组练习结束后，帮助运动员架好杠铃。

11. 举腿转体仰卧起坐

（1）起始姿势

运动员仰卧，双腿离地，膝关节与髋关节成直角，双手抱头置于脑后。

（2）动作开始

抬双肩，肩离地 30～40 厘米；转体用一侧肘触另一侧膝，再向另一方向转体用肘触另外一侧膝。要求动作快速重复练习。

训练肌肉：腹直肌、内外斜肌、半棘肌、回旋肌、肩胛提肌、臀屈肌。

12. 仰卧起坐

(1) 起始姿势

运动员直体仰卧，双手抱头置于脑后。

(2) 动作开始

双肩稍稍抬离地面，收腹，屈体，双肘尽量触及膝盖。

保持 1～2 秒，回到起始位置，重复进行练习。

训练肌肉：腹肌、腹斜肌、臀屈肌。

13. 仰卧收腹举腿

(1) 起始姿势

运动员仰卧直膝，双脚跟落地，双肩触地，双手抱头。

(2) 动作开始

抬双腿提至胸部，臀部离地；要求双膝抬至最高处，弯脊柱可以更好地锻炼腹肌。

尔后放下，重复下一次练习。

训练肌肉：臀屈肌、腹肌和斜肌。

14. 侧身起

运动员侧卧，同侧手臂屈肘撑地，另一手叉腰置于体侧，双腿伸直，两腿重叠。动作开始后，上抬髋部至身体呈直体位。再放回地面，重复进行练习。尔后换另一侧做，重复该练习。

训练肌肉：腹直肌、腹斜肌、臀屈肌、臀肌、大腿肌肉。

15. 直立提踵

(1) 起始姿势

运动员面对器械，前脚掌分开与肩同宽站在台阶的外缘上；在肩垫下调整身体姿势，肩和髋在同一线上；两脚朝前，两腿平行膝关节充分伸直，但不要僵直；脚后跟悬空，低于台阶。

(2) 向上运动时相

运动员前脚掌发力向上抬起脚跟；保持躯干直立，两腿平行、膝关节伸直；脚跟蹬离台阶，踝关节不要内翻或外翻；膝关节保持伸直，但不要僵直。

（3）向下运动时相

运动员缓慢放下脚后跟到起始位置，身体姿势保持不变。

训练肌肉：比目鱼肌、腓肠肌。

16. 杠铃（哑铃）提肘

（1）起始姿势

运动员身体直立，双手正握杠铃贴住大腿，两臂伸直，两手距离 20～30 厘米。

（2）动作开始

向上提起杠铃至下颌下方，肘部上提始终处于杠铃杆上，整个上提过程杠铃要靠近身体进行。

尔后，两手慢慢放下杠铃回到起始位置。

训练肌肉：肩带肌肉群。

17. 杠铃弓身拉

（1）开始之前

闭合式正握抓杠，握距较肩略宽。

（2）起始姿势

双脚开立与肩同宽，膝关节微屈；躯干向前倾，与地面接近平行；腰背要平直；两眼注视脚前；双臂伸直"吊"起杠铃（杠铃不能触地）。在重复多次的练习中，每次都要回到这个起始姿势。

（3）向上运动时相

将杠铃向上拉至胸腹交界；双肘指向上方；保持躯干的刚性，腰要平直，膝微屈；躯干不要突然用力；杠铃要触到胸。

（4）向下运动时相

肘关节缓慢伸直到起始姿势，躯干和膝保持原位不变。完成一组练习后，将杠铃放在地板上。

训练肌肉：背阔肌、大圆肌、斜方肌、菱形肌。

18. 平板（斜板）杠铃卧推

这个练习也可以用两个杠铃来进行，哑铃用闭合式正握抓法。保护者扶着运动员的前臂而不是哑铃。

（1）运动员

①起始姿势：运动员仰卧在卧推凳上，身体与凳及地面保持五点接触；身体在

凳上的位置调整到眼睛正好在支架的下方；正握闭合式抓杠；握距略宽于肩；运动员要将杠铃由架上取下时，向保护者发出信号；肘关节伸直，保持杠铃位于胸部上方。每次重复练习都由此位置开始。

②向下运动时相：运动员向下移动杠铃，触到胸部为止；手腕要紧张和稳定，正对着肘关节；始终保持身体与器械和地面的五点接触。

③向上运动时相：运动员向上推杠，直至肘关节完全伸直；手腕紧张和稳定，正对着肘关节；身体保持五点接触；不要拱腰或挺胸迎杠。一组练习完成后，示意保护者帮助将杠铃放回架上直到杠铃放稳才能松手。

锻炼的肌肉：胸大肌。

(2) 保护者

①起始位置：保护者靠近凳子头端站立；两脚开立，略宽于肩，双膝微屈；在运动员握杠的两手之间，以闭合式变换握法抓杠；听到运动员信号后，帮助将杠铃由架上取下；护着杠铃直到运动员将杠铃置于胸部上方；平稳地松开杠铃。

② 向下运动时相：保护者在杠铃下移过程中，保持变换握法的姿态，要靠近杠铃，但不要触到杠铃；在跟随杠铃移动的过程中，微微屈膝、屈髋及躯干，但要保持腰的平直。

③向上运动时相：保护者在杠铃向上移动过程中，保持变换握法的姿势靠近杠铃，但不触及杠铃；在跟随杠铃向上移动的过程中，轻轻伸膝、髋及躯干，并保持腰的平直；一组练习完成，接到运动员示意后，在运动员两手之间抓紧杠杆；护送杠铃到架子上；直到杠铃稳定后才可松手。

锻炼肌肉：胸大肌。

19. 平板 (斜板) 哑铃卧推

这个练习也可以用杠铃来做，用杠铃练习时运动员闭合式正握杠铃，握距略宽于肩。保护者要手扶杠铃而不是运动员的前臂。

(1) 运动员

①起始姿势：运动员闭合式正握哑铃；仰卧在凳上，做到五点接触；示意保护者帮助其移动哑铃至起始位置；两手往上推哑铃，直至两肘伸直，两臂平行，哑铃在脸上方；每次重复动作都由此位置开始。

②向下运动时相：在胸侧向下方移动哑铃与乳头齐平，手腕保持紧张和平稳并且正对着肘关节，两哑铃柄在直线上，身体保持五点接触。

③向上运动时相：向上推哑铃直到肘关节伸直；保持手腕的紧张和稳定，哑铃柄要在直线上；身体保持五点接触；不要拱腰、抬胸去迎合哑铃。

训练肌肉：胸大肌、肱三头肌。

（2）保护者

①起始姿势：保护者靠近凳端站立；两脚开立与肩宽，双膝微屈；握住运动员手腕；得到运动员的示意后，帮助其移动哑铃至脸上方；松开运动员手腕。

②向下运动时相：保护者在哑铃下降过程中，保持双手与运动员的手腕很接近但不触及运动员的手腕；在跟随哑铃下降的过程中逐步地屈膝、髋和躯干，保持腰部平直。

③向上运动时相：保护者在哑铃向上运动的过程中，双手保持与运动员的手腕接近，但不接触；在跟随哑铃向上运动的过程中，逐步地伸膝、髋和躯干保持腰的平直。

20. 颈后引体向上

（1）开始姿势
双手正握杠，比肩稍宽，身体、手臂拉直，悬挂于杠下。
（2）动作开始
将身体拉起，直至颈后部触杠，保持腿部垂直，身体不要扭曲。
尔后，再慢慢返回开始时的悬挂姿势，两臂伸直。
训练肌肉：背阔肌、大圆肌、斜方肌、菱形肌。

21. 体前正握引体向上

起始姿势是双手正握杠，比肩稍宽，身体、手臂拉直，悬挂于杠下。尔后将身体拉起，直至锁骨部触杠，保持腿部垂直，身体不要扭曲。最后，慢慢返回开始时的悬挂姿势，两臂伸直。
训练肌肉：背阔肌、大圆肌、斜方肌、菱形肌。

22. 直立推举

（1）起始姿势
运动员按高翻方法将杠铃举至锁骨起始位置，双手握杠同肩宽，肘部位于杠下并前伸。保护者位于运动员身后。
（2）练习开始
慢慢将杠铃推至头部上方直到完全伸直肘关节。
（3）练习结束控制杠铃放低至起始位，重复进行下一次练习。
训练肌肉：三角肌前部和中部。
以上比较详细地介绍了篮球运动员常用的力量训练方法与技术规范要求，实际上现代力量训练器械和方法是很多的，如何正确规范地运用现代训练器械设备进行力量训练，需要我们不断地学习和掌握各种力量训练的正确技术要求，才能达到良好的训练效果，并避免力量训练中的运动损伤发生。篮球运动员尤其需要重视专门的力量训练方法，并且在体能教练的指导下注意各种力量练习的技术动作规范，才能达到良好的训练效果。

第二节　篮球速度素质训练

速度对篮球运动员十分重要。可能有人认为，篮球运动员不是短跑运动员，对篮球运动员的短跑技术不必要求这么严格。但事实上，我们经常见到许多篮球运动员跑步的动作是千差万别的，篮球运动员跑动中的动作不规范，会影响跑动的速度。这应该引起我们重视，尤其是从青少年开始规范技术要求十分重要，一旦运动员技术动作定型就很难改变。

一、速度训练方法

（一）概念

速度素质是指获得高速度的能力，在特定动作中是应用爆发力的标志。速度耐力是在高速度下能保持较长时间，能使最大加速运动重复更多次的能力。对篮球运动员而言，还有一种速度耐力，称作专项速度耐力。由于篮球运动是以运动—休息相间的模式进行，比赛中常是一种持续的低强度运动中穿插高强度的运动，或是相间的高强度运动和间歇，这称为篮球的专项速度耐力。专项速度耐力包含了完成练习或比赛中预定的技术、战术目标的能量供应速率和恢复能力。而速度耐力为速度素质提供了代谢基础，即保持速度的能力，使快速能力保持较长时间，也保证了加速运动重复能力的增强。

篮球运动中的速度具有突然性、应变性、多样性的专项特点，速度的表现形式有反应速度、移动速度、动作速度、转换变化速度以及各种处理球的速度。篮球运动员的速度训练必须在一般速度发展的基础上，提高适应比赛要求的专项快速技术能力和快速反应能力及速度耐力。下面将讨论与速度相关的生物力学和生理学因素。

(二) 速度—力量关系的动力学分析

1. 力量—速度曲线和拉长—收缩周期 (SSC) 概念

篮球运动中大多数专项运动技术的动作时间是很快的，需要快速发力。研究显示，优秀运动员的启动时间为 0.1～0.2 秒，但获得绝对最大力量的时间却为 0.6～0.8 秒，这说明最大力量还不是决定快速力量 (或爆发力) 的关键因素。例如，在篮球运动的突然起动、加速过人、急停跳投等运动中，其运动效率常常是由快速发力、快速获得临界功率的过程来决定的。这就表明，发力的方向、发力的大小以及发力的速度等都是同等重要的。因而，速度训练和灵活性训练的基本目标之一就是增加冲力，即在规定时间内产生更大的力，或者说提高发力的速率。

篮球运动中许多运动都有快速发力的特征，如连续起跳抢篮板球，起跳落地马上加速跑等动作。在这样的动作中，准备动作往往是一个反向运动，反向运动就是动作主动肌 (股四头肌、腓肠肌和比目鱼肌) 被快速、有力地拉长，或者说受到牵拉负荷，紧接着是急速缩短，这种离心—向心运动的偶联现象被称为拉长—收缩周期，这种动作在篮球运动中非常常见。研究证实，优秀运动员所具有的拉长—收缩周期动作的运动能力与他们的最大力量相关甚少，因而在基本的大负荷力量训练之外还应该包括拉长—收缩练习。拉长—收缩周期的练习动作既利用了肌肉的牵拉反射，也利用了肌肉—肌腱内在的弹性能。运动中，在离心拉长阶段所承载的力和功率往往大于向心缩短阶段所产生的力和功率。例如，篮球运动员短跑中落地时的反作用力可以超过体重的四倍。这些反作用力的增加意味着肌肉的离心拉长阶段需要产生更大的力来抵御和制动这个过程，使之转为向心收缩。在这个过程中，弹性能量也起着重要的作用。因此，在训练中如果没有对含有拉长—收缩周期的运动方式进行很好的训练，就会导致这些动作技术不完善、快不起来或是造成相关肌肉的拉伤。因此，在速度训练中，既要使力量—速度曲线向上、向右移，使功率平台更高、更宽，还要提高肌肉在离心收缩中的力量和反应速度。[①]

2. 运动速度

运动中多关节复合运动的动作速度是由神经—肌肉机制决定的，并与能量代谢过程密切相关。这种动作速度通常是由功能性术语来表达的，例如，快速性、反应能力、爆发力、耐力、运动协调性等。这与无负重的单关节运动的动作速度关联不大，这种运动速度由相对独立的形式表达，如运动反应时、运动时间、快速启动能

---

① 王荣.篮球教学与训练的多维探究 [M]. 天津：天津科学技术出版社，2020: 112-119.

力、最大运动频率等。这些指标主要由肌肉的缩短速率来决定，与下列因素密切相关：(1) 神经—肌肉的兴奋性和收缩性；(2) 活动肌肉的串联肌小节数目；(3) 由横桥摆动、ATP 酶活性决定的肌纤维缩短速率和运动单位的肌纤维构成。

随着阻力的增加，肌肉力量在运动速度中的作用增加。在比赛和训练中，运动员经常需要进行高负荷、大重量的运动，如克服自身体重、器量重量、对手的体重等，因此需要更大的力量和更大的功率来进行快速的加速—减速—加速运动，从而获得高速度。等长收缩力量和肌肉的慢速力量与肌肉的横截面积高度相关，而肌肉的快速力量则与运动单位中 II 类 (快) 肌纤维的百分比相关。

3. 反应能力与反应时

反应能力与反应时是不同的两个概念，前者是速度—力量关系中的重要特征，例如，在拉长—收缩周期中所讨论的，通过爆发力训练可以提高反应能力。而反应时通过训练提高的可能性较少，与运动反应的时间和运动的能力相关性不大，即使在爆发力项目中也是如此。例如，优秀短跑运动员的听觉反应一般为 $0.12 \sim 0.18$ 秒，但是这个反应时与运动员跑的成绩关系并不大，而运动员的加速能力、速度耐力及最大速度等则与运动员速度成绩关系更为密切。

(三) 速度训练的技术分析

1. 短跑步频与步幅的关系

短跑是一系列快速、爆发式的跑动。在短跑中，跑动速度就是步频与步幅的相互作用。优秀运动员与低水平运动员的步频、步幅及运动成绩的差别是不同的。运动员在不同速度下的步幅与步频的关系是，随着跑动速度接近最大，步频的变化大过步幅的变化，因而在决定最终速度的因素中，步频的作用更大。步幅与身高、腿长直接相关，对每名运动员来说都是不同的。步幅与脚触地时产生的冲击力有关，通过训练来提高步频的可能性较大。当运动员加速到最大步频时，脚掌与地面的接触时间缩短，这时产生的冲击力则越来越多地依赖产生爆发式的地面反作用力的能力。

运动员的速度是步幅与步频相互作用的结果。在初始加速阶段，步幅和步频同样重要，但对跑动的最大速度来说，步频的作用更大。随着速度增加，冲力的产生越来越多地依赖快速发力的能力。

2. 短跑的步态分析

优秀的运动员能使步频达到 5 次 / 秒，速度达到 12 米 / 秒。优秀运动员短跑中摆动腿的前摆速度可达20米/秒。最佳的摆腿动作应该是膝部折叠好，向前抬得高，脚下压快，触地点在重心下或较重心略前。优秀运动员能有效地减小水平阻力和垂直波动，能够在支撑阶段快速发力、较早发力、较早达到力的峰值。这充分说明摆腿后期和支撑早期的技术，对于技术的有效性是至关重要的。

篮球运动员的速度训练与短跑运动员有差异，但对于速度训练的基本技术要求以及提高步频与步幅的要求是一致的。篮球运动员掌握正确的短跑基本技术，对速度水平的提高是非常重要的。因此，把握这些要点有利于教练员更好地指导篮球运动员的速度训练。

运动员提高速度所涉及的关键肌肉力量如下：

向前摆腿时，膝关节屈肌的离心运动控制着向前的动量，并辅助做好踏地的准备。接着大腿后群肌达到拉伸的最长点，拉伸速度也达到最大。然后这组肌肉由离心运动转为向心收缩，进而进入短暂的支撑时相，辅助将功率传递给腿部。

在落地支撑过程中，距屈肌的作用非常重要，这可从踝关节的巨大力矩显示出来。小腿肌肉储存和释放弹性能，辅助将功率传递给腿部。

有研究认为，支撑后期的用力既对提高冲刺效率帮助甚少，也是大腿后肌拉伤的高危发生时相。这样的研究结果提示，支撑时的髋伸、膝伸、踝伸一定要向着尽早产生推力的方向发展，也就是说脚在身体重心前着地时就要发力，而不是等到脚到了身体重心后才发力。因此，最佳的摆腿技术是决定冲刺速度和效率的另一重要因素。因为当向前摆腿时，腿的位置要配合蹬地。这些信息显示了爆发力的重要性，也显示了大步幅带来的大量的问题。

短跑中手臂和躯干动作的作用是两方面的，一方面是力学上的，通过对侧手臂的摆动和躯干的转动来补偿腿在前后运动中产生的角动量；另一方面是神经肌肉方面的，与中枢神经支配方式有关。手臂的动作要有爆发力，以辅助配合腿部动作。

3. 短跑技术

速度训练一般应着重以下技术关键：起跑和加速跑阶段注重蹬地，高速跑阶段注重步态和抬腿。同时还应注意以下技术特征。

眼：盯住前进的方向；

手：利用手臂的有力摆动和膝的下压辅助腿部动作；

腿：动作要有爆发力，要减少触地时间。

这些动作的练习可先在中等速度练习中逐步完善，然后在全速跑过程中练习和完善。技术错误以多种形式表现出来，通常与疲劳、能力水平低下、对技术要领理解错误等有关。

4.速度训练目标和训练要点

根据以上分析，我们可以建立运动员的速度训练目标：（1）通过控制着地点在身体重心的下方，以及通过加快小腿和脚在着地时的后摆速度，降低着地产生的制动力。（2）降低着地时间，提高步频，这需要发展运动员高水平的速度—力量水平。（3）腿前摆时，膝关节屈肌的离心收缩力量十分重要。

因此，在速度训练中要特别重视大腿后群肌的跨双关节结构特点及其同时屈膝伸髋的双重作用，需要特别重视这些肌群的力量训练。

速度训练时需要把握的要点：（1）提高着地时小腿和脚的后移速度。（2）减小垂直冲力和水平制动力。（3）强调支撑时间要短，用力要爆发式，步频要快。（4）发展膝关节屈肌的离心力量，改善摆腿技术，使着地时脚的位置准确。

体能教练应该掌握以上要点，虽然篮球运动员不需要达到短跑运动员的训练水平和技术，但教会运动员关键技术要点是很重要的，尤其是在年轻运动员的速度训练基础阶段更为重要。

二、速度训练方案的设计

（一）发展运动员速度的三个阶段

发展速度的训练方法需要循序渐进，主要分为三步进行。

1.掌握速度训练的基本技术阶段

这一阶段的方法包括脚在身体重心下方着地、减小制动力、减小着地时间、发挥最大后蹬力等，这些都是与肌肉爆发力和运动效率密切相关的。在训练的初期，这些练习可以在速度中上的情况完成，以便掌握完善的技术。当运动员的速度练习技术掌握之后，要以最大速度来完成练习。

2.发展步频与步幅训练阶段

采用助力跑和阻力跑来发展速度。助力跑是人为地施加外部辅助的手段，增加跑的速度提高步频。阻力跑是人为地增加跑动阻力的练习，以此发展速度—力量，提高步幅。

助力跑：这种方法包括下坡跑、高速牵引跑以及其他辅助手段，使运动员以超出自己最大速度10%的速度进行练习，以达到提高步频的效果。如果超出了这个限度，会使运动员身体动作后仰，或出于自我保护而出现跨大步、主动制动等现象。在进行这种练习时，有三个技术要素一定要把握：（1）手、脚转换速率；（2）脚在髋关节下方着地（保持正常跑步动作）；（3）拼速度，争上"五挡"。

阻力跑：这种方法包括上坡跑、牵引跑。

3. 全面发展专项速度训练阶段

此阶段所采用的方法包括基础体能训练、爆发力训练和速度耐力训练。基础体能训练可提高运动员的耐力和力量水平，促使速度和灵活性训练能安全有效进行；爆发力训练应该在专项运动的动力链中完成；速度耐力训练可以是传统的方法，如比赛、计时、间歇训练等，也包含篮球专门的训练，如场地往返跑、连续快攻上篮等。

（1）基础体能训练

运动员必须具有一定的耐力、运动能力、力量的基础，才能安全有效地开展速度和灵敏性训练，在不具备这些基础的体能水平的情况下进行速度和灵敏性训练，不但不能使运动员体能得到发展，还会导致不必要的运动损伤。

（2）爆发力

发展爆发力的力量训练是以加速度、动作完成时间、动作速度等来衡量的。大多数的专项运动，包括移动能力，必须是经过身体运动环节动力链的功率传递来实现的。在训练时要充分考虑到这一点。例如，跑步的主要推力来自脚的蹬地，在选择训练方法时要以下肢的闭链运动为主，但开链运动也很重要，其作用在次要位置。事实上，摆动腿前摆的制动，腿部的控制就是一个开链运动，与随后的发力有很大关系。如果在完成这个动作时缺乏足够的力量和技巧，那么开链运动的练习方式要有所增加。

（3）速度耐力

提高速度耐力的方法，可根据篮球运动项目的需求进行选择，它们都有各自的作用和效果。

速度耐力训练方法如下。

① 比赛／计时法：

一是超强度训练：较比赛强度大，持续时间或运动距离较比赛短。

二是最大强度训练：强度与比赛相同或略小于比赛，距离或持续时间与比赛时间相同。

三是次最大强度：强度较比赛低，距离或持续时间较比赛长。

② 距离／持续时间法：

一是持续训练法：以70%～95%的比赛强度进行持续练习。

二是变换训练法：按事先设计好的强度变化、时间变化、运动量变化、密度变化等进行训练。

③ 间歇训练：

一是大运动量训练。强度从中到低（比赛强度的 60% ~ 80%）。持续时间和距离从短到中（例如，高级运动员以 14 ~ 180 秒跑 100 ~ 1000 米，初级运动员以 17 ~ 100 秒跑 100 ~ 400 米）。运动量要大，高级运动员可重复 8 ~ 40 次，初级运动员可重复 5 ~ 12 次。密度要高，间歇短，恢复不完全，高级运动员心率恢复到 125 ~ 130 次 / 分钟，初级运动员心率恢复到 110 ~ 120 次 / 分钟（相当于完全恢复所需要时间的三分之一以下）。高级运动员可恢复（间歇）45 ~ 90 秒，低级运动员可恢复（间歇）60 ~ 120 秒。

二是高强度训练。强度要高，相当于比赛强度的 80% ~ 90%。持续时间和距离要短，高级运动员以 13 ~ 180 秒跑 100 ~ 1000 米，初级运动员以 14 ~ 95 秒跑 100 ~ 400 米。运动量要小，高级运动员可重复 4 ~ 12 次，初级运动员可重复 4 ~ 8 次。密度中等，间歇时间延长，但仍不能完全恢复，心率恢复到 110 ~ 120 次 / 分钟，高级运动员需要 90 ~ 180 秒，初级运动员需要 120 ~ 140 秒，重复训练。强度很高，90% ~ 100% 比赛强度。持续时间和距离很短，2 ~ 3 秒至几分钟，运动量很小，重复 3 ~ 6 次。

（二）速度训练方案的设计

1. 速度和速度耐力训练的生物化学基础

要有效地计划和实施速度和速度耐力训练，需要体能教练具备基本的训练生理学基础，这里简要介绍几个关键的运动科学概念。

（1）速度训练的生化机理

最大速度与肌激酶和肌酸激酶活性成正比，与乳酸脱氢酶总活性成反比。因此，与 ATP 合成和丙酮酸—乳酸转化相关的酶活性是决定冲刺速度至关重要的因素。冲刺跑训练对磷酸化通路有很强的作用，而对糖酵解和有氧代谢的作用比较小。许多研究者在无训练者的实验中观察到，通过冲刺训练提高了 ATP 酶、肌酸激酶、肌激酶等的活性，同时提高了冲刺速度。

高强度、短时间的训练能有效地提高磷酸化和快速糖酵解反应通路的速率，在 Ⅱ 类肌纤维（快肌）中，这种作用尤其明显。在由休息到运动的过渡期或由一种负荷到另一种负荷的转换期，上述代谢通路发挥着主要功能作用。在几秒钟的高强度运动后，肌细胞内 ATP 水平可以下降 40% ~ 60%，而磷酸肌酸水平却可以几乎耗尽。另外，无氧功率的大小和吸氧量值成反比。在氧化代谢加强以后，无氧功率下降（例如，在持续的亚极限运动中或者在冲刺的恢复期）。磷酸肌酸的再合成是靠有氧代谢来实现的，恢复的速度具有双时相性：快时相的半填充期为 20～22 秒，即可在 20～22 秒的时间内补充 50%；慢时相的半填充期为 170 秒，即 170 秒才能再补充另外的 50%。

在训练实践中，这些理论的应用有双重性：首先，对神经肌肉和功率输出要求极高，速度训练应该在代谢压力较小的情况下进行，即在准备活动后，其他练习前进行；第二，训练课的安排要突出重点，在速度训练中要短时间（2～3 分钟），多间歇，以达到最大功率。重复训练法是最好的训练速度和灵活性的方法，比赛和间歇训练法是提高速度耐力的最合适方法。

(2) 速度耐力训练的生化机理

随着运动负荷时间的延长（或重复训练中恢复时间的缩短），糖酵解产生的最终产物超过了线粒体的氧化能力，这时组织中的酸碱平衡就被打破。肌肉组织中的乳酸和丙酮酸水平，制约了糖酵解的进一步发展，导致肌组织酸碱平衡失调。在大强度运动时，Ⅰ类肌纤维的 pH 可下降到 6.1，而安静时肌组织中的 pH 则约为 7.0。大强度运动 1～2 分钟，肌乳酸可出现峰值，由此引起的对兴奋—收缩偶联和横桥的影响会导致肌肉的力学特性和能量供应受到干扰，使发力速率、峰值力量、速度、功率等都下降，使恢复时间延长。

丙酮酸和乳酸的清除依赖于它们的有氧氧化，同时乳酸和丙酮酸在产生部位和清除部位之间穿梭也加快了它们的清除速率。丙酮酸和乳酸的清除机制使葡萄糖通过酵解功能的途径得以缓冲，这种缓冲的效率则依赖于有氧氧化能力和丙酮酸—乳酸浓度。乳酸清除速率受到体位、训练状态、负荷强度以及恢复期活动方式等方面的影响。有训练的受试者如果在恢复期采用积极性休息，如慢跑和按摩，乳酸的半清除期可以是 7 分钟。适当的准备活动可以降低乳酸的早期生成，提高吸氧扯的动员速率。

以上这些研究结果表明无氧代谢过程和有氧氧化过程在运动中、运动后的相互依赖关系。在大强度运动之前的准备运动或运动后恢复期采用亚极限强度进行运动是适宜的，对于长期运动训练来说，一定要认识到间歇训练可以加强速度耐力，同时可以提高糖酵解和氧化酶的活性，提高酸碱缓冲能力，提高各项无氧功率指标。这些指标的提高是不能通过亚极限有氧耐力训练来实现的。因此，要根据运动项目的性质，谨慎地安排亚极量有氧耐力训练。

解决无氧代谢和有氧代谢训练矛盾的可行方案之一就是将训练总量分成若干片段，例如将总的跑步距离划分成较短距离的几组训练，代替连续的跑圈训练。再将这些片段训练的强度提高到 100% 最大吸氧量强度或超过 100% 最大吸氧量强度，并合理安排间歇时间。这样的安排既可以提高练习的强度，同时又强调了速度技术。在训练周期中，只要安排的强度和持续时间不超过破坏技术的阈值，都没有必要限制运动的强度。针对所有项目的耐力训练都可以通过间歇训练的高强度方式来发展有氧代谢能力，而不必进行长时间、低强度的运动。将间歇训练纳入训练计划中，既可获得最好的训练效果，又可解决有氧训练和无氧训练之间的矛盾。

速度练习和灵活性练习应该安排在训练课的开始部分，以短时间、多间歇为宜。高强度的间歇训练之前需要进行充分的准备性训练和基本短跑技术训练，并在练习之后进行积极性恢复，有助于疲劳的消除和机体恢复过程。通过高强度间歇训练发展有氧强度较持续时间很长的亚极量强度训练具有明显的优越性。

2. 速度训练方案设计需要考虑的因素

合理的速度和速度耐力训练计划的设计需要对下列因素进行合理安排：(1) 训练的练习时间 (或距离)；(2) 练习内容安排的次序；(3) 训练—休息 (间歇) 比例；(4) 训练频率 (每周几次训练课)；(5) 练习强度；(6) 练习中的间歇时间；(7) 练习的重复次数；(8) 练习组的集合；(9) 练习重复次数的集合；(10) 练习的量 (一次或一段时间的负荷量)。

以上这些因素都是评价训练的定储指标，与力量训练方案设计的方法是基本一致的。在训练实践中，这些量化指标还需要与许多定性指标，如运动技术、训练目的等结合起来应用，才能达到更好的效果。

3. 速度和灵活性训练计划举例

在篮球体能训练中，速度训练通常与灵活性训练结合起来，这是篮球运动员与短跑运动员不同的地方。因此，在安排速度训练计划时要结合篮球专项安排灵活性训练。下面以 NBA 篮球队赛前 16 周练习的一般速度、灵活性训练计划的要点供大家参考。需注意的是，每个周期的训练时间可以根据年度周期性特点进行变化。

(1) 准备期的前期 (8 周)

训练课的主要目标是通过 3～4 组，每组 10 分钟的练习来提高最大有氧能力和对乳酸、丙酮酸的利用能力，这种练习可以练两天、隔两天。

(2) 准备期的后期 (4 周)

每周 2～3 天速度、灵活性训练课，以亚极量强度进行，强调运动技术。代谢能力的训练为每练习两天，间歇两天，主要目标是通过 2～3 分钟全力运动，间歇8～10 分钟的练习提高耐乳酸能力。最大有氧能力的保持每周练习 2 次，方法与赛前期的前期相同。

(3) 赛前转换期 (4 周)

每周 2～3 天速度、灵敏训练课，主要训练目标是通过助力措施和阻力措施，在全速跑情况下完成练习技术。最大有氧能力的保持每周2次课。专项耐力训练每周3～4次课，训练目标是使专项无氧强度达到最高。运动员需要全力保持训练强度。

（4）比赛期

专项实战对抗训练为主，速度耐力和有氧训练则每周各保持一次。采用的训练方法主要是场地练习为主，常用方法如下。

①五次半折返跑：从端线开始，全速跑至另一端线然后返回，重复五次，最后在中场结束。

②半场和全场折返跑：从端线开始，全速跑至中场线，然后全速跑返回端线，接着全速跑至另一端线，全速跑返回起点，再全速跑至中场线，全速跑返回起点，再次全速跑至另一端线，全速跑返回起点。

③60秒边线折返跑：从一侧边线开始全速跑至另一侧边线，然后回到起点。在60秒时间内尽力跑。

④折返跑：从端线开始，全速跑至罚球线，然后全速返回；再全速跑至中场线，全速返回；然后再全速跑至另一端罚球线，全速返回；最后，全速跑至另一端线，全速返回。注意要跑直线。

⑤反向折返跑：同上一练习基本相同，只是跑的距离由长至短。从端线开始，全速跑至另一端线后返回；然后全速跑至另一端罚球线后返回；接着全速跑至中场后返回；最后全速跑至近侧罚球线后返回。

目前我国篮球运动员的体能训练基本上是由篮球教练员进行，在速度训练上可能比较重视以时间评定运动员的速度和有球时的速度，往往忽视了运动员基本的短跑技术要求。因此，常见到比赛场上篮球运动员跑步的动作很不规范，如摆臂时左右摆，启动或加速时腿抬不起来，这些不规范的技术动作会导致速度发挥的效率，速度必然快不起来。科学合理的速度训练首先应该建立在标准的技术基础上。因此，体能教练在把握速度训练强度和量的同时，还应该清楚速度训练的技术要求，并指导运动员改进速度训练的技术问题。

第八章 篮球灵活性与有氧耐力训练实践

第一节 篮球灵活性训练

一、灵活性概念及影响因素

(一) 概念

灵活是指急停、变向、再加速的能力。篮球运动员的灵活性更强调减速能力及随之而来的减速加速转换过程。灵活性包含了减速、急停、减速—加速的转换能力，以及加速力量和减速力量的运动技能，即高速运动中的发力或减速的运动技能。速度耐力则为灵活性提供了代谢基础，即保持速度和灵活性的能力，使快速能力保持更长时间。

运动的技术特点要求运动员必须具有快速的反应能力及注意转换能力，准确的判断能力及思维敏捷性，集体间多变的技、战术配合能力及个体的运动表象唤醒能力。这些能力均可集中以灵活性来体现。此外，在篮球这项被称为巨人运动的项目中，必须设法充分挖掘运动员的素质潜力，努力提高技巧，在高、快、灵、准几个方面有新的发展和突破，这就对运动员的灵活性有了更高的要求。[①]

(二) 灵敏性的生理学、心理学基础

身体素质是机体各器官、系统机能的综合表现，而灵活性的发展取决于大脑皮质神经过程的灵活性，这种灵活性是指大脑皮质兴奋和抑制过程转换的难易程度，转换过程迅速，说明灵活性高；反之，则灵活性低。高水平篮球运动员大脑皮质神经过程灵活性很高，对肌肉的控制能力强，能使肌肉迅速收缩和及时放松，使肌纤维工作更趋同步协调，有利于肌肉收缩发力，并使全身各部分肌群间协调配合，完成协调精确的随意运动。因此，发展灵敏性与发展下述心理及生理素质有密切关系。

---

① 陈孟忠. 篮球无器械体能训练研究 [M]. 北京: 冶金工业出版社，2019: 118-134.

1. 准确的判断能力与良好的反应能力

发展灵活性，要求运动员能够在突然变换的环境条件下准确判断赛场情况，并能迅速、及时和准确地再现已经掌握的技术动作，这就要求运动员必须具备准确的判断能力与良好的反应能力，而这些能力同样与大脑皮质神经细胞的分析综合能力及运动中枢对肌肉的调控能力是密不可分的。

2. 精确的空间、时间和运动知觉

在灵活性的训练中，运动员要准确掌握技术动作及准确评估各种客观情况，要求运动员对所做动作在空间、时间及用力特征等方面做到最佳配合，必须充分调动机体的各种感觉机能，协调配合，才能真正具备对动作精确的空间、时间及运动知觉。

3. 高度分化的节奏知觉

技术动作必须与周围的客观情况相协调，这表现在运动员完成动作时身体各部分之间在时间、空间、用力程度及节奏变化上的合理配合，要求运动员在运动知觉中应具有高度分化的节奏知觉。节奏知觉与协调、平衡及本体感觉有关，需要在长期专项训练中发展。灵活性的发展是人体各种能力的综合运用，因而在发展灵活性的训练中，应从培养运动员的各种能力入手，使其相互影响、相互促进和相互制约。

根据篮球运动员表现出的灵活性与专项的关系，篮球运动员的灵活性可分为一般灵活性和专项灵活性。根据运动（水平运动、垂直运动、二点运动、四点运动）的次数和运动方式的组合不同，灵活性又可以分为闭合性（或预知性）灵活性和开放性（随机性）灵活性。在预先设计好的运动中表现出来的灵活性称为闭合性灵活性，如T形跑、六边形跳等；在随机运动中表现出来的灵活性称为开放式灵活性。

（三）影响运动员灵活性的因素

运动员的灵活性涉及动态平衡能力、协调性、爆发力等素质，这为灵活性的训练带来了复杂性。目前，关于篮球运动员一般灵活性和专项灵活性训练的相关研究较少，只能是借鉴短跑和篮球运动员训练实践经验，提出如下有关篮球运动员灵活性训练的一些技术要点。

其一，短跑技术中视觉的重要性为我们的灵活性训练提供了参考。通常，篮球运动员的头部应该居中，除了要求运动员注意同伴、对手或其他视觉目标，无论运动员向哪个方向运动，眼睛都要直视前方。另外，在转变方向时（突然左转、右转）、过渡时（如由后退跑变为转身向前冲）等都要先转头，确定注视的方向后再转向。我们在训练中常说的"转身先转头，转肩、转散先转眼"就是强调这一点。运动员在

刚开始训练时，常常是先转肩、髋，再转头、眼，结果导致转身出界损失时间、损失效率。

其二，在短跑中，特别是在加速阶段，手臂动作的作用十分重要。在灵活性训练中手臂动作同样重要。当转变方向或转身时，运动员必须使手臂在新的运动路线上尽快加速。正如短跑的起跑一样，有力的手臂动作对于提高步幅和步频意义重大。手臂动作不正确或摆臂不充分都会导致速度或效率的丧失。

其三，拉长—收缩练习中关于安全和有效性问题的指导要点也可用于灵活性训练。在一定速度运动中，减速是改变方向的前提。减速能力在灵活性中可能是最重要的。正如在跳深练习中，只有先有效、安全地落地，才能在此基础上再跳起来。

篮球训练中，运动员采取各种有球或无球时背向、侧向的减速、急停、转身和加速的训练都可以提高运动员的灵活性。需要注意的是，在对运动员进行变向训练时，要首先练好减速、制动能力和技巧，同时也要与力量、速度、爆发力、躯干力量等方面的素质结合起来，训练的过程也需要循序渐进，否则会导致运动员膝、踝关节的急性损伤和慢性劳损。目前已经有研究显示，篮球运动员膝关节慢性劳损与落地缓冲技术不好、急停转身技术掌握不好和平衡力量发展不均衡都有很大关系。

二、灵活性的训练方法

（一）一般灵活性训练方法

灵活性训练通常需要与速度训练结合起来进行。发展灵活性一般有如下方法，在应用这些方法时需要与速度训练有机结合应用。

1. 掌握速度和灵活性训练的基本技术

训练方法包括脚在身体重心下方着地、减小制动力、减少着地时间及发挥最大后蹬力等，这些都是与肌肉爆发力和运动效率密切相关的。在训练的初期，这些练习可以在中等速度的情况完成，以便掌握完善的技术，当运动员的灵活性练习技术掌握之后，就要以最大速度来完成训练。

2. 采用助力跑和阻力跑来发展速度和灵活性

此部分练习方法与前文速度训练方案中的发展步频与步幅的训练方法相同。

3. 基础体能、爆发力、速度耐力和行进中变向的训练

基础体能训练可提高运动员的耐力和力量水平，促使灵活性；爆发力训练应该

在专项运动的动力链中完成；速度耐力训练可以是传统的方法，如比赛、计时、间歇训练等。

(二) 篮球专项灵活性训练方法

此类练习主要在篮球场进行，下面的方法由中国男子篮球队体能教练示范，主要内容包括起动、加速、减速、急停、转身、滑步、变向等练习的结合。如变向训练包括软梯训练、障碍左右前后跳、跳绳单双飞、M 型绕障碍折返跑、半场急停—加速—折返跑、边角加速滑步后退—转身跑、半场四角绕障碍变向跑、全场多级折返跑、半场三角滑步—后退—转身跑、全场多级变向跑等。

1. 软梯训练的左右侧向快速跨跳练习

运动员从软梯边侧跨一只脚至软梯方格内，并快速换另一脚进软梯中间，前面一只脚则侧向跨出软梯，并重复练习至软梯另一端。要求运动员触地时间短，脚步动作快。通过软梯可以设计多种脚步练习方法。

2. 障碍左右前后跳

运动员侧向快速起跳，落地马上回跳至起点，重复进行练习。要求运动员膝尽量伸直，前脚掌落地接快速起跳，触地时间很短。

3. 跳绳单双飞

运动员跳绳时要求膝尽量伸直，前脚掌落地接快速起跳，触地时间很短，单脚和双脚可以交叉进行。

4. M 型绕障碍折返跑

运动员站在底线 A 点加速跑至 B 点，再快速跑至 C 点，后退跑出至 D 点，再快跑至 E 点。完成后换方向重复上述练习。(图 8-1)

5. 半场急停—加速—折返跑

运动员站在边线，加速跑向另一边线，在 S 点急停，再加速跑至边线急停转身，起动返回起点。(图 8-2)

6. 边角加速—滑步—后退—转身跑

运动员站在三秒区罚球线角，练习时快速跑至端线急停，然后立即沿端线做滑步至边线急停，沿边线后退跑至罚球线，最后转身弧线跑回起点。(图 8-3)

7. 半场四角绕障碍变向跑

运动员在半场中的一个边长为 8 米的正四边形进行练习。运动员由起点快速至第 2 点急停转身 90° 加速跑至下一点，最后回到起点。完成后换方向重复上述练习。(图 8-4)

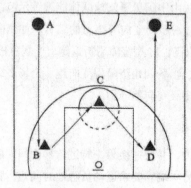

图 8-1 M 型障碍折返跑

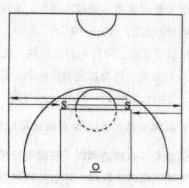

图 8-2 半场急停—加速—折返跑

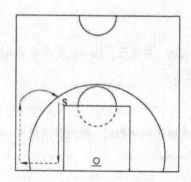

图 8-3 边角加速—滑步—后退—转身跑

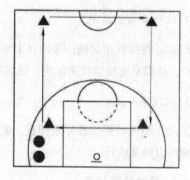

图 8-4 半场四角绕障碍变向跑

8. 半场和全场多级折返跑

运动员从球场罚球线开始，全速跑至中场线，然后后退跑返回罚球线，接着全速跑至另一端罚球线，后退跑返回起点，再全速跑至另一端底线，后退跑全速跑返回起点。注意要跑直线。(图 8-5)

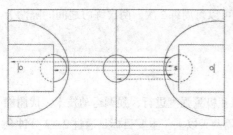 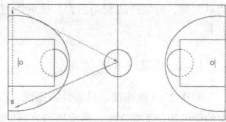

图8-5 半场和全场多级折返跑 **图8-6 半场三角滑步—后退—转身跑**

9. 半场三角滑步—后退—转身跑

运动员在底线角上站立，听信号后立即起动沿底线滑步到另一端急停，转身后退跑到中线圈急停，然后再加速跑向起点。(图8-6)

10. 全场多级变向跑

运动员从球场端线场角三角标记开始，变向跑至罚球线三角标记，再变向跑至中线三角标记。这样连续进行5次变向，最后全速跑至另一端场角三角标记，然后全速返回起点重复练习(图8-7)。

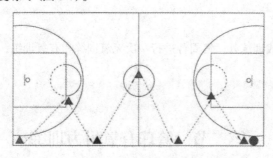

图8-7 全场多级变向跑

三、灵活性训练方案的设计

篮球体能训练中，速度训练通常与灵活性训练结合起来进行。在安排速度训练计划时要结合篮球专项、结合安排灵活性训练。以下是篮球队在20周的基本期，把速度、灵活性及有氧训练结合起来安排计划的要点，供大家参考。需注意的是，每一阶段训练的时间长度可以根据年度周期安排进行调整。

(一) 基本期的前期 (8周)

训练课的主要目标是通过3~4组，每组10分钟的练习来提高最大有氧能力和对乳酸、丙酮酸的利用能力，这种练习可以每周练2次，两次练习之间间隔两天以上。

（二）基本期的后期（8周）

每周2~3次速度、灵活性训练课，以亚极量强度进行，强调运动技术。代谢能力的训练为每周练2次，两次练习之间间隔两天以上。主要目标是通过2~3分钟全力运动，间歇8~10分钟的练习提高耐乳酸能力。最大有氧能力训练每周练习2次，方法与赛前转换期相同。

（三）赛前转换期（4周）

每周2~3次速度、灵敏训练课。主要训练目标是通过助力措施和阻力措施，在全速情况下完成练习技术。最大有氧能力训练每周2次，方法与赛前期的前期相同专项耐力训练每周3~4次，主要训练目标是挑战专项无氧能力和专项有氧能力的极限。在这种训练中，运动员要全力完成练习，保持练习强度。练习强度只要能保持，训练课就要继续，直到运动员不能维持要求的强度，训练课才结束。

（四）比赛期

除了专项实战训练外，每周各进行一次无氧训练和有氧训练，以保持有氧能力和无氧能力。

第二节　篮球有氧耐力训练

一、有氧耐力训练生理机制

（一）有氧耐力训练的生理学反应

通过符合训练原则的训练，可以使影响有氧耐力水平的各个生理系统都产生相应的适应，但适应的水平则与运动员的初始状态和遗传潜力有关。

有氧耐力水平受到机体供能能力的制约，机体通过有氧氧化代谢向肌肉供能的能力主要依赖于呼吸、循环和肌肉等系统之间的相互作用。通过合理的训练，这些系统都可以发生适应性变化，有利于有氧能力的提高。

（二）有氧耐力运动成绩的相关因素

在设计有氧耐力训练计划时，必须清楚影响有氧耐力运动成绩的相关因素，这样可以在制订有氧耐力计划时最大限度地减少不利的因素以及避免疲劳、过度训练等情况的发生。

1. 最大的有氧能力

随着运动持续时间的延长，机体越来越多地依赖于有氧代谢功能。因此，运动员具备高水平的最大有氧能力是获得优异成绩所必需的。有许多研究都证实了最大有氧能力与有氧耐力项目运动成绩的显著相关性。因此，有氧耐力训练的目的应该是发展运动员的最大有氧能力。虽然最大有氧能力对耐力项目非常重要，但其他一些因素，包括乳酸阈、运动经济性、能源利用方式、肌纤维类型等在内的因素，对于耐力项目运动成绩也是同样重要的。

2. 乳酸阈

在最大有氧能力相近的运动员中，最好的运动员是那些在进行高强度有氧训练（有氧供能）的同时乳酸没有明显积累的运动员。乳酸阈是指乳酸水平达到一定浓度后，乳酸水平开始明显上升的运动速度或最大吸氧量的百分比。

有研究认为，乳酸阈在评定有氧耐力方面比最大吸氧量更加敏感。在关于有氧耐力训练的文献中，另一个常常提及的术语是最大乳酸稳态。最大乳酸稳态是指体内乳酸产生水平和乳酸消除水平在最高水平达成平衡时的运动强度，最大乳酸稳态被认为是比最大吸氧量和乳酸阈值更值得采用的有氧耐力指标。这些研究提示，在有氧耐力训练中，以高乳酸情况下所进行的训练才能最大限度地获得训练效果。[1]

3. 运动的经济性

在规定速度下运动的能量消耗值称作运动的经济性。运动经济性较高的运动员在规定速度的运动中能量消耗值较低。许多研究者都认为，运动经济性是跑步项目中取得优秀成绩的主要因素。

4. 能源利用方式

以高强度进行长时间运动需要大量的能量供应。以强度超过 70% 最大吸氧量水平运动时，供能的能源以碳水化合物为主。但优秀的耐力运动员在规定强度运动中

---

[1] 刘洋，曹国强，周怀球. 篮球运动多维发展探析与科学化训练 [M]. 北京：九州出版社，2019: 134-158.

的脂肪供能比例稍大，这种脂肪利用能力的提高是训练适应的一个方面，其有利之处在于节约肌糖原和肝糖原。在长时间运动中，糖原充分与否与运动能力密切相关。在持续时间超过60分钟的运动中，运动期间的补糖可以改善运动能力。因此，合理的耐力训练可以提高脂肪的利用率，节约肌糖原和肝糖原，从而使有氧耐力运动成绩得以提高。

5. 肌纤维的类型

众多的研究发现，优秀耐力运动员以Ⅰ型肌纤维为主，经过耐力训练后肌纤维的有氧能力提高。Ⅰ型肌纤维具有较高的线粒体密度和氧化酶的活性，可以通过有氧代谢途径产生更多的能量。许多研究发现，Ⅰ型肌纤维百分比与耐力项目运动成绩高度相关，表明Ⅰ型纤维的百分比对于成绩的高度相关性，也表明Ⅰ型纤维的百分比对于耐力项目运动员非常重要。虽然尚未发现训练可以改变肌纤维类型的现象，但许多研究发现训练可以改变肌纤维的代谢特点。总之，有氧耐力训练可以改变肌纤维的代谢特征，以及改善有氧供能能力，从而提高有氧耐力成绩。

二、有氧耐力训练方案的设计

(一) 一般训练原则

只有在有氧能力训练中充分运用训练原则，有氧耐力才会提高。虽然训练适应发生的机制尚不十分清楚，但有一点是清楚的，那就是要获得适应。人体的各个系统都要受到训练的刺激，那些在训练中没有涉及的生理系统或没有被足够刺激的生理系统是不能发生训练适应的。

两条重要的一般训练原则如下。

1. 专项性

训练的专项性是指训练适应，是针对训练计划中涉及的生理系统而发生的，只发生在训练中受到超量刺激的生理系统。只有在训练计划中细心设计，并安排针对性的训练，才能使所针对的能力有所提高。要提高有氧耐力，训练计划必须要针对呼吸、循环及骨骼肌系统功能的提高。

2. 超量负荷

只有生理系统受到超过正常水平的刺激后，才能发生训练适应。只有不断地接受超量刺激，生理系统才能对运动刺激发生适应。适应发生后，现有的刺激已不再是超量负荷，要有更高水平的刺激才能引起新一轮的适应。超负荷可以通过改变训练的频率、练习持续时间及练习强度等来实现。

（二）有氧耐力训练计划主要变量

一个有效的有氧耐力训练计划必须包括针对发展每名运动员个体能力的训练方式，这需要在设计计划时考虑四种因素。目前有一种非常不好的趋势，那就是模仿优秀的运动员的训练计划，不考虑运动员自身的优势、缺点，这样的训练计划的结果要么是效率不高，要么是损害运动员的运动能力。设计有效的有氧耐力训练计划要分析有氧耐力的各种相关因素，并根据分析的结果为每名运动员制定出专门的训练计划。例如，要设法改善运动经济性不好的运动员运动的经济性，可以在间歇训练中需要更加注重技术，也可以为了保持正确技术而有意延长间歇时间。如果运动员的乳酸阈需要提高，可以考虑进行更高强度的训练。

1. 运动的方式

运动的方式指运动员特定的运动形式，例如，自行车、游泳、跑步等，训练中的运动方式与专项越接近越好，这样的训练可以对相关的生理系统起到加强作用，既动员了肌纤维，又使肌纤维中的能量供应等都在训练中得到加强，记住：训练的方式与专项越接近，训练的效果就越好。

2. 训练频率

每天或每周的训练课次称作训练频率。训练频率应根据训练的强度、练习持续时间、运动员的训练状态以及训练周期等因素来决定。如果练习强度较高，练习持续时间较长，那么训练频率应降低，以保证运动员的恢复。运动员的训练状态也是影响训练频率的重要因素，训练水平较低的运动员开始训练初期，需要有较长的恢复时间。训练周期是决定训练频率的重要因素之一。对高水平篮球运动员来说，基本期每周可以训练3次，但在赛前转换期可以减少到每周1~2次，因为运动员训练重点主要集中在速度耐力和专项训练方面。另外，为保持已获得训练水平和生理状态所需的训练频率较低，而提高训练水平和生理机能所需的训练频率较高。训练频率对于篮球运动员来说至关重要，过高的频率可能引起损伤、过度训练和生病，而过低的训练频率可能导致训练效果差或没有效果。

大运动量训练课后的恢复十分重要，最直接的影响是下一次课能否顺利进行并取得效果。大运动量训练课后或大运动量训练期后经过合理休息调整，运动能力会得到改善。在恢复期间，最重要的是休息，使能源得到补充，水得到补充。运动训练中有大量的体液丢失，运动后补水是必需的。如果训练强度和练习时间都较长，那么肌糖原都有排空的可能，因而补糖也是必需的。

3. 练习持续时间

练习持续时间是指训练课的持续时间。练习持续时间通常受到练习强度的制约。练习时间越长，强度就越低。例如，当运动强度超过最大的乳酸稳态时，练习持续时间会缩短20～30分钟，因为乳酸在肌肉中的积累会引起疲劳。相反，强度低于最大乳酸稳态的练习可持续数小时后才产生疲劳。

4. 训练强度

训练引起机体产生适应的关键是训练强度和练习时间的相互作用。训练强度越高，练习持续时间就越短。训练引发的适应主要是针对训练强度的，具有强度特异性。高强度有氧耐力训练可以改善心血管和呼吸系统的功能，使工作肌的供氧能力得到改善。提高运动强度还可以通过影响肌纤维动员来使骨骼肌发生适应性变化。随着运动强度增加，Ⅱ型肌纤维（快肌纤维）的动员增加，以满足较高输出功率的需求，这样可以使Ⅱ肌纤维的有氧代谢功能得到提高，进而提高有氧运动能力。

5. 训练强度的监控

要完成训练课任务并达到整个训练计划的目标，训练强度的把握十分重要。运动强度太低，不能对身体的各个系统构成超量负荷，也不能达到所期望的生理学适应；运动强度太高又会导致过早疲劳而不能完成训练任务。这两种情况都达不到期望目标。

测量运动强度最精确的方式是在运动过程中测定吸氧量水平，并判断其与最大吸氧量的关系（%），或者通过测定血乳酸水平来判断其与乳酸阈值的关系。这两种方法都受到条件的制约，只能在实验室或条件良好的训练环境才可以操作。因此，在现场训练条件下，我们只能寻找其他方法来解决强度监控方法，通常采用的方法是心率和运动速度。

由于心率与最大吸氧量之间的密切相关，特别是当运动强度在50%～90%最大吸氧量水平时，这种相关更加密切。因此，心率成了最常用的训练监控指标。在利用心率监控强度的方法中，以特定最大吸氧量百分比所对应的心率值或以乳酸阈所对应的心率值来控制训练最为精确。如果能够在实验室中测得最大吸氧量的百分比值或乳酸阈所对应的心率值，那是最好的。如果没有这样的实验室条件，就只能利用公式推算出的心率值来控制训练强度。以下列出了控制有氧耐力训练的卡沃宁法和最大心率值百分比法。

(1) 卡沃宁法

公式：

最大心率值＝220－年龄

心率保护值＝最大心率－安静心率值

目标心率值＝心率保护值 × 运动强度值＋安静心率值

(2) 最大心率百分比法

公式：

最大心率＝220－年龄

目标心率值＝最大心率值 × 运动强度值

虽然卡沃宁法和最大心率百分比法提供了简单、实用的方法，但已有人注意到这些方法在自行车和跑步运动中应用时所出现的误差。在利用心率监控训练强度时，年龄是影响心率的最主要因素，但其他因素 (如运动方式、健康水平) 也是重要的影响因素。另外，根据推算的最大心率来推算训练强度，与乳酸阈毫无关系，而在不知乳酸阈的情况下进行有氧耐力训练是不会有较高效率的。

运动速度可以用来控制训练强度，速度控制的参照系通常选择最近的比赛成绩。在室内或正规的田径场等可控制环境中采用这样的方法较为容易。但在公路和野外进行练习时，这种控制方法难以应用。坡度和风速都会影响到运动速度。

(三) 有氧耐力训练计划的类型

有氧耐力训练计划有很多，每种计划都有不同的训练频率、练习持续时间及强度参数，每一种类型的计划都是对三种变量因素的有机重组。表 8-1 列出了不同类型的有氧耐力训练计划及其操作要点，每种计划都有实例 (见后面的内容)。

表 8-1　不同类型的有氧耐力训练计划及操作要点

训练类型	训练频率 (周)	练习持续时间	强度
长时间、慢强度	1 ~ 2	≥比赛距离	70% 最大强度吸氧量
长距离 LSD		30 ~ 120 分钟	
节奏训练	1 ~ 2	20 ~ 30 分钟	乳酸阈或略高于乳酸阈
间歇训练	1 ~ 2	3 ~ 5 分钟上 (运动：休息＝1：1)	接近最大吸氧量
重复练习	1	30 ~ 90 秒 (运动：休息＝1：5)	大于最大吸氧量
法特莱克	1	20 ~ 60 分钟	在 LSD 与节奏训练之间变化

1. 长时间、慢速度、长距离训练（LSD）

这种训练的强度大约相当于70%最大吸氧量值（80%最大心率值），练习的距离应该较比赛距离更长，或者练习持续时间（运动时间）在30～120分钟。这种训练的强度和持续时间是典型的"谈话"训练，即在练习过程中可以谈话而没有跑得呼吸急促，这种训练的生理效应主要体现在心血管功能和体温调节功能的加强，线粒体供能能力和骨骼肌氧化能力的改善，以及脂肪利用的增加方面（表8-2）。

表8-2　运动员长时间、慢速度、长距离（LSD）训练举例

星期一	星期二	星期三	星期四	星期五	星期六	星期日
45分钟法特莱克跑	60分钟LSD跑	45分钟间歇跑	60分钟比赛速度（上坡和平地）	45分钟重复跑	120分钟LSD跑	休息

以上这些变化有助于乳酸的消除，提高了乳酸阈值的强度，而脂肪利用的增加有助于糖原的节省。这种训练的强度低于比赛，如果过多地进行此类训练可能引起不利效应。另外，由于这种练习的强度较低，不能募集比赛中需要动员的肌纤维，这样引起的肌肉适应与比赛不符。

2. 节奏训练

节奏训练采用比赛强度或略高于比赛强度，大约等于乳酸阈强度，因而又称作乳酸阈训练，或称作有氧—无氧间歇训练。有两种节奏训练的方式：一种为稳态训练，另一种为间歇训练。

稳态节奏训练是以乳酸阈强度进行持续20～30分钟的运动，这种训练的特殊目的在于使运动员适应这种专门的强度，改善有氧—无氧供能能力。

间歇节奏训练也叫节奏间歇训练或乳酸阈训练。在这种训练中，强度为乳酸阈强度，但在一次训练中应该有多次间歇。在节奏训练中，要尽量避免运动员超过规定的强度，如果运动员觉得太轻松，宁可加长距离也不要增加强度，这种训练的基本目的是加强比赛的节奏感，提高机体在比赛时募集肌纤维的能力，能产生良好的肌肉适应。另外，这种练习还可以提高运动的经济性和乳酸阈值。

3. 间歇训练

间歇训练的练习强度接近100%最大吸氧量，练习持续时间为3～5分钟，间歇时间与运动时间相等，也是3～5分钟，保持运动与休息比为1：1。间歇训练可以使运动员以高速度（接近100%最大吸氧量水平）完成较大量的训练，如果以持续的

运动形式是不可能完成间歇训练所要达到的强度和量的要求的。运动员应先有一定的有氧训练基础和体能基础，才能开展间歇训练。间歇训练对机体的刺激极大，不宜安排太密。间歇训练的主要生理学效应在于提高最大吸氧量和加强无氧代谢。

4. 重复训练

重复训练的练习强度大于最大吸氧量，持续时间为 30 ~ 90 分钟，由于依赖无氧代谢，两组间需要更长的恢复时间，间歇时间 4 ~ 6 倍于运动时间，以使运动与休息之比为 1∶5。重复训练可以提高跑速、运动经济性以及增强无氧代谢的耐受能力。此外，对有氧耐力跑的最后冲刺阶段也较为有利。

5. 法特莱克训练

法特莱克训练是前面几种练习的组合练习。虽然人们把法特莱克训练与跑步联系在一起，实际上这种训练法也可以用于自行车、游泳等项目。法特莱克训练实际上是将轻松跑（70% 最大吸氧量）与短时间上坡跑或短时冲刺（85% ~ 90% 最大吸氧量）组合在自行车和游泳中，可将 LSD 训练、节奏训练、间歇训练等组合在一起，形成法特莱克训练。该训练方法对机体的所有系统都有刺激作用，而且有助于减少日常训练的乏味、单调。其主要训练效益在于提高最大吸氧量，提高乳酸阈，改善跑的经济性和能量供应模式。

以上 5 种训练方法会产生不同的生理学反应，一个完善的周、月、年训练计划应该有机地将所有训练方法结合起来。

（四）不同训练周期有氧训练计划设计

将训练计划的各种变量以及有氧训练的各种方法合理地安排在各个训练周期中，就组成了全年训练计划。通常，一个训练年度可以分为基本期、赛前转换期、比赛期和赛后调整期等四个训练周期，表 8-3 列出了各周期的训练目标以及典型的训练安排。

表 8-3 不同训练周期训练安排

训练周期	目标	频率（周）	持续时间	强度
基本期	发展体能基础	5 ~ 6	长	中、低
赛前转换期	改善影响有氧耐力成绩的因素	6 ~ 7	中、长	中、高
比赛期	保持有氧耐力水平	5 ~ 6	短于比赛距离	低
赛后调整期	消除疲劳，恢复体力	3 ~ 5	短	低

1.基本期

这个周期应优先发展呼吸循环系统的基本能力。在这个周期的开始阶段，强度要逐步提高，练习持续时间也要加长，但每周练习持续时间的增加量不要超过10%～15%，过多地延长练习持续时间会降低有氧耐力项目的成绩。随着运动员适应水平的提高，增加练习强度是不断提高耐力水平的关键。

2.赛前转换期

赛前期训练的焦点是增加训练强度，保持或减少练习待续时间，并将各种训练方法组合到训练计划中，还要根据运动员的优势和不足来确定每种训练的量和频率安排。

3.比赛期

比赛期的训练要将比赛考虑到训练日程安排中。比赛前的训练应以低强度、短时间为主，以便运动员最大限度地得到恢复。应该选择可以发挥运动员的优势、弥补不足的训练类型来开展训练。

4.赛后调整期

赛后期的主要任务是使运动员在赛季积累的疲劳得以消除，体力得以恢复。这个时期的训练以短时间、低强度的练习为主，但总的活动量要足够，以保持心血管和呼吸系统的基本能力，保持体重。此外，运动员的伤病治疗、康复、薄弱肌群的训练也是重要任务。

全年有氧耐力训练计划应划分到各个周期，并且要有明确的训练目标和专门的训练方式，使有氧能力逐步提高。

定期对训练计划进行评价，对于运动员获得比赛和训练的成功十分重要。应在每周、每月安排对运动量的评价，避免过高或太低。对运动强度也应定期做出评价，避免过度训练的发生，保持训练适应的产生。而对心血管系统的进步情况的评价则有助于分析训练计划是否得当。

(五)与有氧耐力训练相关的一些特殊问题

除了我们列出的在制订有氧耐力训练计划中需要考虑的因素之外，还有一些特殊的问题要考虑，如交叉训练、水中跑训练、去适应、性别差异等。体能教练员在针对不同个体制订有氧耐力训练计划时，要充分考虑以上这些问题。

1. 交叉训练

交叉训练用于伤后训练和恢复期训练，以保持基本体能状态。交叉训练所动用的关节和肌肉与训练中所动用的不同，可以减少肌肉和关节的劳累。篮球运动员也可以通过交叉训练来提高基本体能状态。交叉训练的主要作用可体现在呼吸系统、心血管系统和骨骼肌系统。但要想通过交叉训练保持原有的最大吸氧水平，交叉训练的强度和量也要与先前训练相同。

2. 水中跑训练

水中跑训练是在水中的跑步训练，通常需要利用浮板或救生衣使运动员保持头在水面上的姿势，这也被看成是交叉训练之一。有人观察到，通过六周的水中跑训练（取代原先的跑步训练）可以保持运动员的最大吸氧量水平。水中跑与陆上跑的肌肉运动方式和运动范围都很相似。只是下肢肌肉动员较少，上肢肌肉动员较多。虽然这种练习的功效有待进一步证实，但其已显示的功效给人们带来许多希望。例如姚明的脚因伤做了手术后，在恢复训练中就采用了水中跑训练，以恢复基本体能状态。

3. 去适应

由于训练中断、受伤和生病引起运动量、强度下降甚至停训，就会出现去适应。在停止了训练刺激后，通过训练所获得的适应会逐步消失。众多研究证实，一旦停止了训练刺激，通过训练获得的适应性会以很快的速度消失，直至训练前的水平。我们可以通过其他方式的训练来避免去适应，即只要是有可能，一定要以原先的运动方式来进行训练，即使降低一些强度和量都可以，这样才能最大限度地减小去适应效应。

4. 性别差异

曾经有人认为男女运动员的训练方法应该是不同的，但后来的研究发现，男女运动员训练反应是一致的，这样我们可以通过相同的方式来提高男女运动员的体能。我们所说的相同的方式并不是说男女运动员在训练频率、练习持续时间和训练强度上要一模一样，无论是男运动员还是女运动员，都是针对运动员的体能水平和发育水平来个体化地制订训练计划。

要提高有氧耐力能力，需要有设计周全的训练计划。训练计划要与定期的机能评定相结合。将不同训练方法有机地结合应用，能够使影响运动成绩的各个生理系统都得到超量负荷的刺激，获得有益的适应。过去，有氧耐力训练的主要方法是长

时间、低强度运动方式。现在的研究结果显示，有氧耐力强度可以提高。应用乳酸阈或最大乳酸稳态的强度来训练，这需要将各种训练方式有机地结合起来。训练计划要有长远性和计划性，这是水平提高的基础，但也要有灵活性，避免劳损或过度训练。虽然我们可以进行一些其他项目的训练，如交叉训练来避免训练的单调和乏味，但专项训练引起的适应最好，成绩提高最终要靠专项训练。

第九章 篮球柔韧与弹跳素质训练实践

第一节 篮球柔韧素质训练

一、篮球柔韧素质训练的特点及要求

(一) 篮球柔韧素质训练的特点

柔韧素质是指胯关节的肌肉、肌腱、韧带等软组织的伸展能力，即关节活动幅度的大小。柔韧素质在篮球运动中也具有非常重要的意义，篮球运动柔韧素质主要要求运动员的关节韧带，特别是腰、胯、肩、腿、踝关节韧带的韧性要强。肩、腰的柔韧性好，可以增大技术动作的幅度，有效避免运动损伤的发生。髋关节的柔韧性好，可有利于运动员弯腰跨步做低姿防守、倒地和起立。一般来说，柔韧素质较好的运动员，动作幅度大，效果好，姿势优美；而柔韧性差的运动员动作紧张、僵硬，效果也较差。柔韧性素质发展不好，将会影响其他素质的协调性发展，因此，柔韧性对于篮球运动员是非常重要的素质之一，再训练时要加以重视。

此外，大量的运动训练和比赛会对运动员机体造成较大的伤害，大多数情况下会导致机体疲劳甚至发生运动损伤。为了预防不必要的运动损伤，运动员必须保持肌肉系统结构功能的完整性，不同的肌群会对骨骼产生平衡张力，并且每一块肌肉产生的力量都应保持平衡和统一。运动员进行柔韧素质的训练，可有助于肌肉系统更加平衡，肌肉的恢复能力得到有效提高。协调的肌肉骨骼系统能够帮助运动员更好地完成动作，无论是定性还是定量方面。因此，柔韧性应是平衡的柔韧性。

(二) 篮球柔韧素质训练的要求

1. 加强主要及相关部位柔韧练习

篮球运动中，有些技术动作对柔韧素质的要求不仅仅只体现在某一关节或部位上，而且还涉及两个或更多关节和身体部位。因此，在进行柔韧素质训练时，不仅

要对主要关节进行练习，还要对各有关关节部位加以练习，做到协调性统一。①

2.柔韧素质训练与力量素质训练相结合

如果柔韧素质训练的安排不妥当，就会在很大程度上影响力量素质的发展。因此，运动员柔韧素质要结合力量素质一起发展。在训练时要注意以下几点：第一，应注意柔韧素质练习后的肌肉韧带放松，把肌肉韧带练得柔而不软、韧而不僵；第二，将柔韧素质练习与力量素质练习结合起来，合理地安排柔韧素质与力量素质练习的顺序和比例。

3.注意柔韧素质的特点

柔韧素质具有两个明显的特点：一是年龄特征。从人的生理规律来看，年龄越小柔韧性最好，年龄越大柔韧性越差。二是性别特征。根据生理解剖特点，女子的柔韧性好于男子，因此，在进行训练时要掌握人体生理发展的基本规律，及时抓住发展柔韧性的有利时机进行训练。

4.注意外界温度和练习时间

柔韧素质训练除了注重运动员自身特点外，还要注意训练的外部环境，如果外部环境温度过低或过高，就会影响柔韧练习的效果。当然，外界温度不可能永远不变，这就需要运动员要选择适当的准备活动加以调节，以渐进的方式进行练习，从而防止运动损伤的发生。就人体本身而言，一般情况下，早晨机体的柔韧素质明显较低，下午机体的柔韧素质较高。因此要根据人体发展的这一特征和规律，合理地安排柔韧训练时间，可起到事半功倍的效果。

二、篮球一般柔韧素质训练

拉伸法是发展篮球运动员一般柔韧素质常用的方法，拉伸法又分为动力拉伸法和静力拉伸法。动力拉伸法是指有节奏地重复同一动作练习，可使软组织逐渐被拉长；静力拉伸法是指用缓慢的动作将软组织拉长到一定程度时停止不动，从而使软组织受到持续拉长的刺激。

在动力拉伸法和静力拉伸法中，一般都包括主动练习和被动练习两种方式。前者是靠自己的力量将软组织拉长，而后者则是靠外力帮助使软组织拉长。在篮球一般柔韧素质训练中，要将这两种方式结合起来加以运用。柔韧性练习的强度，主要反映在用力大小和负重多少这两个方面。用力或负重要逐渐加大，但不得超过用力

① 张守伟，周殿学，王长在.篮球技术与体能训练[M].北京：科学出版社，2019：124-152.

或负重量的50%。在实际的练习中，重复次数因运动员的年龄、性别、阶段、关节的不同而定，原则上说，女子比男子少，少年比成年少，保持阶段比发展阶段少。每组做10~12次练习，持续时间为6~16秒，间歇时间的确定，一般依主观感觉而定。采用静力拉伸时，伸展最大限度时的固定时间在30秒左右。

三、篮球专项柔韧素质训练

（一）手指手腕练习

其一，两臂胸前平屈，双手指尖向上，十指尖反复相压。

其二，压腕练习。

其三，持木棒做腕绕环。

其四，十指屈伸连续弹动。

其五，俯卧手指撑。

其六，利用哑铃做手腕屈伸、绕环练习。

（二）肩关节练习

其一，主动或被动地压肩、拉肩、吊肩、转肩。

其二，在单杠上做各种握杠的悬垂，借助绳或木棍的转肩运动等。

其三，双手握单杠悬挂，脚上悬挂重物（如杠铃片、沙袋等）或由他人施力向下拉，持续数秒钟。

其四，各种肩绕环，徒手或哑铃。

（三）脊柱练习

脊柱包括颈椎、胸椎、腰椎。脊柱练习主要采用以下几种方法。

其一，颈椎柔韧练习主要采用头前后屈、左右侧屈、左右转动及绕环练习。

其二，胸、腰椎柔韧练习主要采用下腰、甩腰、体前屈等练习。

其三，利用肋木做腰部屈伸与绕环练习。

其四，直腿坐，同伴在背后帮助向前压体。

（四）髋关节练习

其一，面对肋木，一腿站立，另一腿搁在高于腰的肋木上（可逐格升高），正侧位压腿。

其二，纵劈腿，横劈腿。

其三，屈腿坐下，两脚掌心相对，双手将膝关节向下弹压。

其四，面对肋木单腿站立，双手胸前握木，向左右和向后摆腿练习。

（五）膝关节练习

其一，肩负杠铃，做踝、膝伸屈练习。

其二，弓步压腿。

（六）踝关节练习

其一，跪坐压踝、跪立压踝。

其二，负中等重量，踝关节做屈伸动作（提踵）。

其三，脚放在高约10厘米的木板上，足跟着地，做负重全蹲练习。

其四，前脚掌站在高台上，做连续快速提踵练习。

（七）双人练习

其一，两人对面站立，手臂互握，压肩练习。

其二，两人背向站立，双手上举互握，一人向前拉肩。

其三，两人同时抬腿前压。

第二节　篮球弹跳素质训练

一、篮球弹跳素质训练的特点及要求

（一）篮球弹跳素质训练的特点

1. 快速的连续性

在篮球比赛中，运动员为了争取空间的高度，进而争夺控球权，往往需要多次起跳才能完成。运动员起跳的高度及快慢对抢篮板球、封盖和跳起投篮等都具有非常重要的作用，这些都是在连续的动作中完成的。

2. 多维的方向性

运动员在跳起时，具有突然爆发性和运动方向不确定性的特点。运动员可能前冲跳起，也可能后仰跳起，还有可能侧身或转身跳起，这些都符合篮球运动专项技战术的需要。

（二）篮球弹跳素质训练的要求

为了改善篮球运动员起跳用力时能量释放的效力，运动员弹跳力的训练应以大强度、少次数、多组数的训练为主，并且每组训练之间应安排适当的间歇时间，这样可有利于运动员发展弹跳素质。除此之外，篮球运动员弹跳力的训练还应遵循全面发展小肌群、提高肌肉的伸展性和弹性的训练原则，改善肌肉协调用力的次序，全面协调地发展身体各部位的肌肉力量，增强肌肉爆发力，使各肌群的整体能力得到提高，从而发展弹跳力素质。①

篮球运动员弹跳素质的训练有如下几点要求。

1. 重视身体的协调能力和起跳技术

弹跳力以力量和速度为主，但身体的协调能力和起跳技术也是不容忽视的，在训练时要加以重视。在日常训练中，常会看到一些速度、力量指标都不错的运动员弹跳力水平却不高，其原因就在于运动员协调能力和起跳技术的发展没有到位。在进行协调能力和起跳技术训练时，特别要注意摆臂和下肢各技术环节的密切配合。在进行跳跃动作练习时，教练员应仔细观察运动员起跳各技术环节的掌握情况并及时纠正错误动作。

2. 不同训练阶段侧重有所不同

在基础训练阶段，弹跳素质训练应重视数量刺激，以促使运动员增大肌肉、发展力量；而在专项提高阶段，则应重视强度刺激，以促使肌肉质量的提高，从而达到提高弹跳力的目的。

3. 重视腰背肌肉及足弓肌群的训练

腰背肌群的用力对于克服人体的惰性，提高起跳的初速度具有非常重要的作用。因此，发展弹跳力素质还要特别重视腰背肌及足弓肌群的训练。

4. 结合专项技术进行训练

在进行篮球弹跳素质训练时，要结合篮球专项技术进行训练，使篮球专项技术动作与跳起的高度和远度相吻合，减少完成专项技术动作对争取高度和远度所造成的损耗。

---

① 刘心丰. 体能训练理论与方法研究 [M]. 长春：东北师范大学出版社，2019：104-112.

二、篮球一般弹跳素质训练

(一) 踝关节弹跳训练

踝关节弹跳训练主要是为了加强踝关节的着地缓冲，并在瞬间发挥出最大的力量能力。因此，训练方法要根据 ATP—CP 供能系统，发挥瞬间产生能量大的特点。选择一些大强度、多组数的方法，如双脚踮跳、两脚交换跳和跳深等。大量的实践证明，跳深练习是发展弹跳力素质的有效方法之一。通常情况下，跳深练习的高度应以原地弹跳力的 90% 为好，连续跳跃的落地与起跳的动作要快速，以便肌肉张力能够得到较大程度的提高。另外，在发展不同肌群素质的情况下，也可选用不同的负重强度。

(二) 大腿和腹背肌爆发力训练

大腿和腹背肌爆发力训练队篮球弹跳素质的提高也具有重要的作用，篮球弹跳力的训练要根据运动技术的动作结构发展腿部和腹部肌群爆发力，使作用力的大小和方向能够由水平位移速度迅速转换成向上的加速度，使作用力能够通过身体的重心。因此，可广泛地采用各种大强度、多组数的半蹲力量训练，如半蹲跳、壶铃跳、立卧撑等练习方法，发展大腿和腹背肌肉的爆发用力。出色的弹跳力是"滞空"能力的前提，而实现"滞空"的关键因素就是腰腹力量，发展腰腹力量可利用仰卧起坐、仰卧举腿或利用器械等方法。

(三) 快速起跳及跳高训练

快速起跳及跳高训练比较常用的方法是超等长练习法，练习的形式主要包括跳深、跳箱跳上跳下、跳栏、跳台阶、单双足多级跳等，适宜的练习高度要求练习者落地时膝关节弯曲不至于过大，以减少缓冲的时间，练习高度在 50~110 厘米之间。一般来说，超等长练习的强度大，每次可练习 6~10 组，组间休息 3~5 分钟。

(四) 弹跳耐力训练

在篮球比赛中常常会出现几个人为争抢一个篮板球而连续起跳的情况，这种连续起跳的能力就是弹跳耐力。在进行弹跳耐力训练时，主要采用短时间高频率的起跳方法，如采用全力 20 次跳，用 90% 的力量跳 30 次以上，也可以采用连续起跳摸到篮板为标准，或者进行连续的跳投来加以练习。

三、篮球专项弹跳素质训练

(一) 各种徒手跳跃练习

其一，单足交替向前跨跳、行进间单足交叉跨跳练习。

其二，原地跳起收腹、原地直腿纵跳练习。

其三，连续蛙跳、半蹲、全蹲纵跳起。

其四，两脚交替直线向前跨跳和直线向前左、右跨跳。

其五，原地直膝向上连续跳。

其六，连续做收腹跳，在空中手触脚尖。

其七，跳起后小腿后屈，双手触脚。

其入，单脚跳连续跨跳或蛙跳28米若干次 (每次要求达到步数)。

(二) 利用器材的练习

其一，各种跳绳练习。

其二，双脚连续跳过栏架。

其三，连续跳台跳深练习。

其四，在由低到高的橡皮筋上连续向上跳。

其五，高台单、双足交替跳上跳下。

其六，跑台阶、单足交替跳台阶、单足连续跳台阶、双足连续跳台阶。

其七，行进间摸篮筐或篮板接原地起跳摸篮筐或篮板。

(三) 结合专项的练习

其一，两人一球，5米距离，互相跳传。

其二，向篮板抛球，然后跳起空中补篮，三人一球连续进行。

其三，一人持球在篮下左、右连续跳起投篮，要求在跳到最高点时出手。

其四，持球跳起空中连续托球打篮板练习，要求在最高点触球。

其五，全队一球，行进间跳到空中连续打篮板练习，要求跳到最高点触球，手臂、身体充分伸展。

其六，两人一球，分别站在篮下左、右侧，连续跳起在空中碰板对传球，要求身体跳到最高点触球。

其七，向左或右上步断高传球练习，要求跳到最高点断球。

结束语

作为学校教学的重要组成，体育教学发挥着重要的作用，它对学生塑造强健体魄、磨炼坚强意志有着积极的意义。尤其是在当前社会高速发展、工作生活节奏较快、身心压力较大的情况下，更需要发挥体育教学的重要作用。本书通过对体育教学与篮球体能训练研究，可以得出以下结论：

首先，在体育教学中，不仅要注重教学内容对学生身体各部分、各种运动能力和各种身体素质和积极影响，而且要注重所教内容对学生心理的影响，尽可能从心理学、美学和社会学方面使学生得到良好的体验，在完成动作的过程中，不知不觉地感受协调、默契、流畅和成功的欢喜与愉悦。

其次，体育教学的组织教法必须克服一体化的固定模式，尽力充分体现体育教学生动活泼的教学形式，让学生活动得更自由、更开心、更充分，让学生在轻松的气氛中达到强健身体的目的，从而达到身心和谐和内外兼修的目标。

最后，在注重学生生理负荷起伏变化的同时，还要注重心理活动起伏变化的规律。在体育教学中，学生的身心同时参加活动。在反复的动作和休息交替的过程中，学生的生理机能变化有一般的规律；当进行练习时，生理机能开始变化，生理机能水平开始上升；达到一定水平后，保持一定时间，然后再开始下降。在一定范围内，由于练习与休息进行合理的交替，所以学生的生理机能变化呈现出一种波浪式的曲线。与此相适应的，学生的心理活动（主要指思维、情绪、注意、意志）也呈现出高低起伏的曲线图像。这种生理、心理负荷波浪式的曲线变化规律，体现了体育教学鲜明的节奏性和身心的和谐、统一性。

由于受笔者知识的广度和深度、资料来源、研究时间等因素的限制，书中的一些内容探析还不够深入。希望读者阅读本书之后，在得到收获的同时对本书提出更多的批评和建议，以促进其更好地发展。

参考文献

[1] 辛娟娟. 运动技能与体育教学 [M]. 北京：九州出版社，2018.

[2] 张天成，张福兰. 中学体育教学设计 [M]. 成都：西南交通大学出版社，2018.

[3] 杨景元，董奎，李文兰. 体育教学管理与教学现状 [M]. 长春：吉林人民出版社，2019.

[4] 安基华，李博士. 体育教学理论与实证研究 [M]. 长春：吉林人民出版社，2019.

[5] 韦勇兵，申云霞，汤先军. 体育教学与运动技能分析 [M]. 长春：吉林人民出版社，2019.

[6] 夏越. 现代高校体育教学研究 [M]. 北京：北京理工大学出版社，2019.

[7] 王丹. 体育教学的理论与实践探索 [M]. 北京：北京理工大学出版社，2019.

[8] 蔡金明. 体育教学技能训练 [M]. 哈尔滨：哈尔滨工业大学出版社，2017.

[9] 王晟. 运动技能与体育教学 [M]. 长春：吉林大学出版社，2017.

[10] 蒋发尚. 环境资源与体育教学 [M]. 北京：中国国际广播出版社，2017.

[11] 关北光，毛加宁. 体育教学设计 [M]. 成都：西南交通大学出版社，2016.

[12] 马志颖. 当代课程与教学论 [M]. 上海：上海交通大学出版社，2020.

[13] 陈玉群. 体育教学研究 [M]. 北京：光明日报出版社，2016.

[14] 陈炜，黄芸. 体育教学与模式创新 [M]. 北京：光明日报出版社，2016.

[15] 陈轩昂. 新时期高校体育教学的改革与发展 [M]. 北京：航空工业出版社，2019.

[16] 谷茂恒，姜武成. 高校体育教学评价体系的构建 [M]. 北京：航空工业出版社，2019.

[17] 贾振勇. 体育教学改革与实践应用探 [M]. 北京：新华出版社，2018.

[18] 张伟，孙哲. 体育教学功能解析与实现途径研究 [M]. 北京：中国商业出版社，2018.

[19] 王训令. 大学体育教学研究 [M]. 北京：九州出版社，2019.

[20] 段胜霜，付杰 . 高校体育教学与训练 [M]. 长春：吉林出版集团股份有限公司，2019.

[21] 刘锦 . 现代体育教学体系的建设与发展研究 [M]. 北京：中国书籍出版社，2018.

[22] 沈建敏 . 体育教学创新与运动训练研究 [M]. 北京：新华出版社，2018.

[23] 杨明强 . 学校体育教学理论与实践研究 [M]. 武汉：武汉大学出版社，2018.

[24] 王惠 . 高校体育教学方法研究 [M]. 北京：光明日报出版社，2016.

[25] 吉丽娜，李磊 . 高校体育教学与训练理论实践探究 [M]. 北京：地质出版社，2017.

[26] 任婷婷 . 高校体育教学管理改革与模式构建 [M]. 长春：吉林大学出版社，2017.

[27] 杨乃彤，王毅 . 高校体育教学创新及运动教育模式应用研究 [M]. 北京：九州出版社，2019.

[28] 王军萍 . 体育教学论 [M]. 哈尔滨：东北林业大学出版社，2019.

[29] 黄德星 . 篮球训练执教方略 [M]. 昆明：云南大学出版社，2014.

[30] 刘洋，曹国强，周怀球 . 篮球运动多维发展探析与科学化训练 [M]. 北京：九州出版社，2019.

[31] 胡磊，张超 . 篮球运动技战术与体能营养研究 [M]. 成都：西南交通大学出版社，2018.

[32] 赵华 . 篮球体能与运动训练 [M]. 哈尔滨：哈尔滨地图出版社，2018.

[33] 华冰 . 篮球体能训练 [M]. 北京：北京体育大学出版社，2012.

[34] 尹承昊 . 中国人的篮球体能训练秘籍 [M]. 北京：机械工业出版社，2015.

[35] 张守伟，周殿学，王长在 . 篮球技术与体能训练 [M]. 北京：科学出版社，2019.

[36] 陈孟忠 . 篮球无器械体能训练研究 [M]. 北京：冶金工业出版社，2019.

[37] 代坤，丁红娜，张扬 . 篮球运动员体能训练取得突破的关键技术研究 [M]. 北京：九州出版社，2018.

[38] 郭岩，余锋，左昌斌 . 实用体能训练指南 [M]. 北京：中国书籍出版社，2018.

[39] 刘心丰 . 体能训练理论与方法研究 [M]. 长春：东北师范大学出版社，2019.

[40] 于洋 . 高校篮球教学训练技巧研究 [M]. 北京：新华出版社，2020.

[41] 徐云美.篮球运动教学与训练方法 [M].天津：天津科学技术出版社，2020.

[42] 王荣.篮球教学与训练的多维探究 [M].天津：天津科学技术出版社，2020.

[43] 张慧升.现代篮球训练及后备人才培养 [M].中国民族文化出版社，2020.

[44] 许赛赛.体育教学实践探索 [M].北京：中国经济出版社，2020.

[45] 潘明.体育教学设计 [M].南京：河海大学出版社，2020.

[46] 苏巍，徐崔华.体育教学科研与实践 [M].上海：同济大学出版社，2020.

[47] 曹明.体育教学论 [M].成都：成都时代出版社，2020.

[48] 任利敏，刘浩，黄珂.新编体育教学论 [M].哈尔滨：哈尔滨工业大学出版社，2020.

[49] 王立伟.体育教学与思维创新 [M].南昌：江西科学技术出版社，2020.

[50] 徐国龙，蔡先春.创新体育教学方式助力青少年体质健康发展 [J].田径，2020(12)：38.

[51] 纪有鹏.基于高职院校学生特点体育教学方法选择与运用 [J].教育教学论坛，2020(52)：353-354.

[52] 颜希.实践教学管理模式的创新对于高校体育实施课程思政的影响 [J].食品研究与开发，2020，41(24)：286.

[53] 毕岩智.基于中外体育教学模式分析探讨我国体育教育创新发展——评《体育教学法》[J].中国油脂，2020，45(12)：167.

[54] 葛攀文.体育教学中合作学习教学模式的实施方法研究 [J].湖北开放职业学院学报，2020，33(23)：161-162.

[55] 张中菊.互联网时代高职院校体育教学创新模式研究 [J].漳州职业技术学院学报，2020，22(04)：34-38.

[56] 杨辉，刘晨.大学体育信息化教学平台建设与思考 [J].教育教学论坛，2020(50)：367-368.

[57] 周洪芝.高职院校体育教学困境及策略 [J].黑龙江科学，2020，11(23)：94-95.

[58] 丁志英.高校素质教育与体育教学手段创新研究 [J].黑龙江科学，2020，11(23)：96-97.

[59] 赵惠.基于互联网背景下我国近十年体育教学热点问题研究 [J].体育科技文献通报，2020，28(12)：44-46.

[60] 胡勇波.试论高职院校篮球运动员的体能训练 [J].农家参谋，2020(15)：280.

[61] 赵利民.篮球运动体能训练的基本原则及方法——评《篮球体能训练》[J].中国教育学刊，2020(11)：130.

[62] 付璐.功能性训练在篮球体能训练中的应用研究[J].当代体育科技，2020，10(31)：1-2+5.

[63] 张博.高校篮球教学中学生体能训练的重要性探究[J].产业与科技论坛，2020，19(21)：164-165.

[64] 罗源凯，廖志文.高校篮球教学中训练新方法及体能训练策略研究[J].田径，2020(10)：29-31.

[65] 孙策.篮球训练中加强无氧耐力和有氧强度训练的探讨[J].九江学院学报（自然科学版），2020，35(03)：119-121.

[66] 鲍峰.高中体育教学中篮球体能训练策略选择[J].田径，2020(08)：35-36.

[67] 梁小军，余卫平，唐建倦，钟永锋，温继怀，曾锋.控制论视野下篮球运动核心体能训练研究综述[J].深圳职业技术学院学报，2020，19(04)：49-54.

[68] 张宏亮.高校体育教学中篮球体能训练的方法分析[J].中外企业家，2020(20)：223.

[69] 张伶.功能性训练在篮球体能训练中的应用措施[J].当代体育科技，2020，10(20)：33-35.

[70] 李伟.体能训练对篮球技战术提升的影响研究[C].中国环球文化出版社、华教创新（北京）文化传媒有限公司。2020年南国博览学术研讨会论文集（二）.中国环球文化出版社、华教创新（北京）文化传媒有限公司：华教创新（北京）文化传媒有限公司，2020：350-353.

[71] 蒋凌云.篮球训练中体能训练的重要性[J].当代体育科技，2020，10(16)：39-40.

[72] 罗源凯，彭亮，廖志文.核心力量训练在高校篮球学生体能训练中的实践[J].田径，2020(06)：29-30.